德勤国企改革系列丛书

德勤华永会计师事务所◎编著

对标具有全球竞争力的世界一流企业

国际前瞻视野
领航管理创新

BENCHMARK WORLDCLASS ENTERPRISES
Leading Management Innovation with A Global Vision

中国经济出版社
CHINA ECONOMIC PUBLISHING HOUSE
·北京·

图书在版编目（CIP）数据

对标具有全球竞争力的世界一流企业：国际前瞻视野，领航管理创新/德勤华永会计师事务所编著.
—北京：中国经济出版社，2019.2（2023.3 重印）
ISBN 978-7-5136-5533-0

Ⅰ.①对… Ⅱ.①德… Ⅲ.①国有企业—企业管理—研究—中国 Ⅳ.①F279.241

中国版本图书馆 CIP 数据核字（2019）第 012576 号

责任编辑　陈　瑞
责任印制　马小宾
封面设计　任燕飞工作室

出版发行　中国经济出版社
印 刷 者　北京力信诚印刷有限公司
经 销 者　各地新华书店
开　　本　710mm×1000mm　1/16
印　　张　22.25
字　　数　342 千字
版　　次　2019 年 2 月第 1 版
印　　次　2023 年 3 月第 8 次
定　　价　90.00 元
广告经营许可证　京西工商广字第 8179 号

中国经济出版社 **网址** www.economyph.com **社址** 北京市东城区安定门外大街 58 号 **邮编** 100011
本版图书如存在印装质量问题，请与本社销售中心联系调换（联系电话：010-57512564）

编委会

指导委员会

蒋　颖　德勤亚太区客户和市场领导合伙人　德勤中国副主席

施能自　德勤华北区主管合伙人　德勤国企改革行动计划负责人

王天泽　德勤中国风险咨询主管合伙人

杨　莹　德勤中国市场与国际部主管合伙人

赵善强　德勤亚太区战略与声誉风险主管合伙人

谢　安　德勤华北区副主管合伙人

李　鹏　德勤国企改革行动计划执行负责人

许思涛　德勤中国首席经济学家

主　编

赵　健　德勤风险咨询服务合伙人

桂　晏　德勤风险咨询服务总监

其他执笔作者

感谢以下德勤合伙人与专家、工作人员在本书再版过程中的真知灼见与辛勤付出。

合伙人　周锦昌、薛梓源、况成功、余云、吴俊、顾玲、王拓轩、杨晟、郑骅、王允娟、周令坤、刘峰

总监、经理及工作人员　张立兵、任奇慧、吴芙蓉、马传武、徐真、张佳辉、曾劭婵、钮约、郭瑶、彭锘媛、崔鹏、洪洋

序言一 PREFACE

曾顺福

五年前，德勤依托国务院国资委“具有国际竞争力的世界一流企业标准问题研究”和“培育世界一流企业战略目标下的国有企业管理现代化标准研究”两大项目的调研成果，出版了《对标世界一流企业——做优做强，管理提升之路》。该书筛选出 107 家世界一流企业作为核心对标对象，系统介绍了世界一流企业的基本要素以及有效提升国有企业管理水平的路线与工具，有幸得到了业界的广泛关注与较高评价。

过去五年间，随着中国整体经济格局步入新常态，结构性调整、创新驱动、高质量发展、数字经济等成为时代关键词。与此同时，在风谲云诡的国际竞争格局中，中国作为世界第二大经济体越来越积极地承担着推动经济全球化的角色。

时值改革开放四十周年之际，国家明确提出，要深化国有企业改革，发展混合所有制经济，培育具有全球竞争力的世界一流企业，并再次明确了坚定不移全面深化改革、扩大对外开放的目标。

德勤本次再版《对标世界一流企业》一书，意在献礼改革开放四十周年，解读新时代中国国企发展趋势的转变、提供对标经验，推动国有资本做强做优，助力建成一批具有全球竞争力的世界一流企业，为实现中国经济高质量发展、推动世界共同繁荣做出新的贡献。

德勤作为全球最大的专业服务机构，始终致力于为客户提供至精至善的专业服务，帮助客户应对瞬息万变的商业环境和技术颠覆。针对新时代的新趋势与新挑战，我们于 2018 年正式启动了“勤启数智”计划，将数字化、数据分析、云技术、网络安全与监管合规有效的融合在一起，为客户提供端到端的一站式数字化解决方案。

此次再版《对标世界一流企业》一书，德勤从遍布150多个国家和地区的全球网络中广泛汲取养分，以国企管理提升为核心切入点，高端着眼、细处着笔。新版本紧密结合国资委《关于中央企业创建世界一流示范企业有关事项的通知》，进一步升级了对标视野、丰富了洞察维度，系统介绍了世界一流企业的基本要素以及对标方法与成果。与此同时，我们还将数字化、产融结合等领先理念与模式在一带一路建设、高质量发展等时代背景下进行了全新的诠释，旨在更好地领航创新驱动发展模式，支撑创新型国家建设。

最后，谨以此书致敬奋战在国企改革一线的“创业家”与引领时代发展前沿的“实干者”，是你们打通了中国企业创新、产业升级、经济转型和国家强盛的航道。

我相信，在不远的未来，会有越来越多的国有企业完成从跟随者到引领者的蜕变，成为具有全球竞争力的世界一流企业，对内支撑起我国经济整体高质量发展，对外在全球经济舞台发出中国声音、提出中国方案、贡献中国智慧。

序言二 PREFACE

施能自　王天泽

2018年，国资委发布《关于开展“国企改革双百行动”企业遴选工作的通知》，开展选取中央企业子企业和百家地方国有骨干企业，推进承担多项改革任务的“双百行动”。在此背景下，新一轮的国企改革以混合所有制改革为基本手段，以进一步推进国际化、市场化为核心导向，由单兵突进走向综合作战，是我国应对国际市场不确定性、支撑国内经济持续稳定增长的强心剂。在国际化方面，随着我国“一带一路”倡议的不断推进，越来越多的国企开始走出国门，与全球一线企业竞相角逐。中共中央、国务院《关于深化国有企业改革的指导意见》提出，到2020年，培育一大批具有创新能力和国际竞争力的国有骨干企业，国有经济活力、控制力、影响力、抗风险能力明显增强。

然而，在改革推进中我们也能看到，目前在我国国企中仍然较广泛地存在核心能力短板显著、治理结构尚需完善、管理理念保守陈旧、管理水平有待提升等诸多问题。同时，为了更好地贯彻国家“讲好中国故事、发出中国声音”的大政方略，把握国际商机，当今国企必须要进一步革新理念、升级视野、提升管理，站在国际高度打磨自身的全球竞争力，才有可能在激烈的国际市场角逐中站稳脚跟、击水中游。

德勤作为国际知名专业服务机构，立足中国已百年。作为研究国企转型的领先国际化专业服务机构，德勤早在2014年就成立多专业、跨部门的专业团队，开展关于国企改革的研究与咨询。同时，借力遍布全球的咨询团队与客户网络，德勤不断积淀、整理全球领先的理论、方法与实践，为国企改革命题的深度研究打下了坚实的理论基础。结合全球视野与本土洞察，德勤基于全球对标中心（Global Benchmarking Center）的研究成果与大量国企改革落地项目实操经验，筛选和总结了世界一流企业卓越管理的标准与要素，并为我国国企改革量身打造了国际对标体系。

本书共分为五章。第一章总述全书的核心思路与研究方法；第二章侧重归纳了具有全球竞争力的世界一流企业特征及“软实力”十要素框架；第三章介绍了如何对标；第四章指出过去五年国企面临的一些主要机遇与挑战；第五章基于对标，我们综合介绍了世界一流企业“软实力”十要素涵盖的最佳实践。

我们预计在不远的将来，当人们谈论起全球卓越企业的时候，越来越多的是听到一连串中国企业的名字。那时我们会自豪地说中国企业引领了全球商业的潮流，对改善人类的生活做出了应有的贡献。

目录 CONTENTS

第一章
研究目的与方法

一、研究目的

21世纪的第二个10年已接近尾声，中国世界第二大经济体的地位已逐渐稳定。在过去的5年中，中国成为世界经济增长的主要动力源和稳定器。2017年，中央企业实现利润14，231亿元，首次突破1.4万亿元，经济效益的增量和增速均为五年来最好水平。中央企业稳中向好、稳中提质的发展态势更加巩固，为全面开启中央企业高质量发展新征程奠定了坚实基础①。相比于2013年，我国企业的国际排名整体上升，2018年上榜财富500强的中国企业总数从95家提升至120家，稳居第二，已经非常接近美国（126家），远超第三位的日本（52家）。其中，由国务院国资委监管的中央企业共有48家入围，也标志着我国央企正大步走向国际前沿。与此同时，伴随着世界经济长期结构性调整、新一轮产业变革融合与我国经济增长阶段性转换相互叠加，中国经济正在面对多方挑战：世界经济复苏缓慢、国际贸易增长乏力、发达国家经济衰退、逆全球化抬头等。这对正在蓬勃发展的中央企业无疑是一个危险的信号。

在此背景下，习近平总书记在党的十九大报告中提出要“完善各类国有资产管理体制，改革国有资本授权经营体制，加快国有经济布局优化、结构调整、战略性重组，促进国有资产保值增值，推动国有资本做强做优做大，有效防止国有资产流失。深化国有企业改革，发展混合所有制经济，培育具有全球竞争力的世界一流企业。”由此标志着2011年时任国资委主任王勇同志提出的“推进中央企业做强做优、培育具有国际竞争力的世界一流企业”这一目标，正式上升到党和国家的战略层面。

① 国务院新闻办新闻发布会。

2018 年 4 月 21 日，国资委研究中心主办了主题为“培育具有全球竞争力的世界一流企业”[①] 的中国企业改革发展论坛，并就“打造具有全球竞争力的世界一流企业”提出五点意见。

1. 深化改革，打造充满活力的现代企业。鼓励国有企业积极参与混合所有制改革，实现资源有效配置，以此激发企业活力。

2. 扩大开放，开创“一带一路”，共建共享新模式。建议国有企业以“一带一路”为重点，“引进来、走出去”并重，使自身更好地融入全球产业链、价值链、创新链，推动企业国际化进程。

3. 创新驱动，推进新旧动能加速转换。鼓励国有企业重视提升自主创新能力，突破战略性前瞻性领域关键核心技术，以顺利转换新旧动能，促进可持续发展。

4. 坚持高质量发展，全力满足人民对美好生活的需要。建议国有企业聚焦主营业务，为社会提供更好的产品与服务，以满足人民对美好生活的需要。

5. 挺起“国家脊梁”，着力打造具有全球竞争力的世界一流企业。建议全面贯彻落实新发展理念，推动布局优化、结构调整、战略性重组，在落实国家战略部署、打好三大攻坚战中发挥先锋作用，在大力振兴实体经济、加快建设制造强国中发挥顶梁柱作用，成为全球经济可持续增长的新引擎。

日前征求意见的《关于中央企业创建世界一流示范企业有关事项的通知》（下称《通知》）显示，国资委将进一步放权，示范企业可以自主决策、综合运用混改、员工持股、股权激励等各项国企改革政策，力争建设一批“三个领军”“三个领先”“三个典范”的世界一流企业在 3 年左右时间取得显著成效。

根据《通知》，世界一流企业应该是“三个领军”“三个领先”“三个典范”。所谓的“三个领军”是指在国际资源配置中占主导地位、引领全球行业技术发展、在全球产业发展中具有话语权和影响力的领军企业。“三个领先”则是在全要素生产率和劳动生产率等效率指标、净资产收益率和资本保值增值等效益指标、提供优质产品和服务等方面的领先企业。而“三个典范”便是在践行新发展理念、履行社会责任、拥有全球知名品

① 中国企业改革发展论坛。

牌形象的典范企业。

过去五年间，中国企业发展的趋势已由“推进中央企业做强做优、培育具有国际竞争力的世界一流企业”转变为“培育具有全球竞争力的世界一流企业”。后者更加侧重于企业在混合所有制改革、“一带一路”智能智造及产融结合等新形势下，打造具有全面竞争力的一流企业。德勤本次再版对标世界一流企业，意在解读新时代中国国有企业发展趋势、提供对标工作经验，推动国有资本做强做优做大，助力建成一批具有全球竞争力的世界一流企业，为实现中国经济高质量发展，推动世界共同繁荣做出新的贡献。

二、研究重点及创新之处

企业管理是一门艺术，不存在所谓放之四海而皆准的准则。以开放的姿态与高端对话，汲取先进经验中的养分，以他山之石攻玉，是使国有企业的管理迈向国际尖端水平的“快捷方式”，但绝非“坦途”。本书主要通过对德勤现有企业数据库、企业案例、最佳实践总结以及高端访谈进行研究，所涉猎的资源难免受到局限。尽管有上述条件的局限，我们始终坚持以下准则。

1. 国际性，反映国际通行卓越企业发展趋势。

2. 全局性，在提炼企业管理的关键要素的基础上，发掘各要素之间的内在联系并形成体系。

3. 前瞻性，将过去的经验运用于对未来的指导。

4. 灵活性，推陈出新，锐意创新，使之适合复杂多变的经济形势。

5. 针对性，吸收世界一流企业管理经验中有针对性的部分，使其成为国有企业摆脱顽疾的良药。

6. 实效性，同时注重对标硬指标和软指标，重视可操作性，使国有企业在管理实践中易于落实。

值得一提的是，无论是国资委还是国有企业，都常年对此次调研涉及的管理议题进行了深入的研究，众多国资委指导意见已经颁布，并在实践中不断完善。因此，此次研究更多是在已形成的管理精华之上，把握全球新趋势，重点介绍世界一流企业在迎接类似挑战时的过往经验。德勤强调的最佳实践充分考虑了各项“国资委指导意见”对接的因素，如提供了大量的“软实力”对标体系，而非仅仅局限于以经营业绩为主的“硬指标”等。

我们深知，冰冻三尺非一日之寒，但不积跬步无以至千里。在追求强国富民梦想的道路上，德勤愿与国有企业同行，保驾护航，为实现做强做优国有企业、培育具有全球竞争力的世界一流企业的目标尽微薄之力。

三、研究思路与方法

研究具体分为：分析一流企业标准与要素、对标卓越管理方法、厘定改革策略和措施三个步骤。具体来说：

第一步，分析一流企业标准与要素：识别具有全球竞争力的世界一流企业的特征，明确其未来管理重点，系统化其主要特征；

第二步，对标卓越管理方法：总结与世界一流企业对标方法，明确卓越管理目标对标体系；

第二步，厘定改革策略与措施：明确国有企业差距及变革重点。

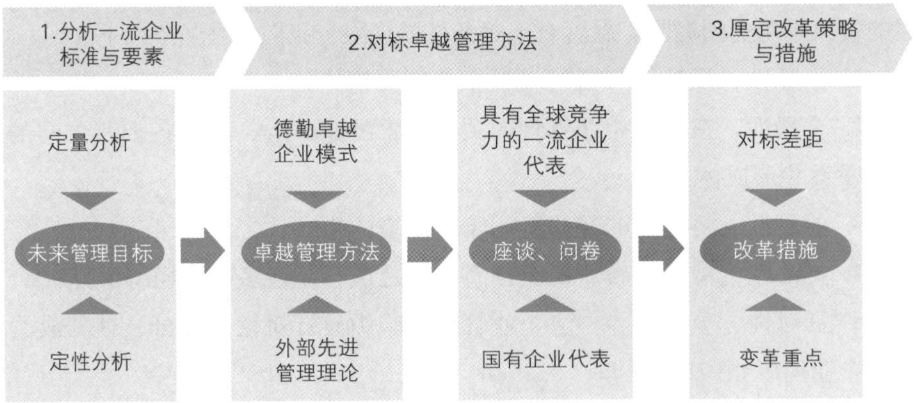

图 1-1 研究步骤

四、研究数据基础

全面利用德勤内外部资源，通过与部分代表客户座谈、德勤管理学科专家高端访谈、近年全球企业及首席执行官调查问卷、德勤管理学著作与刊物、德勤全球企业对标中心及卓越企业案例完成调研。在与世界一流企业领导、国有企业负责人及德勤管理学科专家访谈时，我们在不断重复四个问题：

1. 您认为什么是全球竞争力？

2. 世界一流企业的未来管理目标是什么？

3. 如何与世界一流企业对标？

4. 如何提升国有企业管理水平，培育具有全球竞争力的世界一流企业？

他们的真知灼见给了我们很大的启发。我们也翻阅了大量外部经典管理学著作，动态地考虑它们在当今时代的理论指导意义。同时为了给国有企业在日新月异的发展基础上提出及时的建议，我们还研究了近两年国有企业发表的各类管理学论文，以便吸收走在前列的国有企业先进经验。

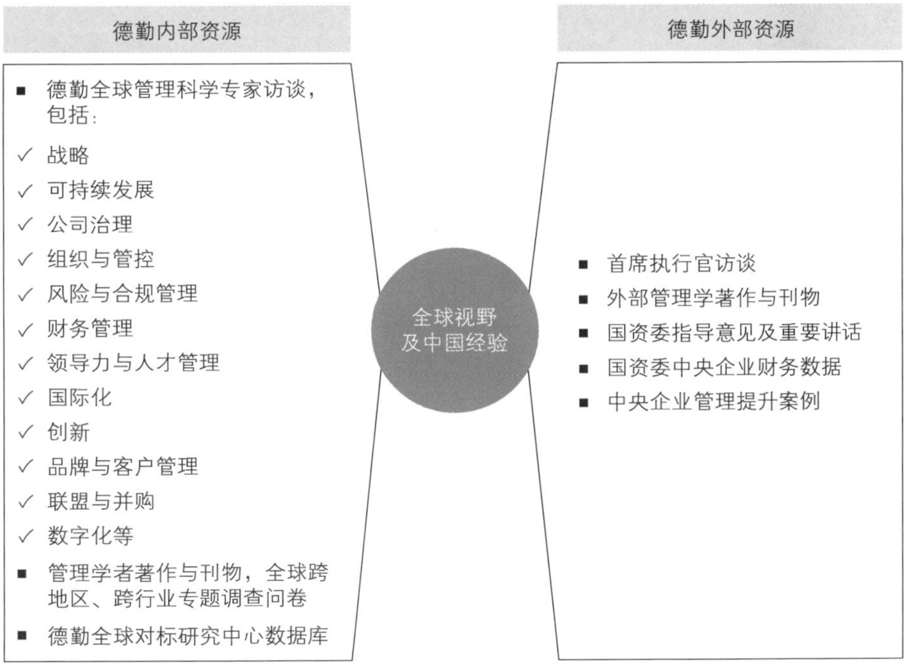

图 1-2 研究资料基础

五、研究主要结论

什么是具有全球竞争力的世界一流企业？它们具备了什么要素呢？**我们理解，真正的一流企业归根结底就是能够产生领先的业绩，并且对其行业产生巨大影响的企业。一旦这家企业不在了，它将留下一个无法填补的空缺，其他任何企业都无法填补。因为企业超凡脱俗的表现，它建立起了真正与众不同的、特殊的价值。**

实现经营业绩领先固然是国际一流企业“硬实力”的核心体现，而企业打造硬实力也离不开卓越的管理体系作为支撑。德勤研究发现，具备“硬实力”的国际一流企业往往在以下十个战略性管理议题上也都有着出众的表现，其中，第一至第四个方面是企业管理的基础要素，也是斯蒂芬·P·罗宾斯（Stephen P. Robbins）在传统管理学领域强调的四个方面，它们是：

1. 战略管理。
2. 公司治理。
3. 管控与运营。
4. 领导力建设。

此外，第五至第十个方面是当今具有全球竞争力的世界一流企业角逐，进一步提升核心竞争力的重点，它们是：

5. 国际化。
6. 人才管理。
7. 创新管理。
8. 品牌管理。
9. 并购管理。
10. 数字化。

我们概括上述十个战略性管理议题为“具有全球竞争力的世界一流企业十要素”（以下简称十要素），是一流企业“软实力”的集中体现。这十要素简洁、透彻地概括了一流企业打造“硬实力”、创造“超凡脱俗的表现、真正的与众不同和特殊价值”的背后动因。

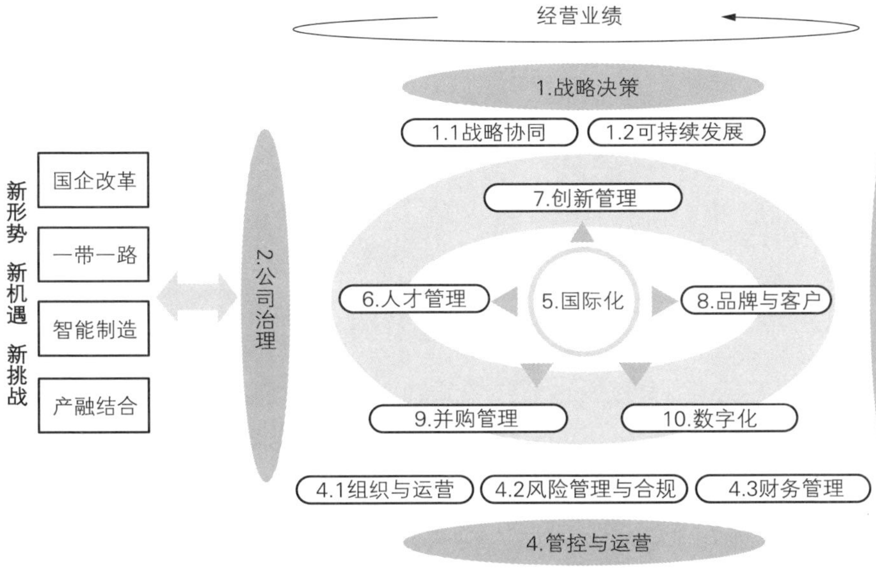

图 1-3 全球竞争力十要素

相比过去五年，我国企业在战略决策、公司治理、领导力建设与管控运营四大基础支柱上有着较大的进步，但整体上与一流企业的成熟管理体系相比仍有明显的差距，尤其在全球布点竞争的情况下。同时，国际一流企业正在国际化、人才管理、创新管理、品牌管理、并购管理以及数字化这六个管理要素上展开激烈角逐，是真正未来竞争的重点与核心，也是中国企业在未来十年、二十年推动业绩升级的突破口。

第二章
国际一流企业的标准与要素

第一节　世界一流企业的主要挑战

一、世界从“平”的走向“崎岖不平”

托马斯·弗里德曼的《世界是平的》是对自20世纪冷战之后逐渐形成的全球经济一体化的历程的描摹与解读。他在书中对于全球化可能带来的负面影响的担忧正在逐步变成现实。例如，全球化加剧了贫富两极的分化所蕴含的社会危机，美国中产阶级对于来自发展中国家竞争的后知后觉导致下一代无法保持现有的生活质量，这些都是“民粹主义”滋生的土壤。世界正以前所未有的速度和力度发生“重构”。

过去20年，全球化是科技革命及其所推动的产业升级和全球价值链再分配的过程，且以美国为主导，而中国无疑是其中最大的受益者。凭借着粗放的资源使用方式和廉价劳动力，中国成为全球制造中心，最大的贸易顺差国和备受外资青睐的投资目的地。

如果说1997年爆发的亚洲金融危机加速了中国参与并推动上一轮全球化的进程，那么2008年席卷全球的金融危机则为今天开始的“逆全球化”埋下了隐患。全球经济自那时开始进入漫长的恢复期，成熟经济体为此前过度放大的金融杠杆付出代价，在克服衰退的道路上蹒跚前行，同时也给长期依赖海外市场的“外向型”主导经济提出了挑战，以中国为代表的新兴经济体均面临着经济转型的考验。与此同时，中国的经济增长方式也因内生要素的变化而难以为继——土地成本高昂、劳动力结构转变、生态成本加剧、人口红利式微等成为中国政治和经济格局发生重构的影响因素。

在上一轮全球化进程中，中国深度参与全球分工并成为全球价值链中举足轻重的一环；在新的“逆全球化”时代，中国将更为主动地参与国际经济、货币、贸易和政治秩序的重构，更为积极地与其他主要经济体在重构中互动。

我们观察到重构正受到“自上而下”和“自下而上”两股作用力的推动。自上而下的作用力来自“经济体板块”之间相对优势的变化而形成的碰撞和冲突，正如地震的发生是由地壳板块之间的碰撞和摩擦导致。其中制造业竞争力优势的变化和背后深层次的原因是最关键的经济因素，由此引发的贸易保护主义和各经济体的应对则是政治体制的应激反应。

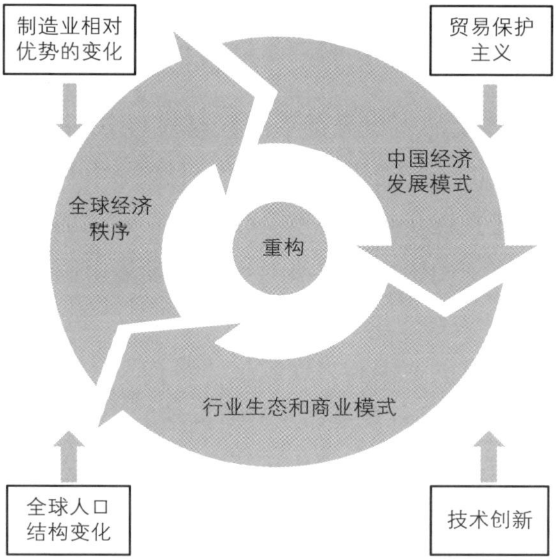

图 2-1-1　重构的推动力

资料来源：德勤．重构，2018.

自下而上的作用则主要来自全球人口结构的变化和互联网科技对全行业的渗透。全球老龄化逐步给经济发展带来的挑战不可低估，同时，千禧一代（1984—2000 年出生的人群）成为社会财富拥有主体，这所带来的行业变革不可忽视。互联网是上一轮全球化的关键驱动因素，极大地降低了资金、技术和劳动力等重要生产要素信息交换的不对称，提升了要素流动效率和国际分工效应，并颠覆性地打破了国别疆界和产业边界，逐渐改变着传统的生产方式和主流人群的生活方式。在新一轮的全球变局中，基于互联网发展起来的新技术将更进一步主导经济转型、行业升级和商业模式的快速迭代，成为自下而上重构的最重要动力①。

二、世界一流企业的普遍挑战

当今在后金融危机时代，危机还尚未远去。在这样一个瞬息万变、充满不确定性的世界里，更应怀揣审慎、谦逊与执着。对企业而言，只有充分地理解世界一流企业在发展建设中的挑战，国有企业才能够合理地进行对标研究与分析。德勤研究表明，全球企业无一例外地面临着以下 10 项挑战。

1. 全球市场波动，宏观经济形势复杂。
2. 国家间差别减少，差异化战略越来越难。
3. 新兴发达国家的竞争白热化。
4. 地缘政治不稳定。
5. 监管与合规要求日益提高。
6. 外部竞争环境多极化，内部企业组织日趋庞大与复杂。
7. 新技术与技术自由转移。
8. 资源短缺与可持续发展的压力。
9. 人才稀缺。
10. 客户要求复杂多变。

此次总结世界一流企业标准与要素，我们的目标不仅是对标现阶段的国际一流企业，还要考虑他们为未来竞争将做出的进一步变革。这样，我们的管理提升方向才能具有前瞻性。

---

① 德勤．重构，2018.

第二节 世界一流企业要素

评价企业是否具备“世界一流”竞争力可以从“硬实力”与“软实力”两个维度进行展开。**由于“经营业绩领先”是必然结果，是“硬实力”的体现，不应因果倒置。**因此我们应与国际一流企业“硬实力”对标之后，进一步追寻其背后的原因，本书第五章进行了“软实力”的对标，评价企业是否具备“世界一流”竞争力。目前，《关于中央企业创建世界一流示范企业有关事项的通知》中提出了建设“三个领军”“三个领先”“三个典范”的要求。德勤总结的“世界一流企业十要素”与之吻合，如下图所示：

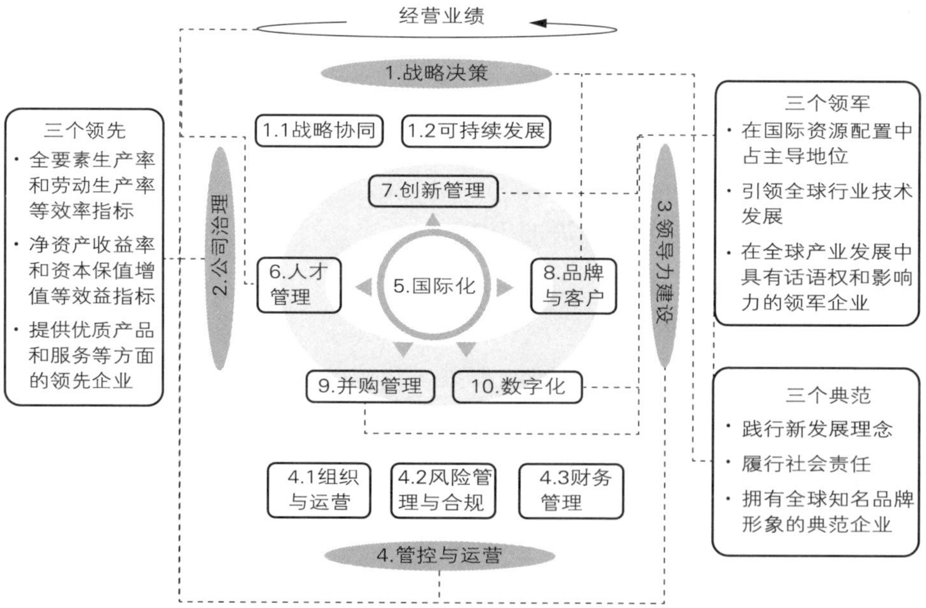

图 2-2-1

（一）坚守主业重心与多元化协同发展，强调战略眼光前瞻性、差异化定位与可持续发展

充分发挥战略统领作用，坚守核心价值和目标，同时具有高度战略灵活性和适应性。主业精干突出，能够带动相关业务协同发展，促进布局结构优化调整。占据全球产业链中高端位置，推动行业发展，同时能够引领战略性新兴产业发展方向，并强调可持续发展。

（二）建立现代企业制度，董事会职能强大

股东（大）会、董事会、监事会、经理层各司其职，各尽其责，规范运作，形成科学决策、有效制衡的公司治理机制。董事会职能强大，董事结构优化，董事会运作水平高，员工参与民主管理程度高。

（三）强大的领导力，促进和激励组织进行变革

企业领袖立志于超越现状的伟大目标，能鼓励团队建立共同视野，强调信任和坚强有力的合作关系，激励所有人的内心梦想，强调创新，催化积极变革。企业有与战略制定紧密结合的未来领导培养机制。

（四）组织敏捷，利用数字化手段提升管理效率。风险管控智能化，合规管理深入业务，财务管理全局化

可适应技术变革，组织运营模式“客户导向、敏捷、透明、协作”。充分利用数字化手段实现管控一体化，提高科学决策的水平和效率。风险智能助力战略与绩效达成，合规管理深入业务。财务管理从“资金管控型”向“价值创造型”转变。

（五）全球视野，在快速发展的新兴市场占有先机

以全球视野及双赢的开放合作心态，立足全球配置资本、人才、技术和市场等各类资源。国际影响力强，准确定位适合自身发展的国际化模式，在快速发展的新兴市场占有先机。海外战略一体化管控措施强，包括组织、运营、研发、人才管理、风险控制和企业文化管理等。

（六）人才队伍综合素质高，拥有跨界工作经验与机会

关键人才队伍规划聚焦企业战略性增长点及产业链核心价值创造环节，占据制高点。人才开发注重与外部专业机构密切合作，科学测评、加速成长、高效赋能。人才管理注重量才适用、人才沟通协作及提供更多跨界工作经验与机会。以富使命感的文化和事业平台吸引、激发人才，实现人企一体、人企共进，相互成就。

（七）创新能力强，高效的科技创新成果商业化转换能力可显著增加企业价值，实现多维度创新

掌握具有自主知识产权的关键核心技术，突破制约行业发展的技术“瓶颈”，引领行业技术进步。高效的科技创新成果商业化转换能力可显著增加企业价值。建立完善的内部创新管理流程与机制，且实现多维度创新，以增强企业竞争壁垒。

（八）品牌竞争力高，永远以客户为中心整合价值

品牌在全球范围内成为品质和价值的保证，品牌美誉度和客户忠诚度高，品牌价值位居国际同行业前列。在产品与服务生命周期各个阶段与客户持续互动，永远以客户为中心整合价值；同时具备完善的品牌保护能力，有效应对多维度冲击。

（九）并购的多主体间实现业务、市场、产品的紧密融合，实现长期运营协同价值

通过推行“百日计划”与中长期投后管理机制，保障并购活动的方向正确、推行整合有序，在战略互补、融资渠道、财务收益与运营协同多方面实现价值，促进并购多方业务协同增长、能力充分融合、管理持续改善。

（十）积极探索数字化转型，将运营与数字化合二为一构建企业核心竞争力

合理部署恰当的数字化能力，将运营与数字化合二为一，同时实现洞察导向和敏捷反应。能够改变自身的运作模式，变得对技术本身有更高的敏感度与更快的接受速度，更加迅速地把新技术转化为企业自身的生产力。

在后面的章节，我们将就经营业绩对标与管理要素对标分别展开论述，供我国大型企业在开展本行业具体对标时参考。

第三章
国有企业管理提升路线与对标管理

国际管理学界将对标管理、流程再造和战略联盟列为21世纪的三大管理工具。企业不断地寻找最佳实践，并以此为基准进行分析与持续改善，最终成为行业标杆的管理行为其实就是对标管理。对标管理是帮助企业改善管理、获得竞争优势和实现管理创新最行之有效的方法之一。不少世界一流企业在激烈的市场竞争中脱颖而出，其成功的模式值得其他发展中的企业学习和借鉴。对标管理指导企业学习一流企业的过人之处，弥补自身的不足。对标管理理念不仅鼓励企业“敢于借鉴”、“勇于学习”同行业全球领先企业的管理模式与经验，而且引导企业不局限于与竞争对手对标，而是放眼其他行业一流企业可借鉴的关键能力，以实现飞跃。

一、对标管理的目的

对标管理核心是使企业组织全方位地降本增效，帮助企业在行业内建立竞争优势。

1. 追求卓越：对标管理能够帮助企业建立起追求卓越的思维模式，对标工作本身就是一个追求卓越的过程。实施对标管理说明企业在寻找自己和一流企业之间的差距。

2. 精益求精：对标管理能够引导企业在经营管理中精益求精，即在管理过程中把有价值的事情做精细，不在没有价值的事情上耽误精力、耗费资源。关键指标分解是对标管理中的核心部分。这些被分解的指标环节正是企业的“价值提升”所在。每一个被关注的指标、环节都是一个个被分解的价值点。

3. 持续改善：对标管理能够帮助企业持续改善自身的不足。管理提升不是一朝一夕、一蹴而就的工作。企业尤其需要在高速发展时期，不断地对标，持续发现问题并解决问题。

4. 打造核心竞争力：对标管理能够帮助企业在激烈的竞争中打造核心竞争力。通过跨行业对标，企业能够发现和总结行业以外的一流企业的经营管理实践，提升综合实力，并有所创新与突破，强化其独特的竞争能力。

5. 建立学习型企业：对标管理能够帮助企业建立学习型组织。学习型组织实质是一个能熟练地获取、传播及利用知识的组织，同时善于利用知识快速提升管理水平。实施对标管理后，有助于企业发现自身在产品、服务、生产流程以及管理模式方面存在哪些不足，并学习“对标企业”的成功之处，再结合实际，将其充分运用到自己的企业当中。

二、对标管理的价值

1. 竞争性学习：在激烈的市场竞争和困难的生存环境中取得领先地位的企业，必有其独特的成功之道，标杆管理可以借鉴他人的优点来弥补自身的不足。

2. 模仿性创新：标杆管理通过向业内或业外的最优企业学习，进行重新思考和改进经营实践，从而创造出自己的最佳经营实践。

3. 追踪性目标：标杆管理为企业提供了一种可行可信的奋斗目标以及追求不断改进的思路，是发现新目标以及寻求如何实现这一目标的合理性和可操作性手段。

4. 速度性优势：创新速度已成为竞争关键成功因素，标杆管理涉及为获取竞争优势而搜寻、发现和实施创新思维的全过程，确保自身的创新速度超过竞争对手。

5. 战略性战术：标杆管理站在全行业甚至更广阔的全球视野上寻找基准，突破企业的职能界限和行业边界，重视实际经验和具体的操作接口、流程。

经过几年的发展，我们欣慰地看到，虽然为实现“培育具有国际竞争力的世界一流企业”的目标尚需努力，但国有企业在国资委的带领之下已经有条不紊地在涉及的多个具体管理方面有了长足的进步。所以说，“培育具有全球竞争力的世界一流企业”不是新任务，而是一个把目光放的更远，把现有的管理工作有序的整合的必要过程。

在国有企业管理提升的整个路线中，制定分步骤的管理提升路线尤为关键，可按照国资委制定的管理提升工作的 3 个阶段性目标，稳步推进。

· 近期目标。到 2025 年，在航天、核电、能源、建筑、轨道交通装备制造等行业培育形成一批具有全球竞争力的世界一流企业，使中国一流企业迈向世界一流企业。

· 中期目标。到 2035 年，在巩固 2025 年成果的基础上，在更多的行业和关键领域培育形成一批具有全球竞争力的世界一流企业。

· 远期目标。到 2050 年，在主要行业和关键领域都形成一批具有全球竞争力的世界一流企业，实现中国一流就是世界一流。

对标管理是中国企业面向国际市场、快速构建全球竞争力的重要工具。持续的对标流程应逐年推进，年年取得速赢，同时投资关键能力，向 3~5 年要成绩。

在成为具有全球竞争力的一流企业的道路上，企业在对标管理的工作上经常不能回答好三个关键问题，“对标对多广，对标对多细，对标对多深”。同时企业不能战略性、协同性地在对标后落地变革，前瞻性的发展关键能力。项目领导组（战略部、改革部）、业务部门（生产制造部门、研发部门），职能部门（财务部门、人力部门），分别在对标管理的三大阶段中面临挑战，具体来看，企业在对标管理中常见的难点，包括以下几种：

表 3-1 对标管理的主要挑战

	准备阶段	对标阶段	变革阶段
项目领导组	· 对标项目使命过多，变革重点目标不清晰 · 组织对标范围、阶段设定上缺乏经验，难于拍板广度、细度、深度 · 难于确定核心对标指标选取及引导各业务与职能部门系统性分析对标指标落后的软能力差距	· 缺乏人手与经验，难以有效推动组织多部门参与对标，持续、系统性地对标 · 难于把关对标最佳实践的前瞻度 · 差距太大，如何战略布局，同时促进基层持续提升	· 难于制定有效的监督机制，以评估对标与变革后对核心对标指标的改进作用 · 什么样的对标成果能引发管理层深层次的思考，务实促进企业经营改善与业务发展
业务/职能部门	· n/a	· 难于拿到对标数据 · 难于创新性提出可落地的改进要点 · 更难说服集团优先考虑推动变革中战略性投资决策	· 难于推动跨职能变革，强化协同效果 · 难于持续实现创新落地

· 管中窥豹

对标不够全面，仅仅关注某一方面（如财务）或某几方面的指标，没有全面地把综合衡量企业业绩的重要方面都纳入考虑。

· 浅尝辄止

（1）对标“精细度”不够，往往停留在较高层面的指标上，看到差距便急于照搬“最佳实践”以消除不满意的结果，没能进一步分解对标并深入寻找造成差距的深层次原因。

（2）不能找准自身真正的短板所在，不能“对症下药”，从而造成接下来的针对性提升工作方向不准甚至误入歧途。

· 逐末忘本

（1）只关注结果性的、硬性的业绩指标，而忽略了过程性的、软性的指标。

（2）对标管理未能转化成具体行动，不能实现速赢。

与此同时，成功的对标管理不仅要聚焦解决眼前问题，更需要通过多维度、标准化与持续性的对标，全方位提升企业管理能力与长期业务竞争力。

· 开展多维度对标

（1）目前更多的企业主要只考虑与同行业竞争对手进行对标，而多维度的对标管理概念应用还不太广泛。除了与同行业竞争对手进行对标，企业还可以考虑与监管要求对标、与客户需求对标及跨行业对标。

（2）同监管要求对标在国际化道路上十分重要。通晓当地市场监管要求，对标后快速实现合规是本地化的前提。通过综合的跨地区监管要求对标，中国国有企业又可以以全局感了解各国市场趋势的异同之处，总结全球趋势。

（3）与客户需求对标，在当今世界一流企业中仍旧盛行，是一流企业以客户需求为企业立足之本，创新性地、突破性地在对标后找到未来产品、服务的独门绝技。

（4）同行业对标虽然能够帮助企业解决很多问题，但是它仍然具有很大的局限性。即使能够找到行业内最好的企业作为标杆，并且模仿其经营管理模式，不断改善自身的不足，但是仍有可能无法在短时间内找到行业内有突破性发展的核心能力。跨行业对标则能够较好地解决对标中的这一“瓶颈”。跨行业对标（异业对标），即选择行业以外的国内外一流企业的某些先进管理模式或最佳实践作为标准，结合自身实际，找出差距，并创造性地引入到本行业的管理实践中。

· 进行标准化与持久的对标管理

做到“实时对标、人人对标”实属不易。标准化的对标体系可以帮助企业固化这一管理提升的思路与方法，从而在市场快速变化的当今世界，找到持久对标、不断升华的路径。

德勤多年以来在为无数客户提供咨询服务中在这方面积累了大量经验。在给我国国有企业开展了大量对标实践后，德勤总结了一整套“德勤对标项目管理框架”为这类项目开展提供借鉴经验。

德勤对标框架由找准项目目标、建立指标体系与评价体系、厘清对标流程与核心模块，以及通过布局系统与工具管理项目及总结分析对标数据与成果四大部分构成。我们帮助一批大中型企业构建了成熟、完善、闭环的对标管理体系。下文将围绕四大模块分别展开介绍。

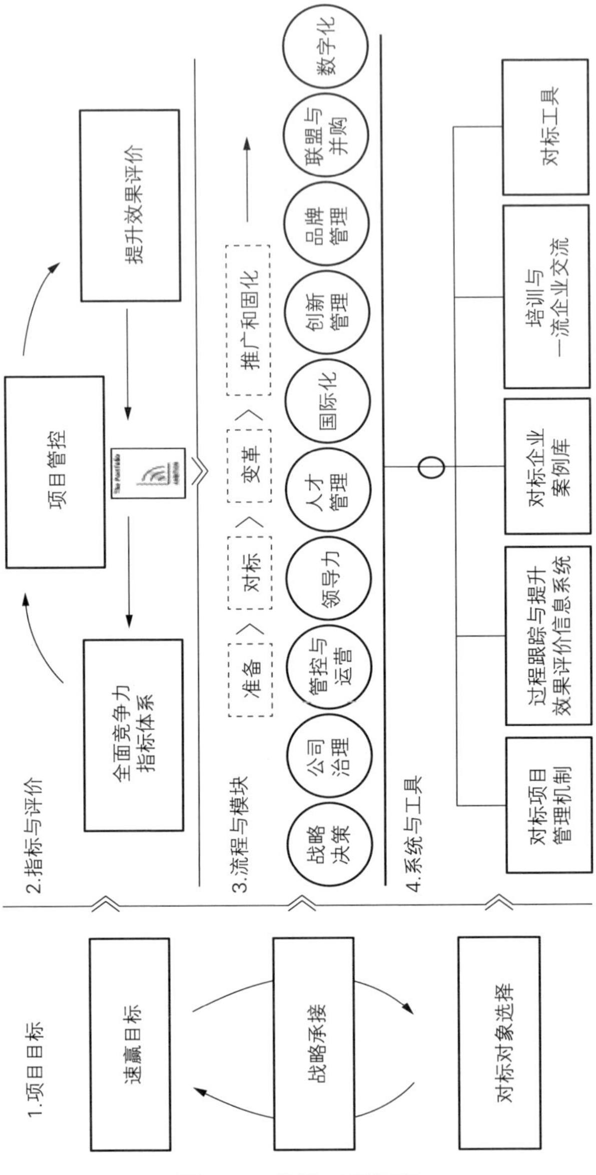

图 3-1　德勤对标框架

一、找准项目目标

企业开展对标管理若想做到有落脚、有系统、有创新、有影响、有实效，首先要有效地明确对标项目的速赢目标。一般而言，企业一两年内通过对标管理实现 10 个目标并不现实，应该追求的是长期持续、螺旋式上升，突出短期目标、集中发力。德勤在对标项目开展初期将帮助企业根据业务发展要求，以经营业绩、发展策略、内在管理机制与要素为核心，明确标杆企业、对标模块、核心指标，以便后续有针对性地开展工作。

二、建立指标体系与评价体系

在明确对标目标后，对标项目组需要总体规划、分步实施，以建立全面竞争力指标体系与提升效果体系为核心，搭建对标项目管理闭环，有序推进项目开展。在全面竞争力指标的构建上，很多企业会混淆“对标指标”与“绩效指标”的界限。我们认为，传统组织绩效指标选择与阈值设置更多关注如何监督与促进短期战略执行与财务业绩；而长期核心竞争力的打造更多需要自上而下的战略布局，以及监督“软能力”提升的“过程性指标”。与此同时，在指标体系的阈值设置上，为了使在一些相对落后领域的企业与国际一流企业有更强的可比性，还需要考虑到如何在指标设置上反映其进程中的提升、而不是净值。

在指标选取上，项目组需要聚焦中长期战略性能力发展。德勤是用一张“价值地图”将所有相关的过程性指标与结果性指标进行清晰拆分（尤其在内部对标中，过程性指标尤为关键），再从中遴选对标核心，强调通过学习过程提升相应的能力，协同化落实变革与优化。最后，企业还需要一个第三方团队或部门对对标落地的效果进行评价，以实现提升效果。

三、厘清对标流程与核心模块

在具体对标“软能力”上，企业需要基于对全球市场的长期追踪，利用成熟度模型对标。更需基于事实，善于挖掘硬指标背后的驱动要素（例如本书提到的“十要素”），充分研究对标企业领先的深层次原因与共性经验，为企业开展管理升级提供更有价值的参考。

· 标准化——易实施，有科学分析根据。

· 系统化——关注各标准之间的关联性紧密。

· 数据化——关注各关键环节变革标准与效果可衡量。
· 模板化——各关键环节的执行有明显的参照标准。

四、通过布局系统与工具实现价值沉淀

过去的项目经验也告诉我们，对标过程中各子集团务实的工作成果、案例和数据，非常需要一个系统平台分享沉淀最佳实践，做到提炼精华，加速分享与复制。所以企业可考虑以下五个方面的数据与工具，高效集中，及时分享。

（一）现状诊断

调查问卷、对标成熟度模型的评价、过程指标分析等材料是理解细节差距，支持分析与整个对标项目推进排布的重要基础材料，值得系统化收集、保存、比较、分析。

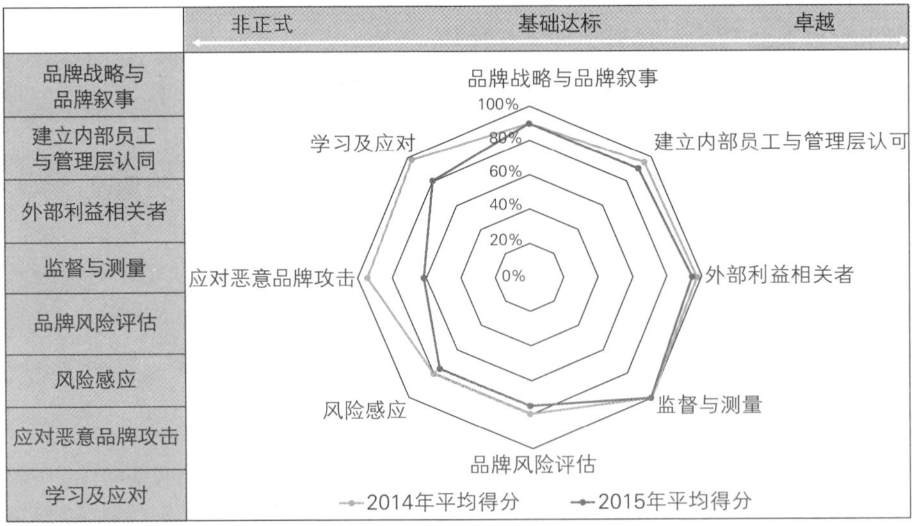

图 3-2　成熟度测试结果举例

（二）一站式信息管理系统

对标项目中大量信息、指标、案例、绩效提升进程需要信息管理系统

助力，以积累经验，透明化提升效果。德勤全球对标项目有可与企业现有数字化管理对接的系统，方便个性化落地：

1. 移动应用支持。通过移动端我们将提供更便捷更迅速地使用方式，使得信息更快速地流转并传递给用户。管理层将能够更方便的获取信息，并迅速做出应对。

2. 高可配置性及易用性。系统可以通过灵活配置适应不同用户的需要，具体体现在数据接口、工作流、界面等的可配置性上，并通过报表工具，在线帮助，灵活展现等提升用户的满意度。

3. 轻量化。系统采用轻量化的底层架构，可针对需求进行单一模块的敏捷开发和部署，对不同针对性服务提供专项系统解决方案。可一站式安装，实施简单快速，标准化产品部署仅需 2~3 周。

（三）一流企业“走出去、走进来”的交流与培训。

企业需要用“走出去、走进来”相结合的方式与一流企业交流。走出去：受邀到全球一流企业做深度交流，针对核心问题体系化了解发展路径与解决方案。走进来：更高效的利用企业培训、企业大学等形式，让全员更快了解一流实践与背后的故事。

这些定制化培训课程最好能接合企业现有主要挑战去安排。课程本身不应仅是讲师展示些国际企业的案例、做法、数据，而更多需要组织中层管理层去看、去听、去想，多讨论，出点子。最后的一系列宝贵的成果可用系统平台承载。

定制化课程清单

基于公司实际情况快速诊断、对标结构，为企业高管量身定制培训课程：

1.战略制定与战略绩效改善	7.内控与制度流程优化
2.创新管理	8.风险管理（战略风险、合规风险、网络风险）
3.公司治理与集团管控	9.司库管理
4.领导力提升	10.并购管理
5.数字化管理提升	11.人才与团队管理
6.国际化与变革管理	12.品牌与企业文化

培训与知识转移

图 3-3　课程清单举例

（四）对标案例库与指标库

德勤全球对标中心（GBC），长期跟踪各细分领域一流企业经营数据，为各行业企业开展对标管理、建立对标案例库提供良好支撑。GBC 基于云计算解决方案的集成化信息处理中心，长年实时监控、收集各行业领先企业的经营数据，并进行统一存储与索引。企业除了可以直接调用德勤数据库已有信息，还可以利用 GBC 提供的工具与具体设计自己的调查问卷、开展网络调查、进行分析对比，以高效建立属于自身的行业对标指标库。

（五）专业工具

企业价值地图与成熟度模型等管理专业工具是对标项目中的核心“资产”，可长期供各下属机构灵活使用。举例如下：

· 成熟度模型：分为基本级、标准级、先进级、智能级，明确“软能力”的阶段化目标与能力要求。

	非正式　基础达标	卓越
品牌战略与品牌叙事	←------	具备与品牌愿景和品牌叙事相应的全面的品牌战略，有强有力的品牌故事在所有的公关渠道中为人所知；同时内部员工与领导层定期接受全面培训增强品牌意识
建立内部员工与管理层认同	←------	员工能够积极主动的将品牌发展融入自身的商业活动和个人发展计划。员工识别、组织及及时上报品牌风险，并有相应的政策、准侧及激励措施鼓励员工的此类行为
外部利益相关者	←------	战略性并有效地培养一批外部的利益相关者，能够为品牌背书，尤其在品牌经历危机时为品牌发声
监督与测量	←------	有一套管控机制来优先处理、测量及重塑品牌认知；能够有效的测量品牌提升活动的影响
品牌风险评估	←------	有品牌声誉控制章程；建立健全的风险报告流程和机制；通过情景设计及模拟的方式更好的测量及理解品牌风险及其对组织的影响
风险感应	←------	风险感知系统运用于全组织，及时感知识别影响品牌的潜在风险，支持风险应对，并且有提前的操作演练
应对恶意品牌攻击	←------	持续性演练危机应对，抵制及时刻待命品牌攻击行为，具备完整全套的相关工具、策略体系来增强应对危机的反应，包含预演剧本及演练行为
学习及应对	←------	形成完整连贯的危机和危机应对手段记录，及时归档，并形成定期回顾的机制

图 3–4　品牌成熟度模型举例

· 价值地图：以股东价值为核心，从收入、利润、资产效率、软能力四大维度入手，解剖企业制胜的“价值驱动力”，有利于找到“过程性”和“结果性”的 KPI 指标。

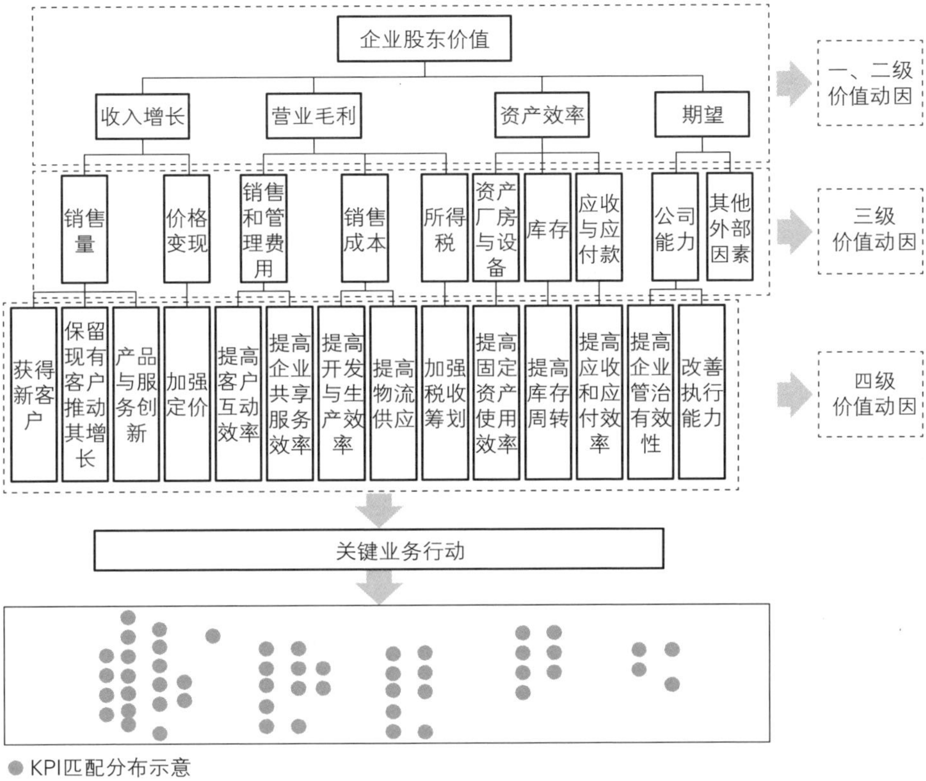

图 3-5　价值地图

第四章
新形势，新机遇

第一节　新形势

从经济增速变化、结构优化、动能转化来看，我国经济发展进入新常态的特征正在日趋显著。从增速上看，我国的经济整体增速日趋放缓，向中高速逐步换轨；从结构上看，产业发展重心正在由中低端向中高端转换。新产业，即高技术产业和战略性新兴产业等保持着快速增长，资源分配由市场起基础性作用向起决定性作用转换；从动能上看，随着近年来工业技术改造、制造业技术改造投资增速的不断加快，以新产业、新业态、新商业模式为代表的“新动能”日益崛起，经济增长正在从要素驱动向创新驱动转换。

近些年来，国有企业在收入增长、结构调整与体制机制改革等维度取得了长足的进步。

1. 收入增长。国有企业抢抓机遇开拓市场，聚焦做优做强实业，收入利润大幅度增加，盈利能力不断增强，成本费用压降效果明显，资本运作效率明显提升。2017 年央企累计实现收入 26. 4 万亿元，同比增长 13. 3%；实现利润总额 1. 4 万亿元，同比增长 15. 2%。

2. 结构调整。供给侧结构性调整深入推进，企业持续发展基础进一步夯实。通过深入贯彻创新驱动发展战略，国有企业创新成果不断涌现；扎实推进重组整合，国有资本布局不断优化。

3. 体制机制改革。企业改革不断深化，公司制改革取得突破性机制、国企混改迈出实质性步伐。同时，国资委开始推进国企办社会职能分离移交与区别考核。

然而，从全球综合竞争力看来，我国企业“大而不强”的特性依旧明显，与世界一流企业在全球化水平、创新能力、行业引领能力上还是有着明显的差距。

1. 在全球资源分配和配置能力方面，我国企业在全球化资本配置与资源分配能力方面与世界一流企业相比还有显著差距。有能力“走出去”的产品多数依赖成本优势而非竞争优势。

2. 在创新能力方面，我国企业开展的创新活动大多集中于产业链中下游，围绕终端产品与商业模式展开探索；而产业链中上游核心基础技术开发、关键零部件制造等环节依旧核心能力不足，对国外合作伙伴依赖程度较高。

3. 在行业引领能力方面，我国企业进入全球市场竞争的时间不长、经验不足，很多核心能力未实现知识专利化、专利标准化、标准国际化的跳跃，全球产业影响力有待提升。

第二节　新机遇

随着机制改革的不断深化、国际合作的推进、新兴技术的不断成熟与创新模式的不断涌现，我们正面对着一个千载难逢的机会窗口。本章主要从国企改革、“一带一路”、智能制造、产融结合四个方面出发，介绍大时代中的新机遇。

一、国企改革

（一）国企改革趋势和政策解读

1. 改革趋势分析。

在过去 20 年，中国国有企业经历了国有企业结构调整、股份制改革和混合所有制改革三个阶段，前两个阶段实现了扭亏为盈、稳定发展两大战略目标。2015 年 8 月国企改革的纲领性文件《关于深化国有企业改革的指导意见》的发布，拉开了新一轮国企改革的序幕。

本轮国企改革具有如下特点和趋势：

（1）根本目标。党的十八届三中全会提出，本轮国企改革旨在增强国有经济整体的“活力、影响力、控制力”①，为国计民生和国家战略服务，因此：央企和地方国企都需要考虑积极参与新型城镇化建设，提质增效，深化改革，以实现经济持续发展和社会和谐稳定。

国企的发展需要在自身增长速度与国企对于民生、环保和公共安全等领域所担负的社会责任之间谋求平衡。

2016 年 7 月 4 日，习近平总书记在国有企业改革座谈会上强调“国有企业必须不断增强活力、影响力、抗风险能力”，这与十八届三中全会提出的目标有所差异，意味着“抗风险能力的提升”也成了本次国企改革的重要目标之一，主要包括社会稳定风险和投资风险；另外，对于“控制力”的弱化，也预示着国资在国有企业中的控股地位存在调整的空间。

（2）最大特色。与前几次国企改革不同的是，为解决国企追求经济效益与承担社会责任之间间或出现的矛盾，本轮国企改革计划对国企实施分类监管。根据已出台的各省市改革文档，绝大多数将国企按不同功能，分为竞争类、特殊功能类和公共服务类三类。但 2014 年底，国资委最终结合不同国企在经济社会发展中的作用、现状和需要，明确将国有企业界定为商业类和公益类，还提出了分类推进改革、分类促进发展、分类实施监管和分类定责考核。

表 4-2-1　国有企业分类

分类	子分类	功能定位	发展方向
商业类	商业一类	处于充分竞争行业和领域的国企	以经济效益为导向，增强国有经济活力，实现国有资产保值增值
	商业二类	关系国家安全、国民经济命脉的重要行业和关键领域，或处于自然垄断行业，经营专项业务，承担重大专项任务	政企分开、政资分开，特许经营、政府监管为主的改革

① 十八届三中全会《中共中央关于全面深化改革若干重大问题的决定》。

续表

分类	子分类	功能定位	发展方向
公益类	—	以社会效益为导向，以保障民生，提供公共产品和服务为主要目标的企业，产品或服务必要时可以由政府制定，发生政策性亏损时政府给予补贴	进一步优化公益保障性的资源分配，加快推进主副分类改革，剥离非公益型业务

资料来源：德勤．新一轮国企改革的思考与操作实务，2018.①

国资委同时也强调，企业的功能不是一成不变的，应该根据经济社会发展和国家战略的需要，结合企业不同发展阶段承担的任务和发挥的作用，在保持相对稳定的基础上，企业功能定位和类别可以适时进行动态调整。

（3）主要途径。本轮国企改革以“市场化、专业化、国际化”为导向，通过“完善现代企业制度”②，增强国企活力和竞争力。各方信息表明，本次改革对国有企业的管理将转型为对国有资本的管理，不再对具体的企业事务和人事进行管理。因此：

1）发展混合所有制经济，意味着国企将引入战略投资者，是民营资本，外国资本等投资国企的机会。混合所有制改革的目的是优化国企治理结构，盘活国有资产，而不是着眼于国企私有化。

2）国企将按照现代企业制度的要求，完善法人治理结构，改革人才激励机制，加大董事会对高管选聘和管理的权力，同时加强风险管理。

2. 政策解读。

自 2015 年 8 月国企改革的纲领性文件《关于深化国有企业改革的指导意见》发布以来，国企改革全面深化，此后相继发布多份与指导意见相关的文档，形成了以《指导意见》为引领，以若干文件为配套的“1+N”国企改革文件体系。从已出台的文件表述看，国企改革将继续沿着市场化的方向分类推进；监管层将进一步简政放权，逐步从“管资产”过渡到“管资本”；企业层面则将继续完善公司治理结构，引入各类投资者实现股权多元化，发展混合所有制经济，激发国企的活力。

---

① 德勤．新一轮国企改革的思考与操作实务，2018.

② 国务院．中共中央、国务院关于深化国有企业改革的指导意见，2015.

表 4-2-2　国企改革相关文件

序号	文件名	发文单位	发文字号
"1" -顶层设计			
	中共中央、国务院关于深化国有企业改革的指导意见	中共中央、国务院	中发〔2015〕22 号
"N" -配套文件			
其中 1-4 档是带有四梁八柱性质的专项改革意见。其他文件主要是解决具体改革问题的专题改革方案和通知以及工作分工等			
1	国务院关于改革和完善国有资产管理体制的若干意见	国务院	国发〔2015〕63 号
2	国务院关于国有企业发展混合所有制经济的意见	国务院	国发〔2015〕54 号
3	关于在深化国有企业改革中坚持党的领导加强党的建设的若干意见	国务院	中办发〔2015〕44 号
4	国务院办公厅关于加强和改进企业国有资产监督防止国有资产流失的意见	国务院	国办发〔2015〕79 号
5	关于深化中央管理企业负责人薪酬制度改革的意见	中共中央办公厅	中发〔2014〕12 号
6	关于合理确定并严格规范中央企业负责人履职待遇，业务支出的意见	中共中央办公厅	中办发〔2014〕51 号
7	关于鼓励和规范国有企业投资项目引入非国有资本的指导意见	发改委	发改经体〔2015〕2423 号
8	关于国有企业功能界定和分类的指导意见	国资委	国资发研究〔2015〕170 号
9	国务院办公厅关于推动中央企业结构调整与重组的指导意见	国务院	国办发〔2016〕56 号
10	国务院办公厅关于建立国有企业违规经营投资责任追究制度的意见	国务院	国办发〔2016〕63 号
11	国务院办公厅关于进一步完善国有企业法人治理结构的指导意见	国务院办公厅	国办发〔2017〕36 号
12	关于国有控股混合所有制企业开展员工持股试点的意见	国资委	国资发改革〔2016〕133 号
13	企业国有资产交易监督管理办法	财政部	国资委、财政部令第 32 号
14	关于完善中央企业功能分类考核的实施方案	国资委、财政部	国资发综合〔2016〕252 号
15	国务院关于印发加快剥离国有企业办社会职能和解决历史遗留问题工作方案的通知	国务院	国发〔2016〕19 号

续表

序号	文件名	发文单位	发文字号
16	贯彻落实《中共中央国务院关于深化国有企业改革的指导意见》重点任务分工方案	中共中央办公厅	厅字〔2015〕28号
17	关于国有企业改革试点工作事项及分工的方案	国资委	国资研究〔2015〕1276号
18	关于支持国有企业改革政策措施的梳理及建议	发改委	发改经体〔2015〕3103号
19	关于开展落实中央企业董事会职权试点工作的意见	中共中央办公厅	厅字〔2017〕18号
20	关于转发国务院国资委以管资本为主推进职能转变方案的通知	国务院	国办发〔2017〕38号
21	关于印发中央企业公司制改革工作实施方案的通知	国务院	国办发〔2017〕69号
22	贯彻落实《中共中央国务院关于深化国有企业改革的指导意见》改革举措工作计划	国资委	国资发研究〔2016〕21号

资料来源：同表4-2-1。

地方国企改革的进程也在持续加快，据不完全统计，目前已有包括山东、江西、重庆等30个省市制定了相关细化方案。经统计，已出台的省市国企改革档中出现最多次的四个词是“混合所有制”“分类监管/管理/考核”“国资集中到关键领域和产业”和“创新”。这也表明了本轮国企改革的热点和重点所在。为落实“1+N”政策体系，截至2017年底，中央部委层面出台了102个配套档，各个地方为落实“1+N”档出台了926个配套档，各地方国有企业也根据自己改革的要求，制定了很多实施方案和操作细则，推动了国有企业改革向纵深推进。

2014年7月15日，国务院国资委召开“四项改革”试点新闻发布会。四项改革是改组国有资本投资公司、发展混合所有制经济、董事会行使高级管理人员选聘、业绩考核及薪酬管理职权和派驻纪检组。这标志着国企改革迈出了实质性步伐，从政策制定进入试点实施阶段。

2016年2月国务院国企领导小组决定展开第二批“十项改革试点”，包括落实董事会职权、市场化选聘经营管理者、推行职业经理人制度、企业薪酬分配差异化改革、国有资本投资运营公司、中央企业兼并重组、部分重要领域混合所有制改革、混合所有制企业员工持股、国有企业信息公开及剥离企业办社会职能和解决历史遗留问题，较之前公布的“四项改革试点”范围更加宽泛，内容更加明确，表明了国家进一步深化和落实国企改革的决心。

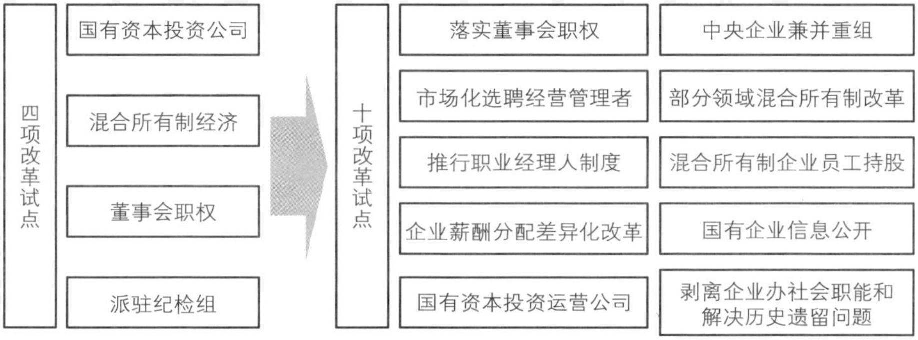

图 4-2-1　从四项改革到十项改革试点

资料来源：同表 4-2-1。

试点的目的，首先是通过试点和企业一起探索破解改革难题；其次，通过试点进一步总结经验；最后，通过试点以点带面，有序推进改革，并特别强调推进过程中“因企业制宜、一企一策”。2018 年 1 月 15 日召开的中央企业、地方国资负责人会议提出，2018 年改革试点将从单个走向综合，开展实施“双百行动”，选取百户中央企业子企业和百家地方国有骨干企业，推进承担多项改革任务的综合性改革，打造一批改革尖兵。这标志着国企改革试点正在从单兵突进正式迈向综合作战的阶段。

（二）国企转型升级面临的挑战

国企改革是一个极其复杂的课题，国企的转型升级和长期稳定发展也不是仅仅通过完成“混合所有制”“分类监管”等热点就能实现的。在市场竞争加剧，能力要求提高，新技术改变竞争环境和手段的大背景下，国企要实现长远发展，现在面临一系列内外部的挑战。伴随着上述顶层设计的出台，针对“十项试点改革”，德勤对百余家国有企业进行了问卷调研或者现场访谈，梳理出如下主要问题。

1. 混改的相关难点。

2015 年 9 月，国务院印发《关于国有企业发展混合所有制经济的意见》，其作为《中共中央国务院关于深化国有企业改革的指导意见》的配套档，提出了国有企业发展混合所有制经济的总体要求、核心思路、配套措施及组织实施的工作要求；其中明确将分类分层推进国有企业混合所有制改革，稳妥推进主业处于充分竞争行业和领域的商业类国有企业混合所有制改革，有效探索主业处于重要行业和关键领域的商业类国有企业混合所有制改革，引导公益类国有企业规范开展混合所有制改革。

进行混合所有制改革的背后考虑有三：①通过治理结构的科学化、透明化，以更加市场化的方式让国企更有效地参与竞争并履行社会责任。②提高国企的资产回报率，改善国有资产效率。③让国企在市场化条件下保持有盈利的持续增长，不再仅仅依靠政策和政府关系盈利。

有两个误区需要理清。首先，混合所有制改革不能理解为“私有化”，改革过程中在不同的行业和类别的国企中，可能会产生“国进民退”或“国退民进”的结果，但都是国资优化布局的手段，为了增强国企整体的“活力、影响力、抗风险力”的最终目的。其次，虽然有些省市规定对竞争性国企的国有股权比例不设下限，但并不意味着一定要放弃国有控股。

国企在选择混合所有制改革的对象时，也要“一企一策”，不是为混而混。首先要分析自己的业务实际和长期战略需求，是需要引入资金做大做强；还是需要引进管理经验，提高治理水平，或是需要补充某些能力；向产业链上下游延伸。在此基础上，有方向、有目的地去筛选混合对象。例如，在中石化销售公司混改中，引入加拿大零售商 Alimentation Couche-Tard，希望在非油品零售业务上可以借鉴提升；引入腾讯是希望在新兴的 O2O 业务上有所布局和建树。

当然，每个企业的情况不同，成功案例不可复制。但国企都应借此混合所有制改革的契机，主动引入资金、新技术和创新的管理机制等，增强活力，减少对政府资金和资源的依赖，在市场化中实现可持续发展。

2. 解读员工持股。

员工持股是备受关注的混合所有制的实现形式，在中央层面，2016 年 8 月，国务院国资委公布《关于国有控股混合所有制企业开展员工持股试点的意见》[①]（以下简称《意见》），对开展员工持股试点涉及的试点企业条件、持股员工范围、出资入股方式、入股价格、股权结构、持股比例、股权流转等关键事项，都提出了明确要求。《意见》明确试点级别为央企三级以下控股企业，国有参股企业的员工持股不适用，中央二级以上企业及省级国有一级企业原则上暂不开展员工持股试点。同时，说明了开展试点企业的条件：①主业处于充分竞争行业和领域的商业类企业；②股权机构合理，非公有资本股东所持股份应达到一定比例，公司董事会中有非公有资本股东推荐的董事；③公司治理结构健全，建立市场化的劳动人事分配制度和业绩考核评价体系，形成管理人员能上能下、员工能进能出、收入能增能减的市场化机器；④营业收入和利润90%以上来有所在企业集团外部市场。《意见》还规定，员工持股总量原则上不高于公司总股本的30%，单一员工持股比例原则上不高于总股本的1%。

在地方层面，江苏、江西、湖北、广东等省的国资国企改革档中均提及员工持股，广东省之后还配套出台了《关于体制机制改革创新试点企业一企一策方案制订工作指引》，对员工持股的范围、比例、价格、来源等做出框架性指引。

无论中央还是地方的员工持股政策，可注意的有两点：①尽量在增量上操作，不碰存量，可以最大限度避免国有资产流失的问题；②本轮改革中的员工持股并不是福利性质的全员持股，而是为了调动人才积极性，激发企业活力而实施的核心人才和高管的持股计划。企业实施员工持股计划需综合考虑对象范围、激励额度、购股价格、是否分批授予、股权退出机制等多个关键要素，而最重要的是两个方面：在何层面进行持股（上市公司高管持股还是子公司层面持股）和以何种形式实现持股（持股载体设计）。

3. 国有资本投资公司和运营公司。

国资国企改革是一项复杂的系统工程，改组/组建国有资本投资公司和运营公司是一项开创性的尝试。

（1）要明确国有资本投资公司和运营公司的功能定位。在定位清晰

① 国务院．关于国有控股混合所有制企业开展员工持股试点的意见，2015.

后，明确哪些是由国有资本投资公司和运营公司负责的，哪些是由出资企业管理的，哪些是上级监管机构应管理和负责的，在清晰的权责接口下开展工作。国有资本投资公司和运营公司的定位是保障国有资本整体可持续的营利性增长，实现国有资产保值增值。

（2）国有资本投资公司和运营公司更多的是需要从优化国资布局和国有资本的投资和资产组合来着眼，而不是旨在解决具体出资企业的某个具体问题。国有资本投资公司和运营公司自身的核心能力主要包括产业投资和资本运作两方面，重点有风险管控、战略设计、投融资全生命周期配套专业能力等，如有短板，需立即着手提升，必要时可以请专业服务机构协助，补充能力的不足。

（3）国有资本投资公司和运营公司以出资额为限对下属企业进行管理，总部职能和管控方式需转换优化。财务管控和战略管控等手段要灵活组合，“放权”和“有效管控”结合，实现“小总部、大产业”的效果。

（4）国有资本投资公司和运营公司管理的是国有资本的投资组合，风险管控被两类公司管理者列为最重要的自身能力，也是投资机构最重要的核心竞争力之一。国有资本投资公司和运营公司经营的是国有资本，应比一般市场上的投资机构更注重投资的持续、稳健，也就更应注重投资全生命周期的风险管控。

4. 改革信心指数与推进难点。

有关信心不足的原因和改革推进的难点，调研国企表示大部分是来自内外部的双重压力。外部压力在于国企改革相关配套政策与细则尚不够完备，地方国资监管机构在等待国务院国资委更明确的操作指引政策，影响国有企业在政策尚不完善或者不够明朗的情况下，不得不采取稳妥保守、等待观望的态度，以避免触犯政策红线、引发合规与操作风险。内部压力主要源于本轮国企改革的复杂度，十项试点无疑是改革的深水区，牵动的是敏感的国有体制机制问题，需要调整的是深层次的利益关系，国有企业不免存在各种疑虑与担心，影响改革的决心；另外，十项试点中不少都是崭新的改革议题，缺乏成功企业的领先实践案例，国企谨慎试水、逐步摸索，因而推进缓慢。

本次改革的许多试点确实缺乏成功案例可供参考或模仿，因此中央鼓励各区域各个地方发挥能动性自行探索，再将成功的经验总结、推广。国企在探索过程中，可以保持和各级监管机构及其他利益相关者的密切沟通，边试点边总结经验，并带着经验参与到细则的制定过程，率先走出改革之路。而等待观望，无所作为并非安全的选择，国资委主任肖亚庆在答记者问时也明确表示，对国企改革担当不够者“先出清”。而从政府/监管机构一侧来说，一方面对于试点的成功案例，要及时肯定、宣传，增强改革者的信心；另一方面，要建立具体的容错机制，鼓励创新，减少率先改革者的顾虑。

5. 薪酬分配差异化改革难点。

继 2015 年实施的《中央管理企业负责人薪酬制度改革方案》[①]，薪酬分配差异化改革试点将进一步落实国企高管薪酬的差异化管控。在此项试点推进中，调研企业认为可能面临的困难和阻力主要有以下内容。

（1）薪酬分配差异化的参照系比较难确定，究竟是参照公务员还是市场化职业经理人的薪酬体系。即便按照相对理想的模式，“组织任命的领导干部对应一定的行政级别，参照公务员水平定薪；市场公开招聘的企业经营管理人员属于职业经理人，参考人才市场价位定薪”，但实践中如何区分两类人员确实很难操作，很多组织任命干部并没有享受行政级别待遇，也承担了相对市场化的业绩考核压力，参照公务员薪酬体系显然无法激发其创造突出业绩的积极性与主动性。

（2）目前国有企业绩效管理体系并不够系统细致，业绩考核结果并不够客观、拉不开差距，无法作为差异化薪酬的有力支撑。

（3）担心容易进一步扩大企业内外部的薪酬差距矛盾。

6. 落实董事会职权试点的挑战。

在落实董事会职权试点下，国资委将向试点企业董事会授予中长期发展战略规划、高级管理人员选聘、业绩考核、薪酬管理、工资总额备案制管理和重大财务事项管理 6 项职权，通过试点将更多核心职能平稳移交董事会。对此，调研企业的疑虑在于：首先，担心即使开展试点董事会也难以真正获授关键职权，如战略决策、人事任免、薪酬制定等职权虽移交董

① 中共中央政治局．中央管理企业负责人薪酬制度改革方案，2014.

事会，但国资委针对此会出台一系列细致繁杂的文件规定和考评办法，董事会依然受限颇多，很难有自主操作空间；其次，调研企业担心董事会运作机制不够完善和运作效率低，限制董事会作用发挥；另外很多调研企业认为公司治理架构中监事会及外部董事的监督职能未能真正发挥作用，很容易造成监督不足；董事会成员结构不够丰富化和形成专业互补，影响决策水平，也是试点落实的重要挑战。

7. 推行职业经理人制度试点的难点。

职业经理人制度是在市场化选聘经营管理者的基础上，将国企选人、用人机制的市场化探索更进一步。调研企业认为：推进此项试点的首要难点是针对职业经理人的市场化的薪酬激励、绩效考核体系、契约化管理，与国企目前的选人用人机制相去甚远，对于当前机制无疑是巨大挑战；排在第二位的是担心职业经理人作为空降兵，受到内部各方利益的挑战；除此之外，职业经理人市场供给严重不足以及职业经理人的生存能力和适应能力不足也是容易为试点带来阻力的重要因素。

8. 剥离企业办社会职能和解决历史遗留问题试点。

遵循原则剥离企业办社会职能和解决历史遗留问题，是能否实现改革顺利推进的重要前提。改革过程中要侧重平衡政府和企业所能承担的成本、以社会稳定为主。从调研结果不难看出，该项试点未来势必需要面对各种职工安置与费用处理问题、引入社会资本参与问题、需要政府提供一定政策与资金支持问题，各方矛盾交织，将是十项改革试点中相对敏感、相对棘手的部分。

（三）国企转型升级的思考方向

德勤认为，只有着眼长远，同时综合解决国企发展的内外部挑战，才能破解国企改革难题，完成国企的转型升级。针对上述挑战，我们提出了国企转型升级思考方向，包含企业发展的顶层设计、战略定位和管控运营，直至实施落地的框架，可以协助对国企转型升级过程中出现的各种课题进行综合思考，并提供了参考解决方案。

德勤对国企转型升级各个层面课题的思考方向和建议的解决方案，总结在表 4-2-3 中。

表 4-2-3　主要管理要素分析

面临课题	思考方向
重新审视战略定位	在国企改革大背景下，企业应根据自身监管分类，尤其是竞争性国企需要根据自身业务组合与竞争优势进行战略重新定位，通过产融结合等方式，不断发展创新企业集团创造价值的方式，从而实现转型升级
利益相关者管理	社会舆论、监管机构、非公股东等不同的利益相关者对国企有不同期望和要求，需要国企做出不同的应对；国企转型势必导致股权多元化，混合所有制企业股权结构、治理结构复杂化。应完善法人治理结构模式，保证各投资主体话语权和投资利益分配
企业管控	随着国企的整合重组，将不断涌现大型企业集团，集团化企业将由“运营管控”向以资本纽带为联系的“战略管控”转变。通过梳理管控体系健全优化管控模式，明确集团与下属企业的权责划分，打造国企改革背景下，各职能管理的能力要素模型，通过先进的财务工具提升企业统筹管控能力，助力管理移植
并购、重组	并购/重组是国企非有机增长的方式，也是实现混合所有制的重要途径。国企并购/重组可考虑横向或纵向整合资源，操作时应注意行业差异，地区改革政策方向差异和并购交易方式的差异而做不同安排
创新	现有的国内外形势下，国企的有机增长之路唯有创新。德勤所说创新不仅指技术创新和产品创新，更重要的是用户体验与商业模式创新。不同类型的创新组合，才有更大成功可能
风险智能	国企转型升级背景下，内控管理也应升级，由传统的被动合规到主动的风险应对。有效的风险管理体系能帮助企业控制发展的方向和速度，内容包括事前、事中和事后风险管理，但核心和重点是事前风险管理，同时兼顾鼓励创新的容错机制
人才发展与激励	人才发展是国企改革发展的有力支撑，一切改革升级依赖于人才来实现。国企应引进市场化人才管理机制；建立国企高管的长效激励约束机制；国企高管的薪酬，要区分上级任命的高管和市场化招聘高管的不同身份，综合考虑行业特色，地区差异来确定
数字化信息化技术	信息化和数字化技术是国企改革实施落地的手段。所有改革措施，都要依靠信息化和数字化技术来固化为流程，才能实施落地。数字化浪潮正重塑企业的竞争环境，盈利模式和竞争手段等，中国企业应采用“基于价值为导向”的顶层设计实施方式，将战略和愿景纳入考虑范畴，才能真正成功地实现企业的数字化转型

资料来源：同表 4-2-1。

随着本轮国企改革进入深水区，具有操作指导意义的相关配套政策正在紧锣密鼓地制定。但无论政策如何进展，国企转型升级的关键在于全面提高企业经营管理能力和水平。不能只考虑改革热点，点对点地解决问题，而应当从顶层设计出发，综合考虑战略定位，管控方式，并购重组还是创新的增长方式，提升风险管理意识和能力，引入市场化的人才管理和激励机制，积极利用信息化新技术，综合提升国企能力，实现长远发展。

国际国内形势风云变幻，对国企来说，既是挑战也是机遇。在下文中，我们将进一步从战略思考向实务操作延伸，分析总结国企改革中的经验与教训，介绍转型升级经验。

二、“一带一路”

（一）“一带一路”倡议背景下的全球化发展新趋势

中国“一带一路”倡议是于2013年提出的一项贯穿欧亚非大陆的发展计划，投资总额达9000亿美元。“一带一路”倡议旨在积极推动与沿线国家的互联互动，共同打造政治互信、经济融合及文化包容的共同体，促进共同发展、实现共同繁荣。“一带一路”倡议不是中国强加于其他国家的，而是各国共商共建共享，实现合作共赢的新平台，是构建人类命运共同体的有效路径。“倡议”第一阶段由46个国家构成，即“一轴两翼”；“一轴”包括中国的15个邻国；“两翼”包括欧洲、非洲和亚洲其他地区的24个国家，以及拉丁美洲和南太平洋的7个国家。自倡议提出6年以来，吸引了全球众多国家的参与与投资①。

① 德勤.2018共建：“一带一路”生态系统：驾驭风险把握机遇，2018.

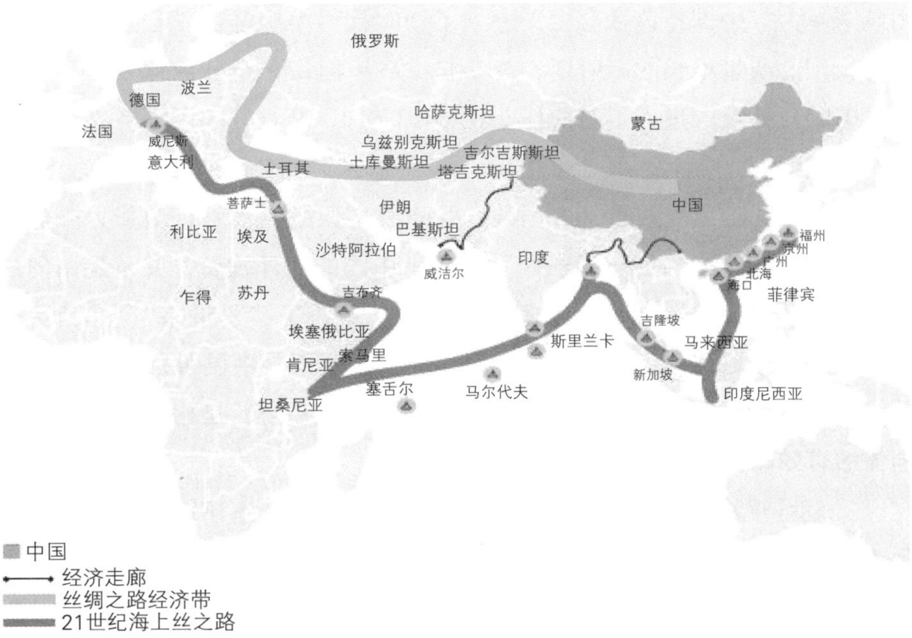

图 4-2-2　“一带一路” 倡议的覆盖地区

资料来源：德勤 . 2018 共建：“一带一路” 生态系统：驾驭风险把握机遇，2018.

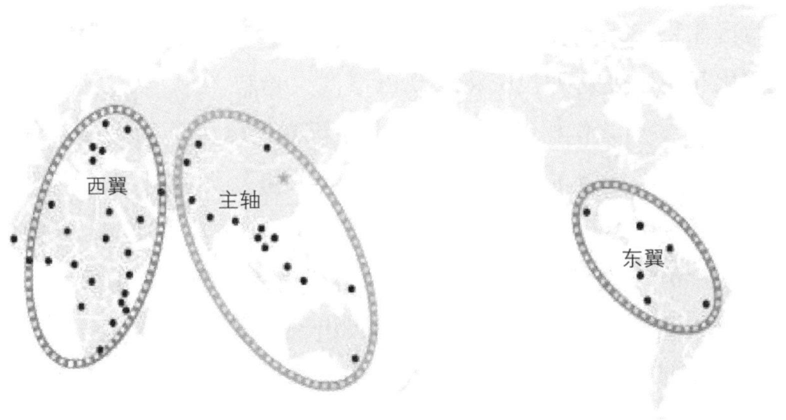

图 4-2-3　一轴两翼

来源：德勤 . 国家发改委国际合作中心访谈 .

资料来源：同图 4-2-2。

2018 年是习近平主席提出“一带一路”倡议的第六年。过去五年间“一带一路”倡议逐渐从理念转化为行动，从愿景转变为现实，全球影响力越来越大。中国特色社会主义进入了新时代，中国经济发展进入了从高速增长到高质量增长的新时期，“一带一路”倡议在全球纵深发展，也引领中国的对外投资进入了新阶段。在2017年10月召开的中国共产党第十九次全国代表大会上，习近平主席强调“要以‘一带一路’建设为重点，坚持引进来和走出去并重，遵循共商共建共享原则，加强创新能力开放合作”。这表明：首先，**“一带一路”引领下中国的对外投资，并不是单向的中国企业“走出去”过程，很多“走出去”是为了“引进来”，是为了更好地在全球配置资源；第二，“一带一路”倡议不是中国强加于其他国家的，而是各国共商共建共享，实现合作共赢的新平台，是构建人类命运共同体的有效路径。**

“一带一路”的相关行业，也远远不只是基础设施建设行业，将由此起步扩展到当地发展涉及的各行各业。过去几年，在“一带一路”的起步阶段，基础设施建设是各国最为急需的，发展也最为迅猛。但我们已经观察到贸易、金融、互联网、文化、教育、旅游等行业。在“一带一路”国际产能合作方面，也开始呈现出传统产业与高端产业并举的趋势。可以预见，随着相关国家发展需求的变化，中国与各国在“一带一路”倡议下开展合作的行业将越来越多。我们分析在“一带一路”倡议纵深发展背景下，全球化和中国的对外投资将出现以下四大趋势。

1. 双边及多边合作机制的完善推动“新型全球化”的实现。

当前，世界经济复苏依旧乏力，“逆全球化”思潮升温。根据世界银行提供的最新资料，全球进出口贸易额占GDP比重从2011年的61%下降到2016年的56%，连续6年下跌。这表明贸易在退潮，各国之间的联系在下降，商品、投资和人才全球流动的势头出现了某些减弱。而中国提出的“一带一路”倡议以“共商、共建、共享”为原则，以构建人类命运共同体为愿景，赋予了全球化新的内涵，将让全球化进程更有活力、更加包容、更可持续。

以开放性与包容性为践行准则，中国已经先后与86个国家和组织签署101个合作协议①。同时，“一带一路”倡议还对接了沿线区域内现有合作

① 中国一带一路网。

机制与平台，如上海合作组织（SCO）、亚太经合组织（APEC）、博鳌亚洲论坛等。在亚投行、丝路基金等多边平台的支持下，“一带一路”合作机制双边多边齐头并进。在“一带一路”所倡导的合作模式下，全球化不再仅仅是将生产地从高成本地区转到低成本地区，从而伴随着工作机会的转移，创造出所谓“赢家”和“输家”；而是对接投资区域的当地发展战略，创造与上下游企业的协同效应，可以将采购、生产、销售都转到当地，打造贯穿产业链的生态圈，切实为当地带来经济效益与就业机会。“一带一路”所引领的新型全球化，也不再是构筑排他性的贸易保护圈子，而是实现真正的互利共赢，实现全球的共同发展。

2. 多元化股东及合作伙伴的引入。

“一带一路”项目投资的参与者正在呈现多元化态势。初期，国有企业领衔“一带一路”建设和投资，目前民营企业、外资企业的参与程度也在不断增大。有些欧美成熟跨国企业和金融机构已经通过和中国企业的合作，借“一带一路”的机会，收获了实实在在的业绩增长。国际金融机构也正在积极捕捉“一带一路”倡议发展机遇。例如，2017 年渣打银行参与“一带一路”倡议相关交易价值总额超过 100 亿美元，并表示将在 2020 年底前为“一带一路”倡议相关项目提供总值至少 200 亿美元的融资支持①。此外，为了减小海外投资风险，并能在当地持续发展，将来各类企业寻找合适的当地合作伙伴，成立合资公司等形式会越来越多。

3. 跨国并购取代绿地投资成为主要投资方式。

根据商务部数据显示，2013—2016 年，中国企业海外并购的项目数量以平均每年 16%的速度增加。2017 年由于国家对某些非重点行业的对外投资加强了监管及资金出境限制，海外并购项目数量较 2016 年下降 55%。虽然数量有所下滑，但并购质量正在提升，与国家战略相关性也在提高。从产业来看，高科技、工业和消费成为海外并购最为活跃的领域。例如，中国化工并购瑞士先正达和新加坡 Halcyon、美的集团并购德国库卡等，这将对提升中国企业在全球价值链中的地位和加快国内经济转型升级产生积极影响。从目的地来看，对欧美并购大幅下降，对“一带一路”沿线国家

① 刘晓明．推进中英“一带一路”合作，促进人类共同繁荣发展．2018.

的并购数量和金额则显著上升。2017 年中国企业对“一带一路”沿线国家实施并购 62 起，投资额 88 亿美元，同比增长 32.5%①。

4. 对外投资的监管将进一步加强，对外投资质量和效益提升。

与 2016 年全年对外投资额年激增 44.1%形成鲜明对比，据商务部数据显示，2017 年，中国对外直接投资 1246.3 亿美元，同比下降 32%，房地产、酒店、影城、娱乐业和体育俱乐部等领域新增项目数量为零。这一变化主要与国家外汇管理局、商务部、财政部发布的《关于进一步引导和规范境外投资方向的指导意见》《国企境外投资管理办法》《民营企业境外投资经营行为规范》《企业境外投资管理办法》等一系列加强对外投资真实性合规性审查政策有关。在监管部门的引导下，中国企业的非理性对外投资行为得到了遏制，投资和整体战略的相关性增加，风险防控意识和跨国经营能力不断加强。尽管短时间内，中国企业对外投资规模有所下降，但稍长远一点来看，中国的对外投资规模会进一步增长，而且整体投资结构将更加优化，投资质量和效益进一步提升，在全球范围内配置资源的能力将不断增强。

（二）企业对外投资问卷调查结果及主要发现

2017 年 12 月德勤“一带一路”问卷调查对象涵盖国企、民企和外企。在 2017 年的调查中，我们共收回有效问卷 166 份，其中国企 84 家，占比 51%（其中央企占总比例 28%，外资企业占 26%，民营企业占 21%，事业单位占 2%。）受访企业行业分布广泛，涉及制造、能源、金融等多个行业，其中制造业 19%、能源 16%、金融业 15%、基础设施建设行业 10%、互联网 9%、零售贸易 9%，房地产 9%，相比 2015 年行业分布更加多样。

---

① 资料来源：商务部网站。

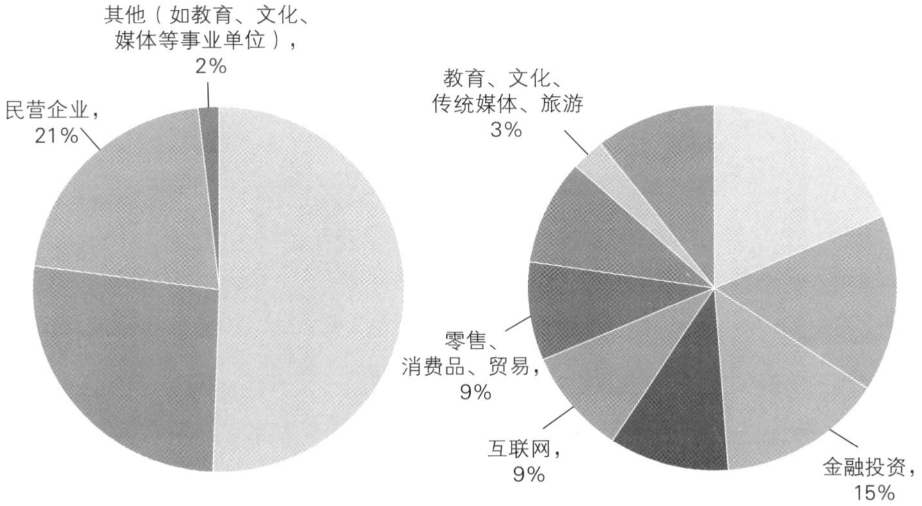

图 4-2-4　受访企业属性和行业分布

资料来源：同图 4-2-2。

2017 年问卷调查结果和主要发现如下。

1. 海外收入占比：国有企业海外市场收入增加显著，民营企业则呈两极分化趋势。

2015 年的问卷调查结果中，超过四成受访国企的海外收入占总收入的比重不到 5%，而在本次调查中近八成受访国企的海外收入占比超过 5%，其中海外收入占比大于 20% 的国企比例由 2015 年的 32% 增长至 43%；这说明借力“一带一路”倡议，国有企业海外市场收入显著增加，国际化水平进一步提高。

民营企业则呈两极分化趋势。逾四成受访民企来自海外的收入占比超过 20%，这说明搭乘“一带一路”的快车，部分民企正在进一步对接全球资源，拓展国际市场。但同时有超过一半的受访民企海外收入占比小于 5%，海外市场对这部分民企来说还是尚未开拓的领域。

2. 组织架构：约八成企业已经为国际化设置了或集中或分散的组织架构，但仍有两成企业在组织架构方面还未准备好。

78% 的受访企业为国际化设置了或集中或分散的组织架构，其中 38% 国际化业务的管理职能分散在各业务板块中，28% 设置了国际部统筹管理，还有 12% 由海外分支机构自行管理。各种国际化组织架构没有优劣之分，

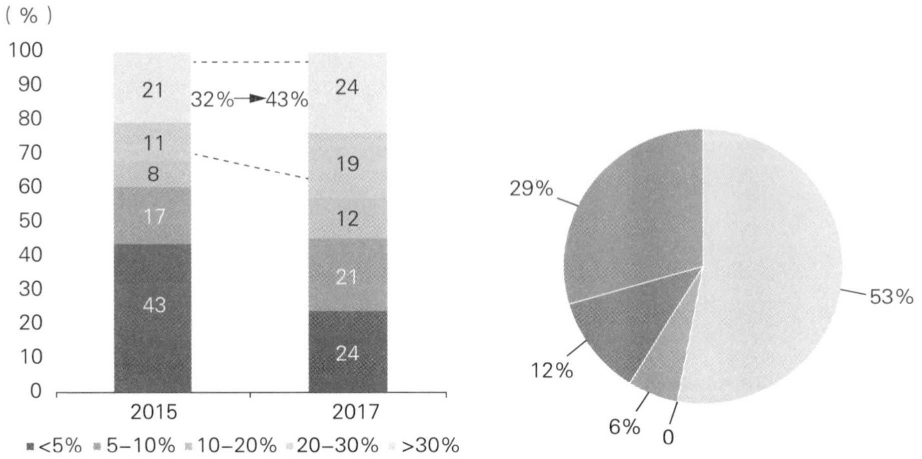

图 4-2-5　国企 2015 年与 2017 年海外收入占比情况对比以及民营企业的海外收入占比分布

资料来源：同图 4-2-2。

企业应根据自身的国际化战略对组织架构进行设置和调整，并完善组织的权利和责任边界，实现管理效率的提高。值得注意的是，22%的受访企业表示没有固定职能部门管理海外业务，其中近一半为国企，这说明这部分国企对于海外业务管理处于无序状态，在组织架构方面还未准备好。

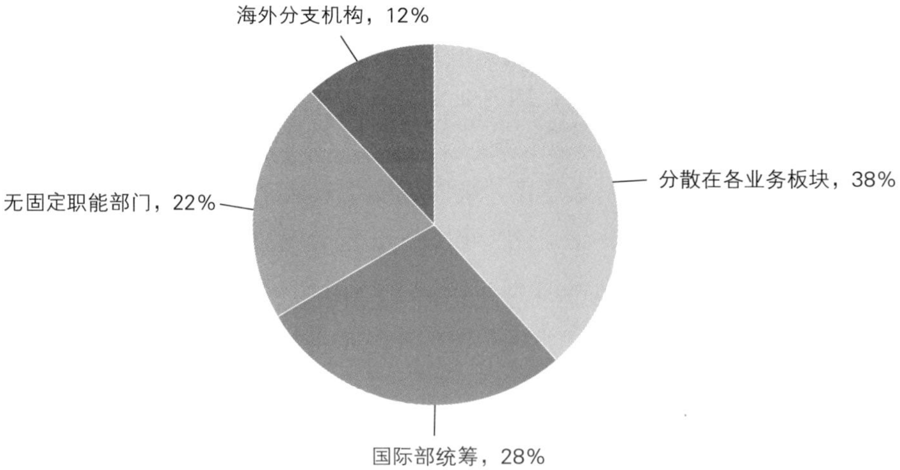

图 4-2-6　受访企业负责规划/管理海外业务的职能部门

资料来源：同图 4-2-2。

3. 企业国际化形式：跨国并购成了首选国际化形式，其次是设立海外机构开展属地化经营。

受访企业中采用最多的国际化形式是开展海外并购（28%）和设立海外分支机构（26%），与2015年比，单纯的工程承包项目比例下降。这与我们第一部分预测的对外投资四大趋势吻合。

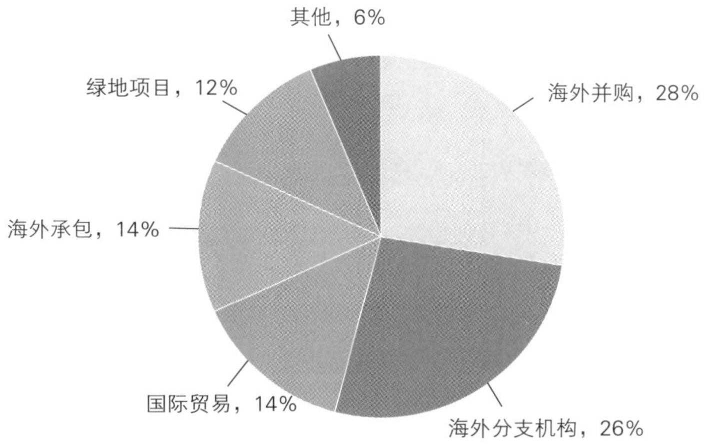

图4-2-7　国际化采取的形式

资料来源：同图4-2-2。

4. 企业海外投资区域：国有企业是“一带一路”建设主力军，民营企业和外资企业则更多投资于欧美发达国家。

东南亚、西亚和非洲、南亚等“一带一路”重点区域国家是受访国企目前及未来最主要的投资区域，这一调查结果与2015年一致，说明在国家倡议的引领下，国有企业正在也将继续在“一带一路”建设上扮演“领头羊”和“主力军”的角色。与国有企业不同，民营企业和外资企业更多投资于美国、欧洲等发达国家，发达国家市场较为成熟、法律法规更加健全，相较于部分发展中国家，投资风险较小。

未来三年，国有企业的海外投资重点仍在“一带一路”的重点区域，且投资将会进一步加大：其中33%的国企会投资东南亚和南亚，14%投资于西亚和非洲，而国企在发达国家和地区的海外投资将会有所缩减。民营企业和外资企业也将会在部分“一带一路”重点区域加大投资力度：包括东南亚和南亚等。

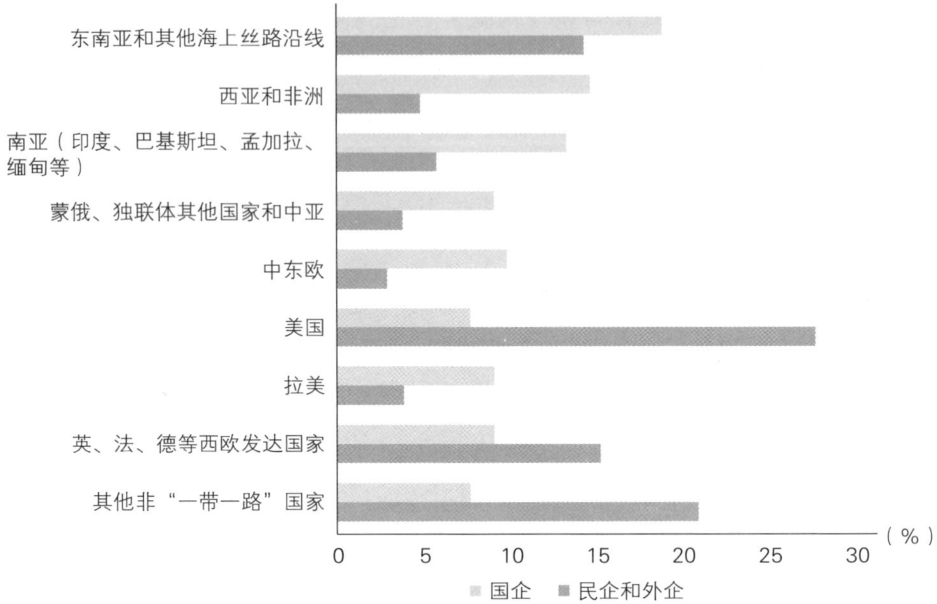

图 4-2-8　企业当前海外投资的主要区域

资料来源：同图 4-2-2。

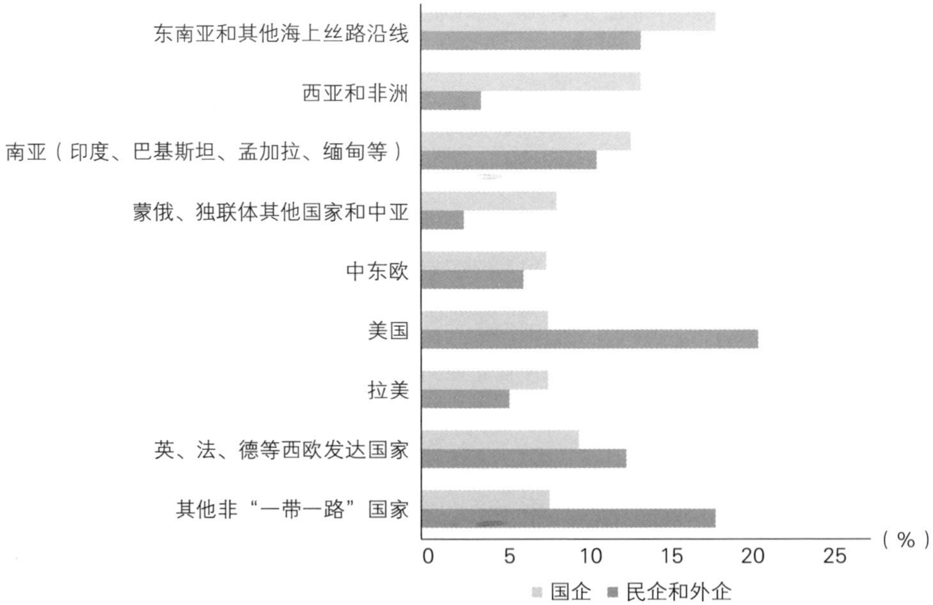

图 4-2-9　企业未来海外投资的主要区域

资料来源：同图 4-2-2。

5. 未来的海外投资规模：超过一半的企业将在未来三年继续扩大海外投资规模，但也有三成受访者不清楚公司海外投资的变化趋势。

国有企业中的（60%）及民营企业中的（41%）将扩大海外投资规模，但也有近一半民企表示不清楚将来的趋势。这说明这部分企业海外发展战略尚不清晰，也未根据自身经营状况，制定具体目标。在开展海外投资时，没有清晰的长期战略极易导致冲动型投资和短期行为的发生，给企业带来损失。

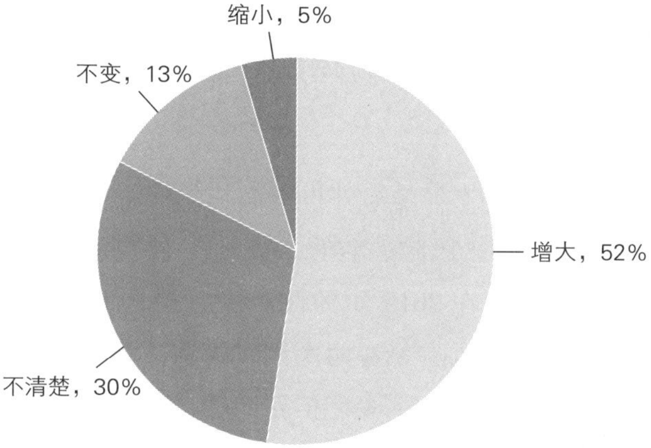

图 4-2-10　对外投资规模变化总体趋势

资料来源：同图 4-2-2

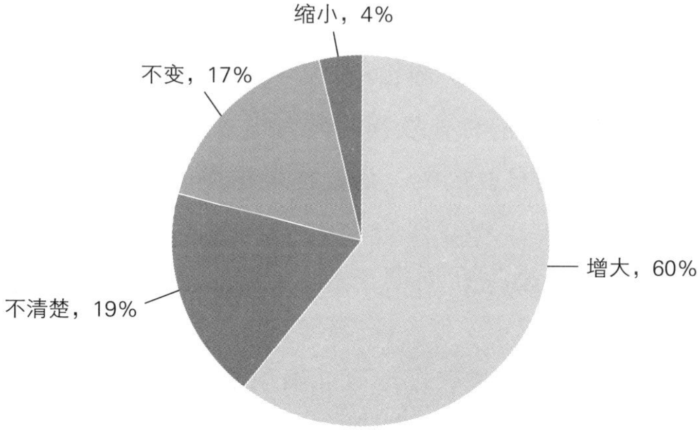

图 4-2-11　国企对外投资规模变化趋势

资料来源：同图 4-2-2。

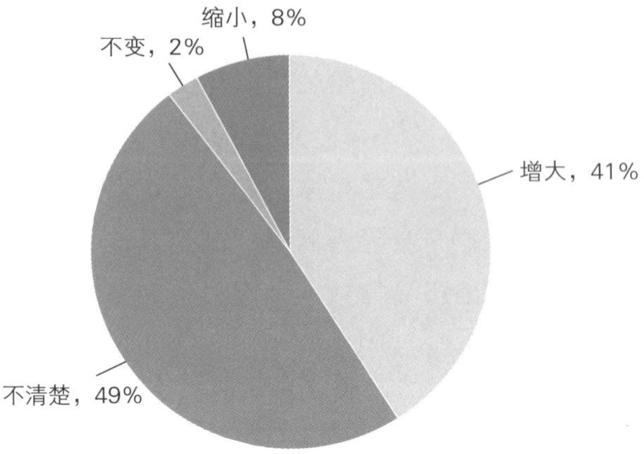

图 4-2-12　民企对外投资规模变化趋势

资料来源：同图 4-2-2。

6. “风险、监管、人才”是海外投资面临的最主要三大挑战。

在本次调查问卷中，“风险、监管、人才”被受访者选为海外投资面临的最主要三大挑战；而在 2015 年的调查中，对这一问题的回答是“长期战略、融资及风险”，“风险”在两次调查中均被受访者选择为最大挑战的前三。大量实例证明，事先对风险准备不足、事中对风险不善应对、事后对风险不予总结改进是许多企业海外投资失败的主要原因。在“一带一路”倡议背景下，风险管理的思路更应得到全面更新。“一带一路”相关国家，大多情况复杂，单纯进行一时一地一方面的风险分析是远远不够的；企业应在全面分析风险的前提下，为自己和项目量身定制一套风险分析、预警及应对机制。在本次调查中，“监管”（43%）紧随“风险”（55%）被受访者选为目前海外投资的最大挑战之一。可见，随着国内外监管要求和执法力度的日益严格，企业越来越意识到事前了解监管环境、开展合规经营的重要性。

7. 以海外投资的全生命周期来看，投前、投中、投后阶段挑战都颇高。

超过八成受访者认为“缺乏迅速准确地了解目标地区的政治、经济（含税收）、社会等未来发展等真实情况，并提供综合分析的资源”是“投资前”的最大挑战，其次是“难以及时获知投资地区、投资行业、资金流

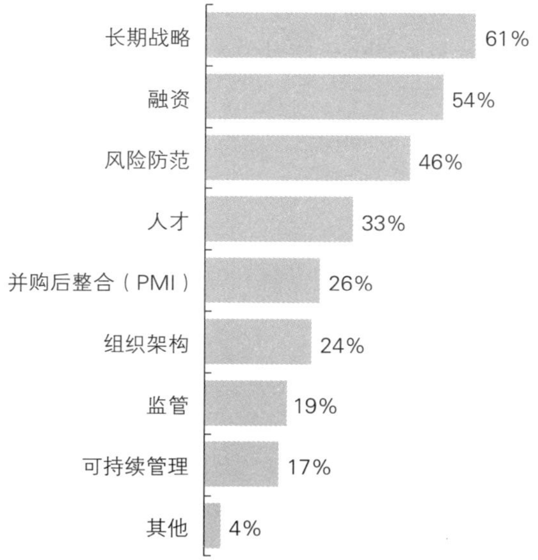

图 4-2-13　2015 年企业海外投资的主要挑战（选 3 项）

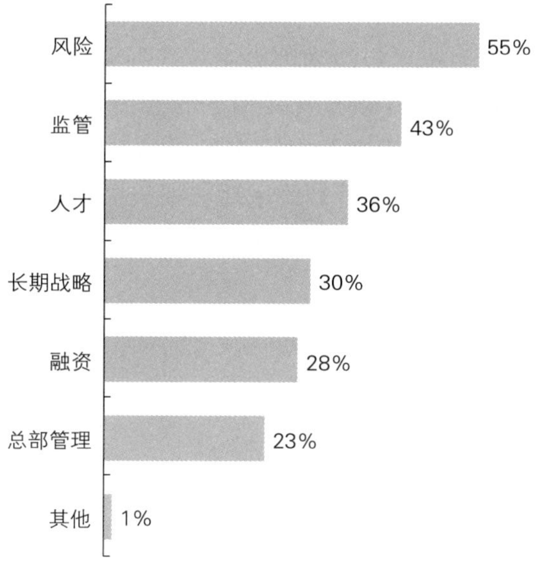

图 4-2-14　2015 年企业海外投资的主要挑（选 3 项）

资料来源：同图 4-2-2。

出等的监管政策的更新”。随着企业对国际化业务的深耕，与投资地区各方面差异导致的信息不对称，往往让企业制定海外发展战略时感到无所适从。

企业开展尽职调查时，可以考虑借助国际专业服务机构的全球网络和管道，最大限度地获取投资目的地的相关信息，正确衡量投资目标的回报情况。

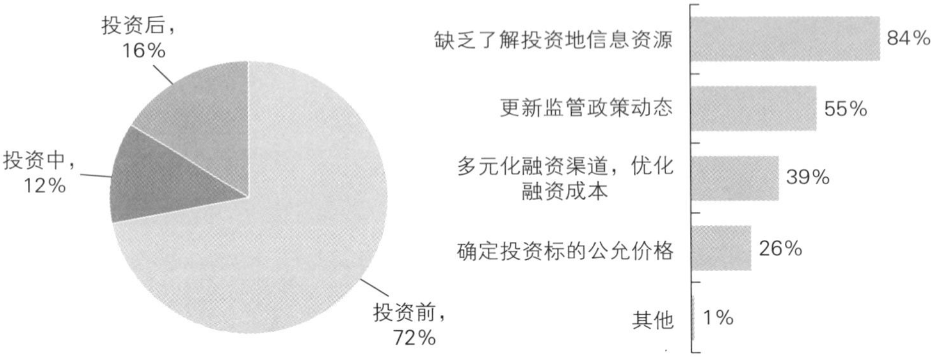

图 4-2-15　企业海外投资具挑战性的阶段和“投资前”阶段的挑战

资料来源：同图 4-2-2。

“投资中”和“投资后”阶段的挑战也不容小觑。在选择“投资中”阶段是最大挑战的企业中，有 60%认为“总部对海外项目/分支机构的管理”是最大的挑战。可见，虽然大部分企业已经开始积极推行“本土化”经营，但总部对于具体项目和分支机构的管控能力尚未储备到位。对于“投资后”阶段，三种挑战都有超过一半的受访企业同时选择。投后管理是否到位，往往决定了投资是否最终成功。如何提高投后整合能力，完善持续性管理能力，加强投后评价监察能力，均是企业面临的问题。

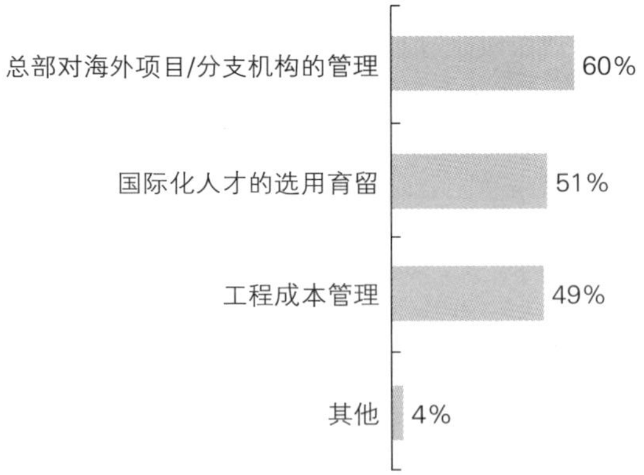

图 4-2-16　企业海外投资“投资中”阶段的最大挑战（可多选）

资料来源：同图 4-2-2。

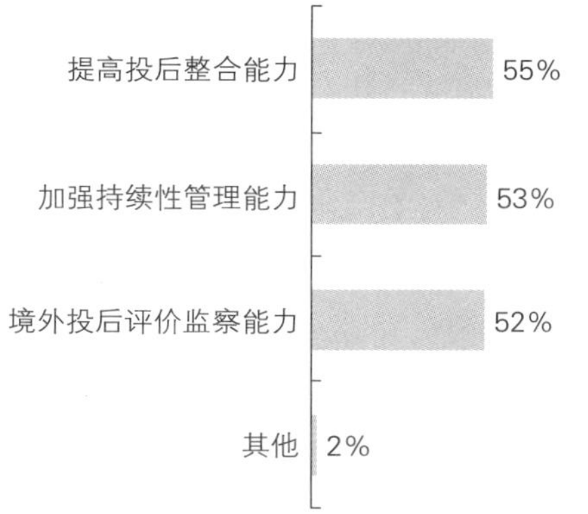

图 4-2-17　企业海外投资“投资后” 阶段的最大挑战（可多选）

资料来源：同图 4-2-2。

8. 推动项目商业风险的合理配置，实现风险共担是融资的最关键考虑因素。

63%的企业认为，融资中最应该得到重视的因素是“项目商业风险的合理配置，实现风险共担”；紧随其后的关键考虑因素是“东道国政府对融资方案和资金确定性往往十分敏感重视”（43%）和“减轻企业资产负债表的负担”（39%）。

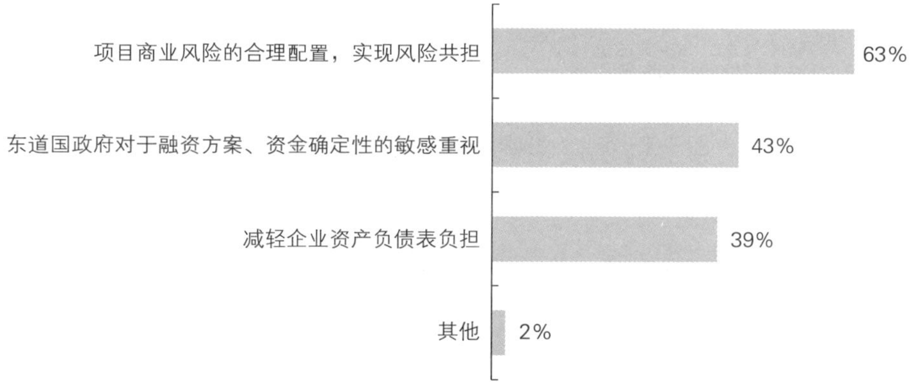

图 4-2-18　融资过程中需考虑的关键因素（可多选）

资料来源：同图 4-2-2。

实践中，企业越来越重视研究风险分担，强调项目的可融资性。尤其对于目前阶段重点开展的基础设施和能源项目投资开发方面，项目融资不仅强调完善的商务结构，而且必须想方设法实现最低担保、有限追索项目融资。

9. 国际化人才管理：最关键的环节是使用多种培养方式进行国际化后备人才的培养。

47%的受访企业认为“使用多种培养方式进行国际化后备人才培养”是国际化人才管理中最关键的环节；其次是近三成企业选择的“为派驻海外的人才制定针对性的薪酬福利和职业发展政策”。人才的培养需要时间，应未雨绸缪，梯队式发展和培养。在争夺国际化人才的激烈竞争中，不仅要培养得出人才，更要留得住、用得好，因此薪酬福利和职业发展政策也要跟上。

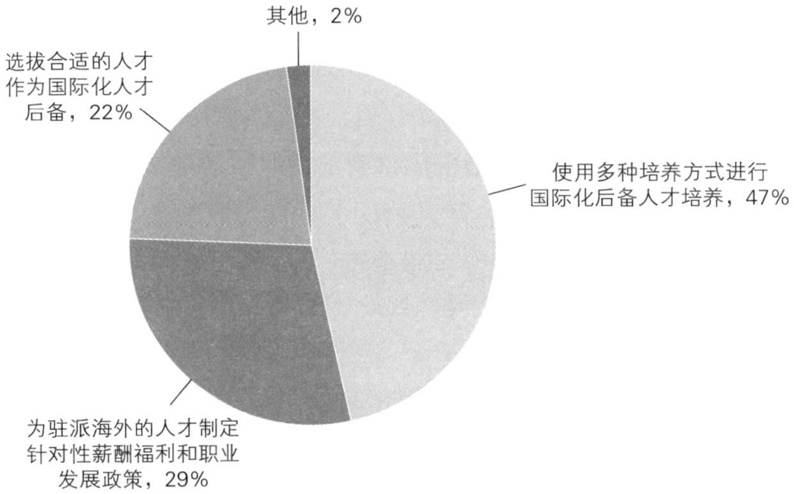

图 4-2-19　企业国际化人才管理最重要的环节

资料来源：同图 4-2-2。

在调查中我们还发现，民企比国企更注重“国际化后备人才培养”，60%的民企认为这是人才管理的最重要环节，显示出民企对国际化人才的渴求和对人才储备的重视。而国企在重视国际化人才培养的同时，还十分注重“外派人员的薪酬福利和职业发展政策”。结合国企的人才市场化改革全局，给外派人员设计一套科学合理的薪酬福利和职业发展政策，才能激发人才去全球开疆拓土的热情，避免国企在国际化人才争夺战中“失血”。

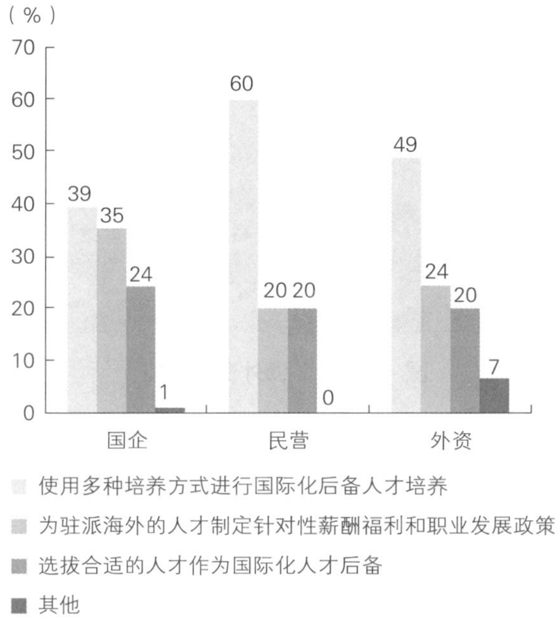

图 4-2-20　不同类型企业国际化人才管理的重要环节

资料来源：同图 4-2-2。

（三）“一带一路”倡议下国有企业面临的挑战

在“一带一路”倡议的引导下，国有企业在新的全球化发展模式下取得了丰硕的成果。但国有企业的国际业务在核心竞争力、组织机构、恶性竞争与管理水平方面存在一定管理缺陷。①

企业通过海外投资，拓展了市场、提升了业务与技术水准，也获得了资源与原材料的优势。但在投资后，应对以上问题，国有企业需要进行有效的海外资产管控以提升国际业务能力。完整的海外资产管控涵盖以下六个步骤：

1. 管控模式设计。

2. 职能定位与职责划分。

3. 组织与岗位优化。

① 曲凤杰．中央企业国际化之路．2017.

4. 核心业务流程优化。
5. 绩效考核与激励。
6. 全面风险管理。

图 4-2-21　海外资产管控

资料来源：同图 4-2-2。

针对完整的海外投资管控步骤，我们将在本书的第五章第五节“国际化”中进行详细解读。

三、智能制造

（一）定义及背景

智能制造是基于新一代信息技术，贯穿设计、生产、管理、服务等制造活动环节，具有信息深度自感知、智慧优化自决策、精准控制自执行等功能的先进制造过程、系统与模式的总称。简言之，智能制造是由物联网系统支撑的智能产品、智能生产和智慧服务。智能制造已经成为全球价值链重构和国际分工格局调整背景下各国的重要选择。发达国家纷纷加大制造业回流力度，提升制造业在国民经济中的战略地位。亚洲作为制造业重要区域也在积极部署自动化、智慧化。

表 4-2-4 则从制造业企业的核心制造流程出发，展示了成熟的智能制造企业在各个环节的智慧化转型范式。

表 4-2-4　智能工厂内部流程

流程	部分数字化应用
生产运营	· 增材制造可快速生产产品原型或小批量零配件 · 基于实时生产和库存数据的先进计划和排产，尽可能减少浪费，缩短周期 · 认知机器人和自主机器人能够有效开展常规工作，尽可能节省成本，提高精确性 · 数字孪生可实现运营数字化，并超越自动化和集成，开展预测性分析
仓储运营	· 增强现实可协助工作人员挑选和安置任务 · 自主机器人可开展仓库管理工作
库存跟踪	· 传感器可追踪原材料、半成品、成品以及高价值模具的实时动向和位置 · 分析可优化现有库存，并自动提醒补充库存
质量	· 采用光学分析方法开展中期质量检测 · 实时设备监控，预测潜在质量问题
维护	· 增强现实可协助维修人员开展设备维修工作 · 设备上的传感器有助于预测性和认知性维护分析
环境、健康与安全	· 传感器可在危险设备靠近工作人员时发出警告 · 工作人员身上的传感器可监测环境状况，确认是否正常运作或是否存在其他潜在威胁

资料来源：德勤．智慧工厂，2017.①

（二）政策导向

工业和信息化部、财政部印发的《智能制造发展规划（2016—2020年）》中明确指出了智能制造是基于新一代信息通信技术与先进制造技术深度融合，贯穿于设计、生产、管理、服务等制造活动的各个环节，具有自感知、自学习、自决策、自执行、自适应等功能的新型生产方式。加快发展智能制造，是培育我国经济增长新动能的必由之路，是抢占未来经济和科技发展制高点的战略选择，对于推动我国制造业供给侧结构性改革，打造我国制造业竞争新优势，实现制造强国具有重要战略意义。

为有效引导中国智能制造发展，国务院及其相关部门陆续出台了众多重要档，形成了以《中国制造 2025》为统领、智能制造发展规划及其相关产业规划为方向、智能制造工程为抓手的智能制造顶层设计。其中，《智

① 德勤．智慧工厂，2017.

能制造发展规划（2016—2020年）》，为我国“十三五”智能制造发展指明了方向，明确了重点任务和具体目标。

1. 2025年前，推进智能制造发展实施“两步走”战略。

第一步，到2020年，智能制造发展基础和支撑能力明显增强，传统制造业重点领域基本实现数字化制造，有条件、有基础的重点产业智慧转型取得明显进展；

第二步，到2025年，智能制造支撑体系基本建立，重点产业初步实现智慧转型。

2. 2020年的具体目标。

智能制造技术与装备实现突破。研发一批智能制造关键技术装备，具备较强的竞争力，国内市场满足率超过50%。突破一批智能制造关键共性技术。核心支撑软件国内市场满足率超过30%。

发展基础明显增强。智能制造标准体系基本完善，制（修）订智能制造标准200项以上，面向制造业的工业互联网及信息安全保障系统初步建立。

智能制造生态体系初步形成。培育40个以上主营业务收入超过10亿元、具有较强竞争力的系统解决方案供货商，智能制造人才队伍基本建立。

重点领域发展成效显著。制造业重点领域企业数字化研发设计工具普及率超过70%，关键工序数控化率超过50%，数字化车间/智慧工厂普及率超过20%，运营成本、产品研制周期和产品不良品率大幅度降低。

3. 重点任务。

（1）加快智能制造装备发展。

（2）加强关键共性技术创新。

（3）建设智能制造标准体系。

（4）构筑工业互联网基础。

“中国制造”向“中国智造”全面战略转型已成不可逆转的时代大势。尽管企业对“智能制造”的理解不尽相同，中国智能制造已不只是“看上去很美”—— 结合制造技术和信息技术的智能化制造理念已经为中国制造企业普遍认同。

（三）产业现状

最早，智能制造理念于1988年为美国纽约大学的怀特教授（P. K. Wright）和卡内基梅隆大学的布恩教授（D. A. Bourne）在《智能制造》一书首次提出。他们指出智能制造的核心目的是通过集成知识工程、制造软件系统、机器人视觉和机器控制对制造技工的技能和专家知识进行建模，以使智能机器人在没有人工干预的情况下进行小批量生产。随着信息技术的发展，尤其是泛人工智能类技术的不断成熟，智能制造技术开始广泛引起发达国家的关注和研究。加之2008年金融危机后，发达国家开始认识到以往去工业化发展的弊端，美国、德国、日本等国纷纷设立智能制造研究项目基金及实验基地，制定“重返制造业”的发展战略，推动智能制造的研究及实践取得了长足进步。

放眼海外，美国从2009年其先后出台《重振美国制造业框架》《2010制造业促进法案》、“先进制造伙伴计划”“先进制造业国家战略计划”、《国家制造业创新网络初步设计》和“制造美国”等国家政策和法律。2014年，为响应美国政府“再工业化战略”，GE、IBM、思科、英特尔等制造业与IT巨头成立了工业互联网联盟，企图通过新的技术、标准、商业模式重新定义制造业。德国联邦也发布了“工业4.0”和“数位议程”战略，旨在通过新一轮制造技术的革命性创新和突破，确保德国工业竞争力。2013年《工业4.0实施建议》发布，并推出“工业4.0”平台。2014年德国联邦政府出台《数字议程（2014—2017年）》，倡导数字化创新驱动经济社会发展，为德国建设成为未来数字强国部署战略方向。“数字议程”和“工业4.0”成为德国发展工业互联网，确保未来发展和竞争力的两大飞翼。欧盟也将发展先进制造业作为重要的战略，在2010年制定了第七框架计划（FP7）的制造云项目，并在2014年实施欧盟“2020地平线”计划，将智能型先进制造系统作为创新研发的优先项目。

德勤在2018年共调研了153家大中型企业并出版了《中国智造行稳致远——2018中国智能制造报告》[①]。受访企业分为两大类：生产型企业和技

① 德勤．中国智造行稳致远——2018中国智能制造报告，2018.

术服务型企业。生产型企业来自各个行业，如汽车、装备制造、电子及电器、航空航天等。技术服务型企业又分为技术提供者和解决方案提供者，技术提供者为生产性企业提供工业物联网、大数据、人工智能、工业 APP 等技术；解决方案提供者为客户打通硬件、软件和服务的整体解决方案。

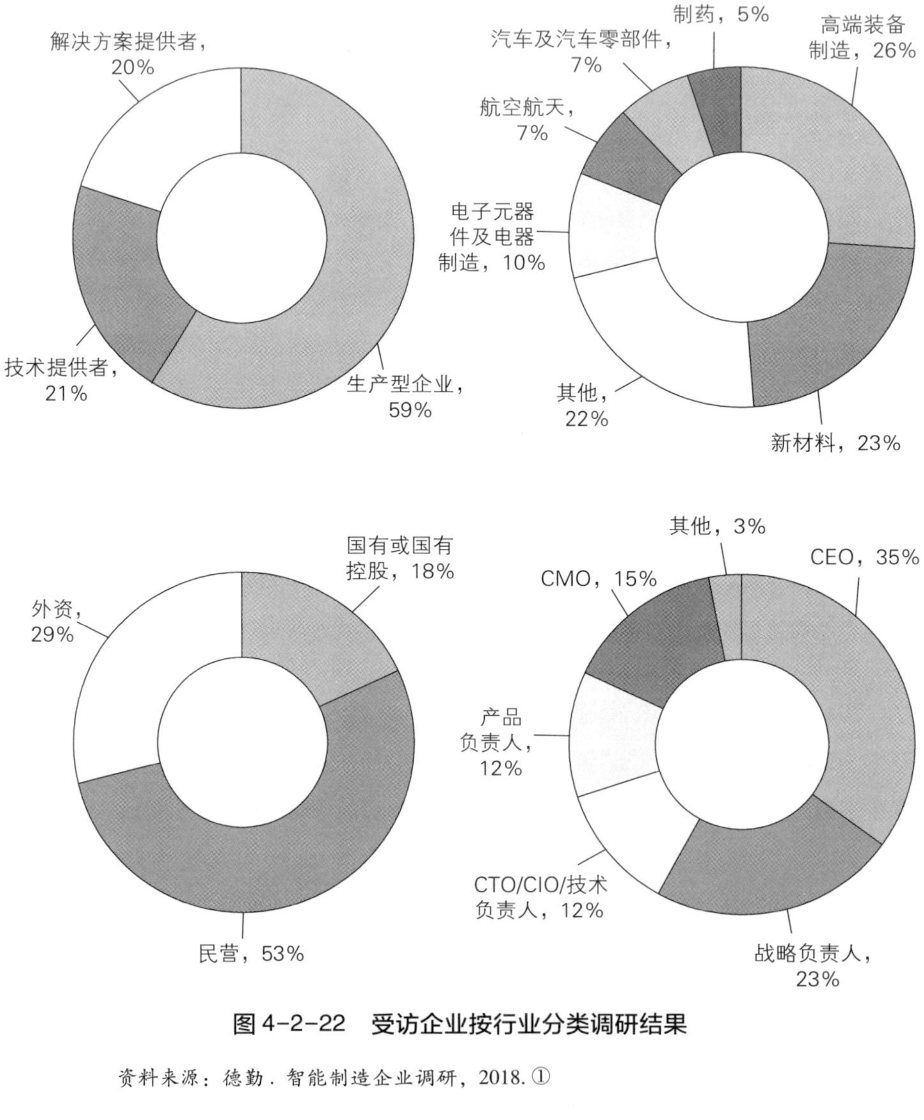

图 4-2-22　受访企业按行业分类调研结果

资料来源：德勤．智能制造企业调研，2018. ①

---

① 德勤．智能制造企业调研，2018.

调研发现，随着政府加强智能制造顶层设计，开展试点示范和标准体系建设；企业加快数字化转型，提升系统解决方案能力，中国智能制造取得了明显成效，进入高速成长期。中国智能制造进入成长期主要体现在三个方面：首先，中国工业企业数字化能力素质提升，为未来制造系统的分析预测和自适应奠定基础。其次，财务效益方面，智能制造对企业的利润贡献率明显提升。最后，典型应用方面，中国已成为工业机器人第一消费大国，需求增长强劲。

1. 数字化能力素质提升。企业数字化能力素质体现在其利用数据指导生产以及系统自优化的能力。我们借鉴国际普遍认可的工业 4.0 发展路径，将企业智能化成熟度分为六个阶段：计算机化、连接、可视、透明、预测和自我调整。随着中国两化融合和工业物联网建设等多项举措推进，制造型企业数字化能力素质已有提升，大部分企业正致力于数据纵向集成。德勤调研结果显示，81%的受访企业已完成计算机化阶段，其中 41%处于连接阶段，28%处于可视阶段，9%处于透明阶段，而预测和自我调整阶段的企业各自占 2%。

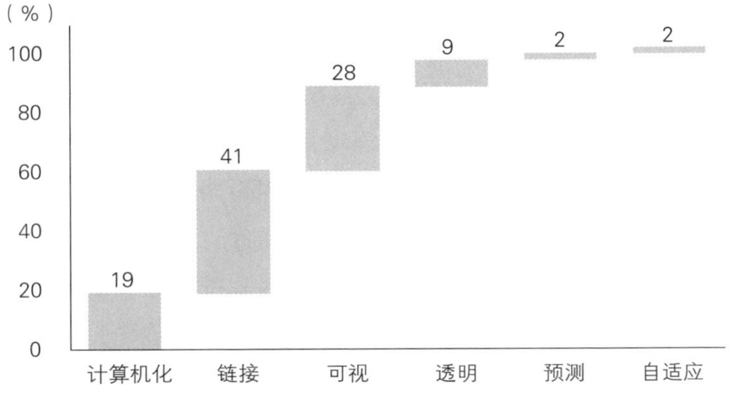

图 4-2-23 受访企业所处阶段（基于企业自我评估）

资料来源：同图 4-2-22。

2. 智能制造利润贡献已有提升。向智能制造进阶为制造企业带来真实可见的效益。2013 年德勤曾调研全国 200 家制造型企业，结果显示中国企业智能制造处在初级阶段，且利润微薄。经过多年的快速发展，智能制造产品和服务的盈利能力显著提升。2013 年智能制造为企业带来的利润并不明显，55%的受访企业其智能制造产品和服务净利润贡献率处于 0~10%的区间，而 2017 年，仅有 11%的受访企业处于这个区间，而 41%的企业其智能制造利润贡献率在 11~30%。利润贡献率超过 50%的企业，由 2013 年受访企业占比 14%提升到 2017 年的 33%。智能制造利润贡献率明显提升，利润来源包括生产过程中效率的提升和产品服务价值的提升。

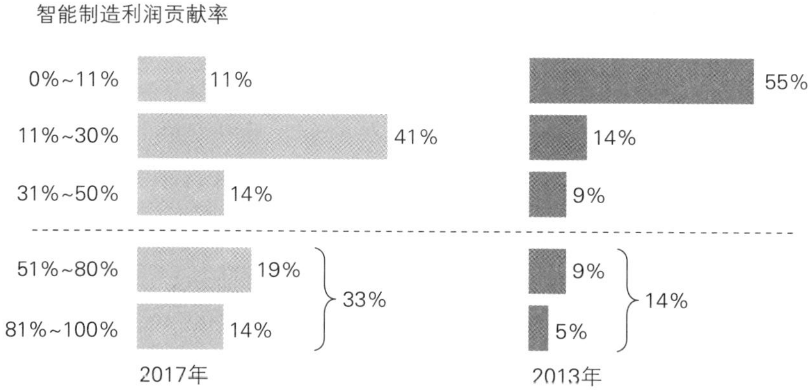

图 4-2-24　智能制造产品和服务利润贡献率显著提升

资料来源：同图 4-2-22。

3. 应用市场潜力。中国已连续六年为工业机器人第一消费大国。IFR（International Federation of Robotics）数据显示，中国工业机器人市场规模在 2017 年为 42 亿美元，全球占比 27%，2020 年将扩大到 59 亿美元。2018—2020 年国内机器人销量将分别为 16 万台、19 万台、5 万台、23. 8 万台，未来 3 年 CAGR 达到 22%。汽车、高端装备制造和电子电器行业依然为工业机器人的主要用户。中国有哪些独特优势？首先是数据量。当前人工智能热潮背后的机器学习技术对数据极其依赖。识别人脸、翻译语言和试验无人驾驶汽车需要大量的“训练数据”。由于中国的人口数量和设备数量庞大，中国企业在获取数据方面具有天然的优势。第二，中国制造业企业硬设备和厂房相对欧美企业普遍较新，比较容易实现设备连接和厂房改造。

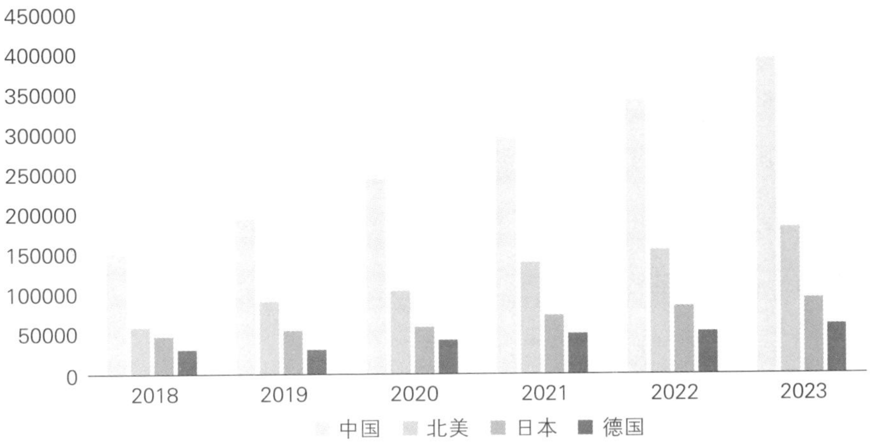

图 4-2-25　全球主要市场工业机器人销量

资料来源：同图 4-2-22。

此外，在智能制造的部署维度，德勤调查发现，中国工业企业智能制造五大部署重点依次为：数字化工厂（63%）、设备及用户价值深挖（62%）、工业物联网（48%）、重构商业模式（36%）以及人工智能（21%）。受访企业所关注的相关技术包括工业软件、传感器技术、通信技术、人工智能、物联网、大数据分析等，其中，以工业软件、传感器技术与通信技术为当代关注的焦点。

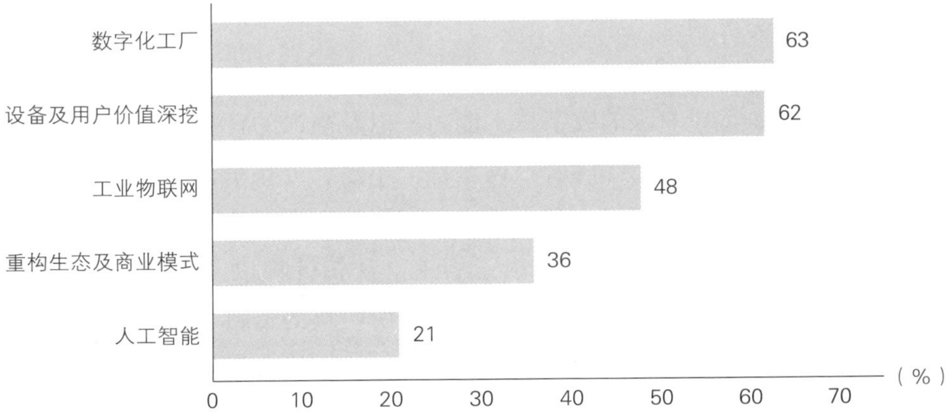

图 4-2-26　受访企业智能制造部署重点领域

资料来源：同图 4-2-22。

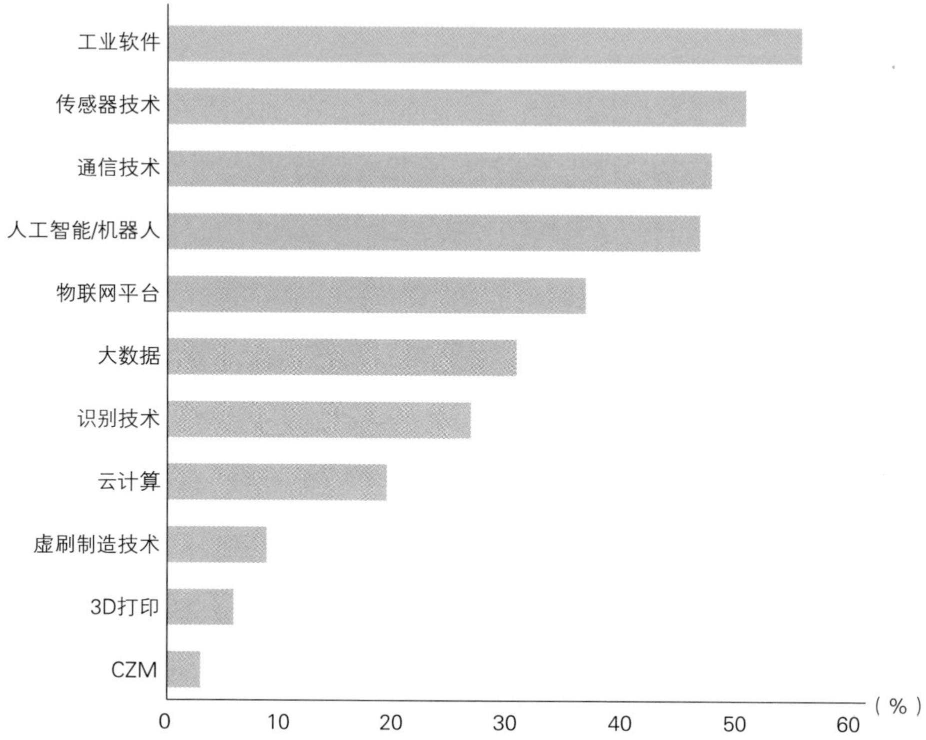

图 4-2-27　受访企业所关注的技术

资料来源：同图 4-2-22

（五）核心驱动

1. 突飞猛进的技术能力。

不久之前，鉴于有限的数字技术能力，以及高昂的计算、存储与带宽成本，智慧工厂的前景仍充满着不确定性。不过，近年来，由于上述难题迅速得以化解，在广泛网络中实现低成本高回报逐渐成为可能。此外，技术能力本身变得日益复杂：随着人工智能、认知计算以及机器学习的发展，系统已能够解读、调整或学习互联设备所收集的资料。具备了这种发展和适应的能力，并结合强大的数据处理与存储性能，制造企业不仅可实现任务自动化，更能处理高度复杂的互联流程。

2. 日益复杂的供应链与全球离散化生产及需求。

随着制造业的全球化进程加速提升，生产日益离散化，生产过程往往涉及不同地区多个设备及供应商。与此同时，区域、本地以及个体的个性化需求渐增，加之不断变化的需求与日益稀缺的资源，供应链变得越加复杂。鉴于上述变化，许多制造企业开始重视提升自身的敏捷、互联与前瞻能力，以提出有效应对不断变化的优先事项。

3. 与日俱增的竞争压力。

智慧数字化技术的兴起催生了全新竞争者，他们可利用数字化与更低的门槛成本，在其从未涉足的全新市场与行业占据一席之地，而无须面对困扰既定竞争者的资产损耗以及对人力的依赖。

4. 基于信息技术与运营技术整合的组织结构调整。

工厂自动化决策通常围绕业务单元或厂房层面展开，因此需将整个制造网络的不同技术与能力加以整合。随着互联企业日益突破工厂内部而延伸至外部网络，对这些差异的认识也进一步加深。在信息技术与运营技术日益融合的背景下，企业得以将之前厂房层面的决策扩大至业务单元或企业层面。这有助于发现效率低下的环节，或某个厂房的变化使其他设备的情况变得复杂。与此同时，这也促使智慧工厂的概念更为现实，而不再是一个抽象的目标。虽然工厂内部互联互通的理念并不新鲜，但许多制造企业却长期裹足不前，不知道如何处理所收集的数据——换言之，他们不知道如何从信息中提取洞见并付诸实施。工业 4.0 推进了数字与物理技术的互联互通，为这一挑战提供了解决方案：企业不仅要培养资料收集能力，还须具备分析能力，进而在现实世界中付诸实施。

5. 愈演愈烈的人才挑战。

如今，劳动力结构加速老化，就业竞争愈加激烈，喜爱或熟谙制造业的年轻劳动力日益匮乏，这些人才方面的挑战意味着传统制造企业越来越难以招募技术或非技术人才，以维持其有效运转。德勤估测，未来十年，美国制造业将面临近 200 万人的劳动力缺口。许多企业纷纷投资智慧工厂，以缓解未来可能普遍存在的劳动力短缺所带来的相关风险。然而，此举可能对人才结构产生新的影响，因为自动化资产往往需要专业技术人才进行操作和维护；制造设备选址时也应考虑这些因素。

（六）主要桎梏

德勤调查发现受访企业在实施制造体系智能化转型中面临着最大的三项挑战分别为：缺乏互联互通的标准、数据所有权和安全问题以及相关操作人员技能不足。

1. 缺乏互联互通的标准。

缺乏互联互通的标准是企业搭建智能制造体系，尤其是部署工业互联网时用的主要挑战之一。工业物联网将是一个多设备、多网络、多应用、互联互通、互相融合的大网。在工业物联网建设中，传感器、接口标准、通信协议、管理协议等方面都需要标准化。标准能够保障应用间的互操作性，通过统一的安全规范保护环境、工厂、设备和使用者，通过标准化的术语和定义协调所有相关方面的通信。也唯有标准才能够建立制造商和用户的信心，并对投资提供必要保障。智能制造发展需要信息的共享和信息服务，就意味着要破除跨行业间的壁垒，建立新的共享与协同型的管理体系和生产流程。

2. 数据所有权及数据安全问题。

数以亿计的互联设备产生数据的速度和数量将推进有洞察力的商业决策，加速破坏性的创新，并改变商业模型。随着数据所产生的价值显现，数据所有权越来越成为数据共享的争论焦点，目前市场尚无定论究竟是设备制造商还是设备用户拥有数据所有权。多数的设备供货商倾向于给客户提供原始数据访问的有效途径，鼓励用户共同参与制造的改进与提升。无论以何种角色——数据拥有者或数据保管者——设备供货商只有通过共享数据并且提供给客户有价值的服务才能从工业物联网的设备数据中获得回报。

安全性问题是智能制造面临的另一个障碍。联网设备数量的持续暴增，给工业系统带来了空前增长和性能提升的机会。但这一增长同时也给运营工业过程的企业带来新的风险，尤其是考虑到暴露的数据将呈现指数级的增长。工业物联网安全性的挑战来自以下三方面。

（1）工业生产设备对系统响应的实时性要求高。无论感知数据的上传，还是控制指令的下发，都需要在很短的时间内完成，这就给安全防护技术的实施带来了挑战。

（2）控制系统中的主机设备系统老旧，更新困难。在生产过程中，很难对一个控制系统进行维护和软件更新，包括对操作系统和安全防护软件的更新，以及硬设备的添加，因此许多防护措施只能通过旁路方式进行。尽管这种方式可对一些非正常数据提供报警，对攻击行为实施隔离等措施还需辅以其他方案。

（3）指针制造系统的入侵者攻击目标不仅是主机，攻击者一般会通过入侵的主机系统，非法控制该主机系统所能控制的受控设备以达成既定攻击任务，而这些受控设备可能根本不具有智慧判断能力。工业物联网的安全涉及各个方面，从工业过程和应用，到安全和可靠性需求，因此安全问题无法孤立解决。

3. 缺乏相关技术人才。

考虑到各种各样的智能制造应用案例与场景，其中也包括新资料来源，改变系统架构的数据以及多结构化数据等因素，我们今天的制造企业并不完全拥有适当的分析能力与相关的人才。不少制造业企业的确有很多资料分析的经验，但主要是集中在结构性数据集的基础上进行描述性分析，而不是利用大数据融合实时与各种非结构化数据共同进行预测性和规范性分析。

针对完整的企业数字化转型步骤，我们将在本书的第五章第十节“数字化”中进行详细解读。

四、产融结合

（一）产融结合定义及发展

产融结合，即产业资本和金融资本的结合，从两种资本的载体来看，产业资本一般是指工商企业等非金融机构占有和控制的货币资本及实体资本；金融资本一般是指银行、保险、证券、信托、基金等金融机构占有和控制的货币及虚拟资本。产融结合是产业与金融业在经济运行中为了共同的发展目标和整体效益，通过参股、持股、控股和人事参与等方式而进行的内在结合或融合。

综合性控股集团进行多元化的产业、金融布局是全球性的趋势。在中国，近年来伴随着中国实体经济和金融行业的持续快速发展，以及金融监管逐步放开，诸多综合性控股集团开始布局并大力发展金融、投资业务。大型国企产业集团在坚持主业的同时均结合自身资源禀赋拓展金融业务和多元化产业，发挥业务组合的优势，争取更大的业务发展与腾挪空间。受益于鼓励民间资本进入传统“高门槛”行业，民营企业集团积极探索多元化产业和金融业务的投资与运营，处处显现出民营资本的敏锐嗅觉和灵活身段。同时，随着新一轮国企国资改革的持续推进，从中央到地方涌现出数十家综合性的国有资本投资运营平台公司，在区域经济转型升级、区域金融业发展中，发挥着特殊作用。而大型金融机构把握金融混业经营监管放开的机遇，已逐步形成综合金融的业务格局，并进一步反向实体经济延伸，主动进入相关或非相关多元化的实业领域。

无论产业资本还是金融资本，在经济新常态下均希望通过业务多元化寻找新的增长点，借助资本纽带发挥业务组合的协同效应以拓展更大的战略发展空间。中国的经济结构转型，国家对战略性新兴产业的引导和扶持、金融业市场化改革和行业准入门槛降低以及金融创新和金融科技发展等因素，都为这一战略要求提供了有利的外部市场条件。

从世界范围来看，产融结合大体上可以分为“由产到融”及“由融到产”两种形式。由产到融，是产业资本旗下，把部分资本由产业转到金融机构，形成强大的金融核心；而由融到产，是金融资产有意识地控制实业资本，而不是纯粹地入股，去获得平均回报，一般会聚焦投资长线产业。国外产融结合的发展历史比较长，涉及的行业比较多，涉及的企业知名度也比较高，它们的探索为后人提供了宝贵的经验和教训。在市场经济体制下，美国诸多传统实体产业走上了产融结合的道路，取得了良好成效。在日本、韩国等一些亚洲国家，早期的金融控股集团基本上都是以产业资本为支撑及核心的，主要是一些家族型的企业集团在快速发展的过程中，一方面要解决自身发展产业中的融资需要，另一方面也要为自身在产业中积累的大量资金寻找出路，同时为了自身金融交易的方便，逐步构建起以家族企业为核心的、以产业资本掌握控制权的金融控股集团。

发达国家市场经济发展的实践表明，产业资本和金融资本必然会有一个融合的过程，这是社会资源达到最有效配置的客观要求。这种融合，宏观上有利于优化国家金融政策的调控效果，微观层面有利于产业资本的快速流动，提高资本配置的效率，因此产融结合已经被看作是“培育具有国际竞争力的大型企业集团”的“必经之路、必学之课”。

商业主体中，以中航工业、华润、平安为代表的领先产业集团和金融集团已初步完成阶段性战略布局，进入商业模式升级的时代；而与此同时，大量企业仍处于综合化经营“跑马圈地”的阶段。德勤预计，未来5—10年仍将是中国的企业集团开展综合化经营，布局和发展金融与投资业务的有利时间窗口，但挑战与机遇并存。对于经营者来说在顶层设计和战略规划方面，如何构建“产、融、投一体化”的商业模式？在业务层面，如何进行业务选择，构建最佳业务组合，实现产业与金融的有效协同以及金融业务之间的协同？公司治理层面，如何针对金融和投资行业的特点设计差异化的管控模式、治理架构、人力资源体系、风险控制机制？这些都是摆在他们面前的严峻课题。

（二）综合性控股集团“产、融、投”业务布局的三种典型类型

从实业、金融、投资业务视角综合分析各类综合控股集团的股权背景、发展历程、产融和金融业务布局及组合方式等，我们发现不同类型企业实现产业与金融的有效协同及金融业务之间的协同可按照以下类型进行布局：产业集团布局金融业务；综合金融集团布局产业；投资集团布局产业与技能业务。

1. 产业集团布局金融业务。

中国的经济体制决定了在大量传统行业中存在一批具有优势地位的大型企业、国企产业集团，这类集团产业规模庞大、资本实力雄厚、金融业务需求旺盛。金融行业的高收益、服务实体经济的属性以及在资本运作中的牌照价值等因素，共同促使大型国有产业集团在坚持核心主业的同时，不同程度地向金融业渗透，并开展产融协同或利用金融投资功能构建投资链条，协助集团持续优化业务组合。以中石油、国家电网、中航工业、华润、中国五矿为代表的产业集团，拓展金融业务最早可追溯到二三十年前，从最初“无心插柳”地进入，到近年来“主动栽花”地布局，通过新设、兼并、收购等手段积累金融牌照，数家企业已集齐银行、保险、证

券、信托、基金、期货、金融租赁等金融全牌照，并成立金融控股平台公司，实现金融板块的整合发展。

在金融业务定位与发展路径上，各家产业集团结合自身的资源禀赋，选择了差异化的模式。如国家电网的金融业务依托庞大的产业资源，着力于产融协同；中航工业的金融板块则定位于集团的综合金融服务平台、航空产业投资平台及新兴产业投资平台，发挥金融服务和产业投资的双重职能；华润集团早期重点布局传统金融牌照，近期大力发展产业基金，向特色综合资管迈进。

表 4-2-5　产业集团布局金融业务示例

集团公司	主要业务	已经布局的金融子业态	金控平台公司
中国石油天然气集团公司	油气业务、工程技术服务、石油工程建设、石油装备制造、新能源开发等为主营业务的综合性能源业务	财务公司、银行、信托、资产管理、金融租赁、保险（产/寿）、保险经纪；参股证券、基金等	中国石油集团资本有限责任公司（已上市）
中国航空工业集团公司	航空武器装备、军用运输类飞机、直升机、机我系统与汽车零部件、通用航空、航空研究、飞行试验、航空供应链与军贸、资产管理、金融、工程建设、汽车等产业	财务公司、融资租赁、信托、证券、保险（产）、期货、基金、互联网金融等	中航资本控股股份有限公司（已上市）
国家电网公司	电网建设与运营	财务公司、信托、保险（产/寿）、保险经纪、保险资管、证券、期货、融资租赁、基金；参股多家银行、保险、证券、信托、资管、基金等	英大国际控股集团有限公司
华润（集团）有限公司	消费品、电力、地产、水泥、燃气、医药、金融等	银行、信托、资产管理、基金、保险经纪、融资租赁；参股证券、基金等	华润金融控股有限公司
中国五矿集团公司	金属矿产品勘探、开采、冶炼、加工、贸易、金融、地产等	财务公司、金融租赁、信托、证券、期货、基金；参股银行、保险等	五矿资本控股有限责任公司（已上市）

资料来源：德勤．打造“产、融、投一体化”商业模式，破解综合性控股集团金融和投资业务发展的战略难题，2017. ①

① 德勤．打造“产、融、投一体化”商业模式，破解综合性控股集团金融和投资业务发展的战略难题，2017.

2. 综合金融集团布局产业。

在客户金融需求驱动和金融混业经营的大趋势下，我国综合金融集团不断发展壮大，银行系、保险系、资产管理公司系综合金融集团不断涌现。出于业务多元化，获取投资收益或客户、渠道、平台等资源协同的目的，综合金融集团亦积极布局展业。其中，中信、光大、平安三家集团公司作为国家综合金融控股集团试点机构，除在金融业务综合化经营上先行一步，在"金融、产业"多元化方面也是"首吃螃蟹者"。中信延续了其对国民经济"拾遗补缺"的定位，在资源与能源、制造业、工程承包、房地产医疗健康、通用航空、基础设施等产业中也有涉足，发展非相关多元化业务平安则是从互联网交易平台、健康养老产业等与自身金融业务协同效应突出的领域切入非金融业务场景或保险产业链上下游，继开创了综合金融协同模式之后，在金融与非金融业务协同方面，亦形成独特的商业模式。保险系综合金融集团是近年来进入实业的主力军，中国人寿等大中型险企，发挥保险牌照在投资端的灵活性优势，从与负债端业务联系紧密的健康管理、医院、养老地产、养老服务等领域切入相关产业，向产业链上下游延伸。此外，以信达为代表的资产管理公司系综合金融集团，因早期在不良资产处置过程中积累了土地、房地产项目等资产，形成一定规模后成立独立的地产投资运营平台，从而延伸到房地产行业，但业务的规模均较小。

表 4-2-6 综合金融集团布局产业业务示例

金融集团	金融业务	非金融业务
中国中信集团有限公司	银行、证券、信托、保险（寿）、期货、基金、资产管理、融资租赁、财务公司、PEVC 投资等	资源与能源、制造业、工程承包、房地产、出版、基础设施、现代农业、通用航空、旅游、环保、医疗健康等
中国光大集团股份公司	银行、证券、保险（寿）、资产管理、信托、投行、基金、期货、金融租赁、PEVC 投资等	酒店、展览、物业管理、旅游、环保新兴产业等
中国平安保险（集团）股份有限公司	保险（产/寿/健/养）、资产管理、银行、信托、证券、期货、基金、融资租赁、P2P、第三方支付、征信等	房地产交易、房地产开发、移动医疗、诊所、养老社区等

续表

金融集团	金融业务	非金融业务
中国人寿保险（集团）公司	保险（产/寿/养）、银行、证券、信托、基金、资产管理、PE/VC 投资	健康管理、不动产、养老养生、基础设施、酒店等
中国信达资产管理股份有限公司	资产管理、银行、证券、基金、期货、保险（产/寿）、信托、金融租赁、PE/VC 投资等	房地产开发与经营、酒店经营、物业业务等

资料来源：同表 4-2-5。

3. 投资集团布局产业与金融业务。

投资集团布局产业与金融业务主要包括民营投资集团和各级地方国资投资平台公司两种类型。近年来，国家不断向民间资本放开投资领域，放宽市场准入，为新形势下民营经济发展提供了政策层面的支持，极大地拓展了民营企业的发展空间。民营资本以积极的姿态进入铁路、电信、民航、金融等新领域，逐渐衍生出涵盖多种实业与金融业的多元化投资控股集团。以复星为代表的民营资本，不仅涉足金融业时间早、业态多，而且已逐步探索出具有自身特色的产业与金融整合发展模式。复星是巴菲特“保险+投资”模式在中国的成功复制，并根据中国经济的特点和趋势进行了差异化定制，现阶段聚焦于“综合金融+产业运营”。另一股新生力量是随着互联网产业蓬勃发展而崛起的互联网企业，包括阿里巴巴、腾讯、京东等，这类民营资本借助其互联网业务的客户、场景、供应链、大资料、技术创新能力等优势切入金融行业，一度引领了金融行业的创新，在第三方支付、互联网众筹、供应链金融、金融产品网络销售、征信、消费金融等领域持续创新，抢占先机。

表 4-2-7 民营投资集团布局产业与金融业务示例

金融集团	非金融业务	金融业务
复星国际控股有限公司	医药制造、医疗服务、医药流通、养老服务、健康服务、健康饮食、旅游、健康环境、娱乐、体育游戏、酒店、俱乐部、影视传媒、零售、矿业、石油、钢铁、房地产、互联网等	保险、证券、私人银行、资本管理、基金、PEVC 投资、银行、财务公司、融资租赁、保理、小贷、征信等

续表

金融集团	非金融业务	金融业务
阿里巴巴集团控股有限公司	电子商务、T技术、移动互联、文化传媒、物流、网络营销、实体零售、餐饮等	第三方支付、保险、银行、基金、PEVC投资、征信、消费金融、小贷、P2P等

资料来源：同表4-2-5。

除民营资本外，各级地方国资投资平台公司为发挥其在地方经济转型升级和区域金融业发展中的特殊使命，纷纷向综合性投资控股集团方向转型，积极进行金融、投资业务整合和产业布局。特别是党的十八届三中全会后，新一轮国企国资改革直接推动了各地国有资本投资运营公司的设立及转型。

2018年初，陕西省首家国有资本投资运营公司——陕西投资集团有限公司正式揭牌成立。陕西投资集团表示，将为陕西省国企改革，特别是完善适合国有资本投资和运营的体制机制进行有益探索。从目前情况看，地方国资投资运营平台的运作方式越来越灵活。2017年底，上海国盛集团牵头成立了上海国企改革发展股权投资基金，总规模500亿元，首期募资200亿元。随着各地深化国有资本投资运营公司的试点，推动国有资本做强做优做大的路径日渐清晰。

表4-2-8　地方国有资本投资运营公司示例

集团公司	非金融业务板块	金融业务板块（控/参股）
上海国际集团有限公司	酒店、港口服务、其他实业投资等	银行、信托、证券、基金、保险、投资、股权托管交易中心、再担保、资产管理等
江苏国信资产管理集团	能源、酒店、贸易、不动产、医药、文娱、旅游等	银行、信托、证券、保险、财务公司、PE/VC投资
山东省鲁信投资控股集团有限公司	房地产、石油天然气、清洁能源、节能减排、印刷包装、文化旅游、现代农业等	信托、创投、银行、保险、证券、公募基金、小贷、典当、担保、融资租赁、金融资产管理、产业投资基金等
重庆渝富资产经营管理集团有限公司	能源、农产品、房地产、通信、运输、传媒等	银行、证券、保险、基金、租赁、担保、小贷、汽车金融、PE/VC投资、金融资产管理等

资料来源：同表4-2-5。

（三）综合性控股集团发展金融和投资业务的四大核心战略问题

综合性控股集团在布局和发展金融、投资业务过程中面临诸多挑战，德勤结合对行业的多年深入研究和项目实践经验，总结出经营者需要面对的四大核心战略问题并提出相应的应对策略。

核心战略问题之一：综合性控股集团布局金融业务时如何科学选择金融牌照或子业务单元，如何构建业务组合从而发挥协同优势？

金融牌照或子业务单元的选择是集团进行金融业务布局需要解决的首要问题。近年来，受利率市场化、金融脱媒、技术创新及监管导向变化等因素影响，中国金融行业结构持续优化，部分金融牌照业务边界逐渐模糊。传统“四大”牌照业务依然是金融行业的支柱型业务，银行虽仍占据主导地位但业务增速明显放缓，保险、证券和信托行业进入快速发展通道，总资产占比近年来不断提升。其他传统金融业务方面，融资租赁、基金等行业发展迅速，在金融行业的地位不断提高；私募股权投资基金、第三方支付、小额信贷、消费金融征信等新兴金融业务领域更是方兴未艾，在监管机构的鼓励和支持下，吸引了大量资本进入，踏入百家争鸣的迅猛增长阶段。中国金融业整体格局的演变对综合性控股集团布局金融业务提供了更多的选择和想象空间，当然也需要应对更多的不确定性。

金融业务布局需要综合考虑集团战略对金融业务的核心要求（如实现规模增长，追求短期投资收益，还是获取低成本资金）、集团的资源禀赋、市场的有效空间、牌照获取的机遇、可能面临的风险和机会成本等多个因素。

如集团资金实力雄厚，现金流充裕，期望近期获得金融业务规模的快速增长，进入银行、信托等行业无疑是比较好的选择；如集团希望借助金融牌照功能支持产业投资和多元化业务布局，可以获得长期、较低成本资金的保险牌照无疑是比较理想的切入点之一。

然而，多牌照业务并不必然带来更强的竞争力，反而可能会分散企业的资源。德勤认为，打造金融板块整体差异化竞争优势的核心是实现多牌照的业务组合，以确保集团整体价值的持续增长，并最大化金融业务之间的协同效应。就已经完成初步布局的控股集团而言，需要明确各个金融业务牌照之间的定位，并进一步设计组合模式；而对于尚未完成布局或刚开始涉足金融业务的控股集团，需要规划如何利用有限的资本，以最优的顺序获取最适合自身发展需求的金融牌照或进入相应的金融子业务单元。

德勤认为，构建有竞争力的金融业务组合要始终围绕金融的四大核心功能。德勤金融业务组合模型以客户分类及金融需求为出发点，从账户管理、投资、融资、保障四个方面的金融功能中找出核心功能，进而设计适合企业自身特点和战略要求的最佳业务组合。

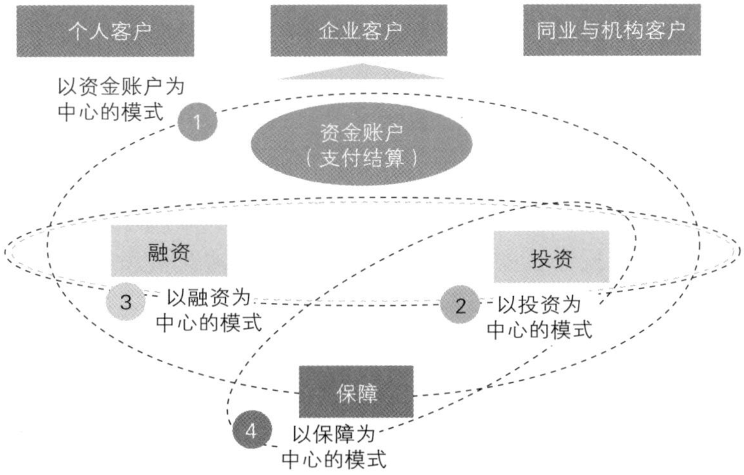

图 4-2-28　德勤金融业务组合模型

表 4-2-9　金融业务组合模式示例

模式分类	核心牌照	组合业务	典型模式
以资金账户为中心	银行/支付	证券、保险、基金、信托、小贷、消费金融等	围绕客户资金账户，为客户提供全面的金融服务，以此加强客户黏性，并通过产品与服务组合提高收益
以融资为中心	信托/租赁/银行	证券、担保、保险等	以融资服务为切入口，进行客户二次开发，整合金融资源，围绕核心客户提供综合金融服务
以投资为中心	证券/信托/基金	银行、保险、租赁、小贷等	利用经纪业务或金融咨询服务等传统业务获客后进行客户二次开发，为客户提供投融资一体化服务
以保障为中心	保险	资产管理、银行、基金、证券、信托	以保险保障业务作为切入口，负债端提供综合金融服务，资产端提高资产管理能力和整合投资能力

资料来源：同表 4-2-5。

核心战略问题之二：后发综合性控股集团布局和发展金融业务，如何结合自身产业资源特点，把握金融行业结构转型、金融创新的机遇，从而发挥后发优势、实现弯道超车？

“互联网+金融”及Fintech的发展与应用正在极大地重塑金融服务业。互联网理财、第三方支付、P2P、互联网众筹等创新金融服务市场吸引了大量的创投和产业资本，催生出一批创业型公司；同时吸引互联网公司、传统金融机构和非金融机构纷纷进入，希望借助各自在客户、场景、商业模式、渠道、技术、品牌等方面的资源，抢占新兴市场的份额实现金融业务的弯道超车。例如，以百度、阿里巴巴、腾讯、京东为代表的国内互联网企业巨头，充分发挥其在社交、搜索、电子商务等领域积累的客户、产品、场景、品牌、技术等资源优势，选择差异化的创新金融业务布局与发展路径，并选择以投资并购、与传统专业金融机构合资新设等方式进入传统金融业务领域，进行其金融业务的整体布局。

表4-2-10 互联网金融的技术驱动因素

移动互联	大数据	云计算
· 移动通信网络基础设施逐步升级，以智能手机为代表的移动电子设备快速迭代、衍生发展，用户“移动互联化”程度加深； · 金融服务随时随地、触手可及成为可能，移动金融服务市场竞争愈演愈烈	· 随信息收集、存储、传输、处理能力大幅提升，大数据技术应用的可行性与效率显著提升； · 客户信息成为企业争夺的战略性资源，金融机构依托大数据技术提升获客、营销、风控能力与效率	· 以分布式架构和计算资源虚拟化为基础的云计算技术能够显著降低用户获取信息处理能力的门槛； · 采用云计算技术的金融机构运成本降低、灵活性显著增强，为其实现技术、业务创新提供支持

资料来源：同表4-2-5。

表4-2-11 金融互联网和Fintech带来新的市场空间

业务类型	特点说明	细分模式	代表性企业/业务
互联网支付	随电子商务发展，在交易双方缺乏信用保障情况下产生的资金支付中间平台	· 第三方支付平台	支付宝 财付通
互联网投融资	利用互联网参与者众多，信息相对对称特点提供的去中介化的直接投融资平台	· P2P； · 网络信贷； · 互联网众筹； · 理财和投资平台	宜信 人人贷 陆金所 京东众筹 点名时间

续表

业务类型	特点说明	细分模式	代表性企业/业务
Fintech 金融技术应用	云计算、区块链、大数据在金融业务领域的应用和创新	· 区块链； · 大数据征信； · 云计算服务； · 智能投顾	OKCoin 乏麻信用 阿里云
传统金融业务的互联网化	利用互联网技术对传统金融服务逻辑及模式进行重塑，实现在互联网上的传统金融业务	· 直销银行； · 互联网证券； · 互联网保险； · 衍生服务机构	微众银行 富途证券 众安保险 同花顺、雪球网

资料来源：同表 4-2-5。

核心战略问题之三：综合性控股集团如何实现产业和金融业务的协同发展，打造产融一体化的差异化竞争优势？

我们通过研究发现，国外综合性控股集团布局金融业务时更多考虑金融业务与传统产业之间的互补及协同，如西门子金融、GE 金融等。在我国，由于发展阶段和集团产业特征的差别等原因，不同背景的综合性控股集团在金融业务发展策略上存在较大差异，主打产融协同的模式和强调金融业务独立发展的模式在我国均存在典型案例。未来随着金融行业竞争加剧，产业集团发展金融业务除关注金融业务自身的规模增长与营利性之外，同时需要从资源整合、提升集团综合竞争力的角度出发，一方面借助产业链上下游的资源为金融业务发展提供持续动力，另一方面通过金融服务实现产业布局和产业链效率提升。产融协同是产业和金融之间的有效互动。“以融助产”方面，产业集团可以通过充分研究自身、交易对手及客户在企业发展或业务开展过程中产生的金融服务需求，定制相较其他金融机构更具针对性、专业性、综合化的金融服务解决方案，以实现提升产业链金融服务效率，有效控制风险，增强自身在产业链中竞争力的目的。“以产促融”方面，产业集团应借助自身在产业中的资源优势，为金融业务发展提供品牌、资金、业务资源、行业数据知识和专业能力等方面的支持，协助金融业务构建核心竞争力。

图 4-2-29 依托产业资源支持金融业务发展

核心战略问题之四：综合性控股集团如何构建“胜人一筹”的投资能力，并借助投资能力推动金融和产业发展的升级？

投资能力是综合性控股集团的核心竞争力，其目标是通过打造的业务和资源整合模式、构建动态的产业布局调整和优化能力、合理利用金融和资本运作手段等，最终实现业务增值。在实际业务运作过程中，我们发现很多成功的综合性控股集团都非常注重整合投资能力，并将投资作为金融、产业布局和发展的重要战略手段。

在投资能力构建方面，德勤建议从投资链条构建和产业选择两个维度着手。首先是投资链条的构建。集团可通过投资处于不同发展阶段的企业实现资产的多元化配置，以提高资产整体收益、分散投资风险。在投资过程中，集团需根据目标领域的特点及自身投资目的，匹配相应的投资工具和专业能力，并发挥投资链条各环节的协同配合作用。以联想集团为例，在天使、VC、PE 和战略投资阶段各有不同侧重的投资主体，注重各个投资阶段的互动和承接，并将投资作为集团新业务单元培育的重要手段。其次是投资行业的选择。中国经济进入“三期叠加”特定阶段，部分产业发展面临产能过剩、业务发展放缓、盈利能力下降等挑战，需谨慎进入；与此同时，战略性新兴产业快速发展，其高成长、高盈利和高估值等特性对各类投资者均产生了较强吸引力。集团需要综合考虑国家和区域产业结构调整方向、行业发展趋势及集团自身资源禀赋等因素进行投资产业选择。以华润集团为例，集团通过设立多支产业投资基金，在助力其传统战略业务单元转型升级的同时，探索大健康、高新技术等新兴产业的投资机会。

表 4-2-12　国家经济结构调整释放投资与产业发展机会

经济结构调整重点目标		全国重点投资机会
加快服务业发展		生活性服务业：教育培训、健康养老、文化娱乐、体育健身、旅游休闲、家庭服务业等； 生产性服务业：工业设计和创意、工程咨询、商务咨询、法律会计、现代保险、信用评级、售后服务、检验检测认证、人力资源服务、现代流通、物流配送等
工业转型与升级	战略性新兴产业	新一代信息技术、高端装备、新材料、生物、新能源汽车、新能源、节能环保、数字创意等
	优化现代产业体系	关键基础材料、核心基础零部件、先进基础工艺、产业技术基础“四基”产业；智能制造、绿色制造、工业互联网等新型制造业；钢铁、煤炭等传统产业在产品技术、工艺装备、能效环保等方面改造升级与并购整合
新型农业现代化建设		高标准农田建设、现代种业、节水农业、农业机械化、智慧农业、农产品质量安全、新型农业经营主体培育、农村一、二、三产业融合发展等

（四）成功打造“产、融、投一体化”商业模式

综合性控股集团的业务形态各异，背后的商业逻辑却异曲同工，即围绕核心主业、以投资业务为手段、以多元业务为补充。其中核心主业作为集团的业绩支撑，贡献大部分的资产、收入和利润、相对持续和稳定的现金流，并为广泛开展其他业务提供资源基础。多元业务是控股集团业绩的有效补充，分散核心主业的经营风险，是集团进行产业多元化布局的阶段性成果。投资业务一方面是集团收入和利润的来源之一，另一方面是作为集团产业布局动态调整和优化的主要载体，承载集团传统业务转型升级、新业务培育的核心职能。

国内外成功的综合性控股集团无一例外地遵循了这一商业逻辑。例如，巴菲特的伯克希尔·哈撒韦公司以保险作为核心主业，借助保险业较低成本资金的获取能力，为其投资业务提供持续资金补充；利用其产业投资、资源整合与运营管理能力进入多元实业领域，实现集团整体资产的保值增值；同时多元化的实业业务也为集团带来现金流和收入回报，从而分

散保险与投资业务的经营风险。联想控股除了传统的IT主业之外，通过打造覆盖完整企业生命周期的投资能力，积极投资布局多元产业，在传统PC市场增长乏力的环境中，为集团培育新的业务增长点。中信集团是以金融为主业的综合性企业集团，银行、信托、证券等传统金融牌照业务在各子业态中均具有较强的市场竞争力，近年来通过金融投资功能，进入战略性新兴产业，不断丰富和优化非金融板块的业务布局。从而实现以资本为纽带、金融与非金融业务协同发展的业务格局。

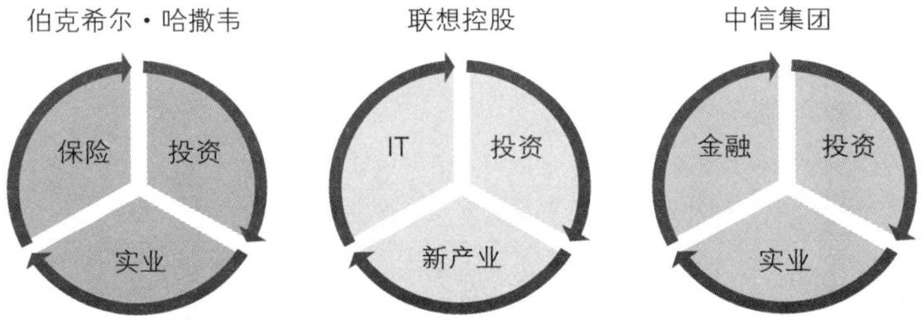

图 4-2-30　综合性控股集团的商业模式示例

打造“产、融、投一体化”的商业模式是综合性控股集团发展金融和投资业务的成功之道，其关键在于充分发挥各业务板块之间的“产融互动”“融投互动”和“投产互动”协同效应。关于“产融互动”，我们在上文中分析了如何“以产促融”和如何“以融助产”。在“融投互动”中，一方面金融业务可为投资业务提供资金、融资平台和覆盖“募、投、管、退”各个环节的金融工具；另一方面投资业务可优化金融业务布局，或为金融业务发展提供产业资源，与金融业务融资功能形成协同，从而提升集团整体竞争力。在“投产互动”中，集团可利用投资功能实现新业务的孵化和培育、产业链延伸、传统产业结构调整；而丰富的产业平台，可为投资业务提供退出通道，并有助于投资板块积累行业经验、成为行业专家，带来更多产业链上下游的投资机会。

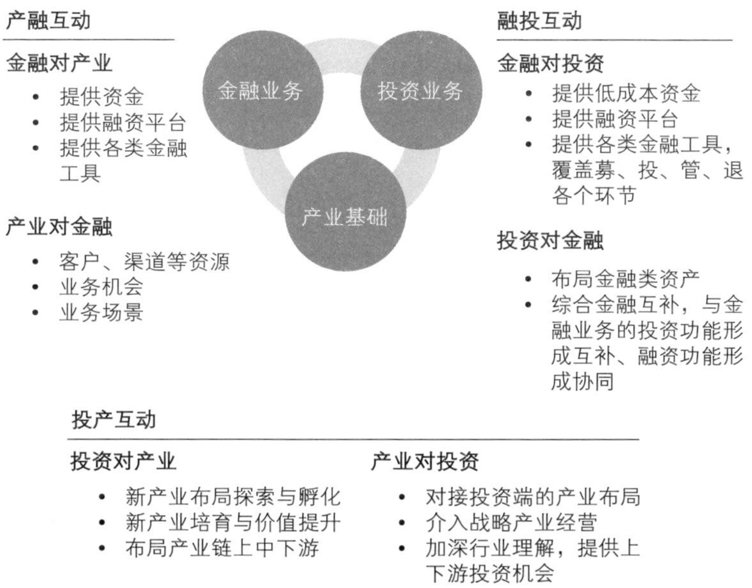

图 4-2-31 “产、融、投”一体化商业模式

通过以上“三个互动”，综合性控股集团内的客户、渠道、产品、信息、专业能力与内外部资金、资本等重要资源不断循环流动，集团的资源整合能力和“产、融、投”协同能力不断增强，进而在竞争中获得出色的业务稳定性和抗风险能力，以及突出的差异化竞争优势，助力集团整体快速做大做强。

综上所述，对于计划和正在着手组建金融控股集团的企业而言，需要思考如何进行金融和投资业务布局，如何利用金融产业升级和金融创新的机遇实现弯道超车，如何利用产业资源制定差异化竞争策略。就已经初步完成业务布局的综合性控股集团而言，需要思考如何对各个金融业务单元进行差异化定位，如何构建最佳业务组合，如何发挥“产、融、投一体化”的协同效应，以及如何突破业务管控、业务能力和体制机制的限制，并最终实现“1+1+1>3”的跨越式发展。

第五章
对标世界一流企业管理要素

在本章，我们从十个方面与具有全球竞争力的卓越企业进行对标。由于这十个要素中的很多方面国资委已经有明确的指导意见及管理标准，因此，我们会直接解读这些要求，便于企业执行。同时，这是一整套系统工程，十个方面不可分割。企业需分项落实，全盘规划。这十个议题，每一个都是非常复杂、庞大的管理学学科，因此，我们对每一个议题的论述，将不再展开所有涉及方面，而是在“最佳实践”部分重点阐述世界一流企业现今关注重点及国有企业借鉴要点。

以下我们会从五个层次介绍如何在十个方面与世界一流企业对标：

1. 一流特征。
2. 国企现状。
3. 最佳实践。
4. 参考对标体系。
5. 案例或调查分享。

第一节 战略管理

具有全球竞争力的世界一流企业要素一：充分发挥战略统领作用，坚守核心价值和目标，同时具有高度灵活性和适应性。主业精干突出，能够带动相关业务协同发展，促进布局结构优化调整。占据全球产业链中高端位置，推动行业发展，同时能够引领战略性新兴产业发展方向，并强调可持续发展，即“平衡式发展”、有“承诺”的发展，强调生活、社区与企业创造商业价值的三位一体。

一、战略制定与执行

战略管理是企业长远性、根本性的重大管理。具有全球竞争力的企业的经营目标绝不仅仅是为了股东价值最大化。如果一家企业管理思想中的最高目标或唯一目标仅仅是利润和现金流，那么就只能是一家平庸的企业，而永远不可能成为一流的企业。企业需拥有高尚的自我核心价值观。这种力量很强大，也很真实，是非常持久的动力，因为它就像地平在线的星辰，无论你攀登哪座山峰，都能够回望到那颗星。我们认为，这就是战略核心价值的作用，充分发挥战略管理的统领作用，兼具高度灵活性和适应性，引导企业突出主业，强调可持续发展。

（一）一流特征

目光远大，且具有全球竞争力的企业恪守企业核心价值观，明确经久不衰的使命。这种深深扎根于企业战略、领导者构想、普通员工内心的核心价值观，除明确商业价值目标外，更能产生内在的力量，使企业不断更新、成长，基业长青。核心价值观不应停留于愿景表白，而是时时刻刻深刻影响企业全员的理念。**一流企业具有以下几个特征：**

1. 高瞻远瞩，不仅局限于商业价值领域，而是立志对世界创造不可磨灭的影响：这种志向高远的目标不停留于财务指标优异，而是拥有强劲的内部驱动力，激励人们完成具有挑战性的历史使命。

2. 稳定持续，配合灵活的战略、组织设计调整：知道什么是不变的持续一贯的使命与目标，什么是可变的战略和运营方式，把握机遇，以变求生。

3. 独特定位，刺激进步，内在驱动力鼓舞全员梦想与激情：突出企业的独特优势，需要懂得自身在哪些方面可以做到全世界最出色，哪些方面不能做到最出色，而不是在所有方面都出色。

在坚守核心价值和目标的同时，具有全球竞争力的世界一流企业大型集团都具有高度灵活性和适应性。他们主业精干突出，能够带动相关业务协同发展，促进布局结构优化调整。他们占据全球产业链中高端位置，主导行业发展，并且能够引领战略性新兴产业发展方向。

（二）国企现状

1. 深化国企改革的要求。

在国企改革大背景下，企业尤其是竞争性国企应根据自身监管分类，业务组合与竞争优势进行战略重新定位，通过产融结合等方式，不断发展创新企业集团创造价值的方式，从而实现转型升级。

企业需要从新时代、新气象、新作为、新视野总结经验、分析得失，进一步以新发展理念为指引，推动企业从高速度发展向高质量发展转变，解析质量变革、效率变革、动力变革的内涵；需要顶层设计，差距、问题、难题需要从根本上、系统上进行梳理和解决；需要每年复盘集团与股份公司战略，并有机结合，从发展目标、发展思路、发展战略、战略协同等方面对集团整体的产业布局、业务融合、战略协同等方面进行持续的设计，打造适应世界一流目标的生态圈；需要搞清楚与具有全球竞争力的世界一流企业相比现在的位置，弄清未来能赢在哪里、胜在何方，描绘企业成为世界一流成功时的样子，明确搭建打造世界一流的步骤，洞察未来突破重点。

2. 央企广泛开展重组整合的要求。

回顾央企重组整合的历程，自国资委2003年成立以来，中央企业的整合重组在“十一五”“十二五”“十三五”三个时期一直都在进行之中，可以大致划分成三个阶段。

（1）2003—2010年（从196家减到123家）：国资委在成立之初就提出，到2010年把196家缩减至100家左右，并且要培育30~50家具有全球竞争力的大企业。

（2）2010—2014年（从123家减到112家）：随着央企整合的难度和风险不断暴露和问题不断出现，央企重组的速度明显放缓，放弃了过于追求速度的目标，更加强调“数量服从质量”，风格开始转向“成熟一家，重组一家”。

（3）2014年到现在（从112家减到98家）：第一批央改试点开始实施，中央企业改革全面部署。

表 5-1-1 央企整合重组进程（2015—2018 年）

公布时间	企业	重组后企业
2015/6/1	中电投资集团、国家核电	国家电投
2015/8/6	北车集团、南车集团	中国中车集团
2015/12/1	南光集团、珠海振戎	重组中
2015/12/8	五矿集团、中国中冶	中国五矿集团
2015/12/11	中国远洋运输集团、中国海运集团	中国海运
2015/12/29	中国外运长航集团、招商局集团	招商局集团
2016/7/11	中国港中旅集团、中国国旅集团	中国港中旅集团
2016/7/15	中粮集团、中纺集团	中粮集团
2016/9/22	宝钢集团、武钢集团	中国宝武钢铁集团
2016/11/23	中国储备粮管理总公司、中国储备棉管理总公司	中国储备粮管理总公司
2017/6/29	国机集团、中国恒天集团	国机集团
2017/8/21	保利集团公司、中国轻工集团、中国工艺集团	中国保利集团
2017/8/28	中国国电集团、神华集团	国家能源投资集团
2018/1/31	中国核工业建设集团有限公司、中国核工业集团有限公司	中国核工业集团有限公司

党的十八大以来，国资委和中央企业已先后完成 19 组 36 家企业的重组，央企布局结构不断优化、竞争实力显著加强、规模实力与经营业绩大幅增长、技术创新能力显著提升。与此同时，企业重组后，其内部能力集合与外部市场环境都将发生相应的变化。为了使重组企业更好地发挥协同效应、全面提升发展质量，新企业需要亟须开展战略复盘，在明确现阶段整合目标的同时，面向未来制定培育和增强核心竞争力的整体方案。

3. “一带一路”倡议的推进的要求。

我国推进“一带一路”倡议是顺应世界多极化、经济全球化、文化多样化与社会信息化的潮流，打造并维护全球自由贸易体系和开放型世界经济体系的总要举措。企业作为我国经济发展的核心支撑主体，在进一步拓展国际化业务范畴、打造世界经济共同体方面具有不可推卸的责任。与此同时，随着我国各类海外布局的不断展开，我国企业在国际市场也将会的更丰富的机遇。

我国国企作为实践“一带一路”倡议的领军者，需要放眼寰宇，积极参与国际市场竞争，培育自身过硬的全球竞争力。回顾过去 5 年到 10 年，我国企业为“国际化”已经交了不少学费，在打造国际化布局、选择合适的投资项目、有效监管投资项目等方面面临着新的挑战。

（1）如何打造国际化布局：在项目投资决策的过程中，选择与企业长期发展方向一致的项目机会，并融合本企业的管理积累和投资项目所在地的属地化优势，有目标地打造国际化运营平台；

（2）如何选择合适的投资项目：需要甄别投资机会的真实性、可行性和营利性；

（3）如何有效监管投资项目：在外派人员不充足且人员能力各异的情况下，企业绩效差异性较大，需要通过搭建一套有效的法人治理和管控机制确保经营绩效目标的实现，并支持未来的扩张发展。

面向未来新的市场环境、新的竞争态势需要我国企业从顶层设计入手，升级决策视野，调整战略重点，既要在业务规模上做到“更大”，又要在企业管理上做到“更强”。

4. 数字化转型浪潮的要求。

随着大数据、云计算、物联网、人工智能等技术的兴起，企业开展数字化转型以蔚然成风。作为数字化的先锋，互联网公司普遍采用不同于传统思维模式的“流量+能力+平台”三层逻辑开展业务。流量即使用数据来理解客户并优化前端流量管道的效率和成本，创造个性化的营销场景、引导流量；能力即在线下相结合的服务能力，联结流量入口并维持交付能力的同时提供便捷性和良好的客户体验，维持并不断提升生态系统黏性水平；平台即用来确保能力交付的及时性和准确性的基础支撑平台。

而目前我国国企由于历史经营路径与体制机制限制，比照互联网企业在数字化水平上还存在较大差距，实施转型主要在以下 5 个方面面临艰巨的挑战。

（1）战略与领导力：如何应对颠覆经营方式的技术进步和社会变迁？数字化领导者投资哪些主要战略领域并逐步终止哪些投资？是否考虑过如何调动整个企业支持数字化转型并确保开展有效变革？客户有哪些需求和期望？如何利用生态圈提升服务质量？

（2）组织与治理：调整组织架构以符合数字化成熟度和愿景的最佳实

践有哪些？为实现当前和未来的数字化成功，哪些新角色和职位至关重要？哪些因素能促成转型工作与现有业务流程和活动的顺利结合？如何开展内部外合作以促进创新并引领行业数字化变革？

（3）数据、技术与基础设施：是否清楚需要哪些数据并如何利用数据创造价值？企业如何消除现有基础设施与支持数字化愿景需求之间的差距？为获得最大效益，有哪些整合数字化投资的最佳实践？如何利用分析技术和可用数据建立组织架构来实现改进和启动后的迭代？

（4）技能、文化与人才：是否已经确定消除差距所必需的（新）技能和方法？构建数字化优先文化以及开展长期变革的真正内涵是什么？采用哪些方法确保员工在规定速度和范围内进行学习和发展？如何利用外部人才？

（5）运营与流程：是否要优化服务并降低风险以实现必需的投资回报率？如何重点关注作为战略优势核心的运营活动哪些流程可以（必须）实现自动化，对企业构成的业务影响有哪些？数字化领导者应采用哪些工具从概念验证迅速有效地扩大至整个行业？

国企若想快速实现数字化能力的获取，更关键的是自上而下进行业务战略的梳理与商业模式的变革，以期实现业务流程、商业模式与数字系统的高度耦合。

（三）最佳实践

那些具有全球竞争力的一流企业，他们是怎么做到正确的制定核心战略，寻找更具优势的业务组合，以确保公司的价值可持续增长的呢？我们总结他们的战略制定主要具有“三大特点”。

1. 强调战略与创新。更具优势的业务组合首要的也最重要的是强调企业战略与创新，能帮助企业树立强大的竞争地位、支持多层次的创新以及创造协同效应。

2. 聚焦创造价值。更具有优势的业务组合会创造更多的价值，主要体现在内在价值、市场价值以及对其他所有者的价值三个方面。

3. 兼具灵活与协同。一个更具优势的业务组合，不仅在战略上是合理的和创造价值的，而且也是有灵活性的。

因此，本章围绕这“三大特点”介绍一下具有全球竞争力的一流企业制定战略的五步法。**“五步法”从战略制定的端到端流程出发，将企业需要专**

注解决的问题解构为成功目标、目标市场、制胜之道、必备能力与必须管理体系五大模块，为企业业务战略设计提供清晰的路径和有效的方法。

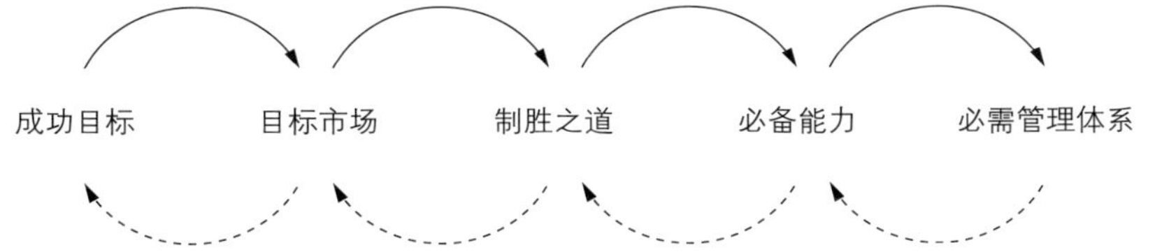

图 5-1-1　战略制定五步法

资料来源：德勤．投资与并购生命周期管理，2015.

具体五步法主要回答了战略制定中的下述关键问题（见表 5-1-2）。

表 5-1-2　德勤战略五步法

模块	意义	需要回答的关键问题
成功目标	厘清业务目标、财务目标及非财务目标，为战略设计确立最终方向	· 业务单元在企业整体业务中的定位？ · 对业务单元的行业地位有怎样的愿景（如固有市场捍卫者、延伸市场拓展者、新兴市场领导者）？ · 业务单元在特定阶段的近期、长期的增长目标和利润率目标分别是什么？ · 哪些因素将影响目标的制定？ · 各业务单元的协同合作方向是怎样的？ · 其他/非财务目标是什么？
目标市场	梳理核心业务、细分客户群、产品组合及地理区域，明确业务战略的范围和重点	· 有哪些客户细分市场？各类细分市场的核心需求分别是什么？ · 发展目标和重点是什么？（如细分客户群、地理区域、核心业务、新业务市场） · 适合的产业链环节和业务组合是怎样的？
制胜之道	树立价值定位、明确竞争优势、制定盈利模式，为如何取胜搭建基础	· 如何挖掘客户核心需求，设计和规划具有差异化的产品及服务组合？ · 品牌架构和企业的价值定位是什么？ · 如何设计高效的内部运营，确保成本优势（如：供应链策略）？ · 如何设计优化的渠道结构（分销、直销、大客户），确保市场覆盖的广度和深度？ · 如何确立高超的定价方式（如以价值为导向的定价与销售）？ · 如何设计盈利模式？

续表

模块	意义	需要回答的关键问题
必备能力	为战略设计配备相应的能力和组织架构	· 各业务单元的核心竞争优势分别是什么？ · 现有各种能力处在什么水平（如市场营销能力、技术研发能力、生产运营能力、管控模式及管理决策能力、人力资源管理能力、信息系统等基础设施对于新战略实施的支持能力等）？是否需要提升？以及如何提升现有能力？ · 现有组织架构是怎样的？如何提升为更高效合理的组织架构？（组织架构、部门职责等）
必需的管理体系	为业务战略提供切实可行的实施计划，帮助战略最终落地	· 是否具备完善的“战略实施”团队？ · 哪些是应当优先采取的举措及具体实施方案？ · 是否具备明确的绩效衡量标准与方法？

资料来源：同图5-1-1。

1. 成功目标。

作为业务战略制定的第一步，明确业务目标为该业务下属的各业务单元、业务部门提供了清晰、具有方向性的指导。与整体的企业战略目标相比，业务目标是与部门工作直接相关的。业务目标是“企业战略目标”的关键组成，必须与“企业战略”在目标的总体方向上保持一致。业务目标起到了承上启下的作用，即把企业整体的目标转化为业务团队的具体目标。

（1）业务目标制定考虑的内外部因素。对于业务目标的实现而言，有一系列会影响目标实现成效并相互作用的内外部因素。在外部因素中，行业推动力是不可忽视的，其中包括了行业生命周期和价值链中的盈利点转移等方面。不可预期的技术突破、颠覆性创新等未知因素亦会导致业务可能低于增长轨迹。此外，行业竞争激烈程度、宏观经济环境的变化等其他因素也是可能的原因。

相较之下，内部因素更为可控并更易预测。业务单元所处的生命周期是指业务本身的成熟度及其运营系统，这将直接影响业务的增长前景。领导力、人才团队以及基础设施平台（如信息系统等）是重要的内在基础，包含了领导愿景、人才模型、企业文化等各方面。财务资源是业务目标的坚实保障，可用资金、资源分配情况都从根本上促进或抑制了增长轨迹的高低。最后，风险管理系统、创新过程与体验也是可能的影响因素。

（2）业务目标的分类。根据业务目标的性质可以分为经济性目标、非经济性目标和制约条件来看待。

对于经济性目标，按照目标的时间跨度可分为近期目标、中长期目标和弹性目标。一般根据企业可以以 20%左右精确度来预测收益的时间段称为企业的规划范围。这其中，一部分被称为最近时间段，往往为 1~3 年；另一部分被称为长期时间段，往往为 3~5 年甚至更长的时间段。虽然近期目标的可预测性为业务提供了相对精确的参考值，但只关注近期收益将不足以支撑业务的可持续发展，过度关注近期将导致企业把大部分的资源放在当前的产品和市场上，而在中后期走向衰退。因此，有必要制定旨在超越近期的、可以保持并提高收益的中长期目标。然而，近期和中长期目标都是根据行业和经济的可能趋势来评估产品与市场机会。弹性目标则充分考虑了不可预见的事件对业务战略的影响。这类事件的发生概率相对较小，但对收益与业务的影响是巨大的。

尽管经济目标是绝大多数业务单元行为的核心和决定因素，但也存在对业务起到补充作用甚至发挥着核心作用的非经济目标。对外而言，非经济目标包括社会责任、社会地位、名誉等；对内而言则包含企业文化、团队建设等。最后，不能忽略制约条件对目标的影响。各企业/业务单元自身的制度、所拥有的资源和未来可获取的资源、国家法律法规等影响因素会在很大程度上对目标和战略起到约束作用。

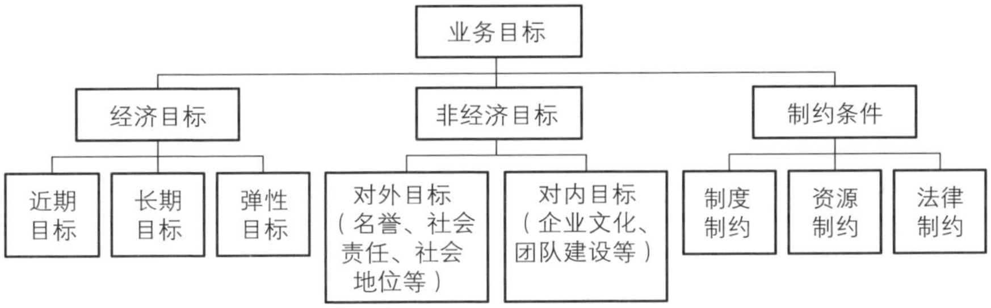

图 5-1-2　业务目标类型

资料来源：同图 5-1-1。

真正有效的目标是具有说服力、切合现实的。与此同时，业务目标应当清晰易懂、明确具体（以便为决策制定提供指导），并具备一定的灵活性以给员工发挥个人主动性和应对外部环境的变化留下空间。

（3）制定业务目标的过程。业务目标的制定是结合分析并不断调整的。业务目标的制定应先考虑目前的业务状况以及资源情况，分析造成目前业务水平的主要原因，目前业务目标的主要缺陷以及目前本业务的竞争优势和弱势。在制定业务目标时应对外部市场环境进行分析，尤其是主要竞争对手的市场行为。在此基础之上对外部环境在规划期内的发展进行预测，尤其是识别造成市场环境变化的主要因素以及关键竞争对手可能的市场策略。将企业整体目标对本业务的目标要求进行分析也是业务战略目标制定的关键，通过此项分析可确保本业务目标的制定与公司整体的业务在宏观的方向上保持一致，而且本业务的目标可以支撑整体企业目标的实现。业务目标的确定必将经过多轮的分析，通过分析该业务下各业务单元的目标、资源限制条件以及竞争差距，在相应修改中逐步形成合理的业务目标。

2. 目标市场

考虑“目标市场”时，主要考虑今后的业务应如何组合以支撑既定目标的实现，德勤认为应从现有业务及新增业务两部分看待。若企业渴望长期及可持续的增长，则必须同时兼顾增长现有业务及寻找或创造新业务。德勤制定了业务增长框架，该框架由三个部分组成：核心业务、邻近业务和全新业务。三者的不确定性依次增强，覆盖了从现有业务到新业务的所有范围。

（1）核心业务：最大化现有产品组合、客户、渠道及各地域市场的营利性增长。其目标在于保持原有业务优势，并运用独特的能力来区分和满足客户需求。企业需要思考的问题是：如何在现有领域取胜？

（2）邻近业务：运用现有资源及能力扩展现有业务范围。其目标在于扩大优势，从邻近需求中获利。企业需要思考的问题是：如何在相关市场中取胜？可以利用核心业务的什么内容来取胜？

（3）全新业务：发展新的资源及能力来进入或创造新的市场，转移一定程度上的竞争。其目标在于创造全新的优势，并为企业自身创造新的潜在的业务增长点。企业需要思考的相应问题是：如何避免被现有业务所抑制？应当在何时、在哪里整合和更新核心业务？

结合上述分析的三大驱动业务增长的类型，德勤梳理了从“现有业务”到“未来业务”转型过程中所涉及的相应的增长模式。

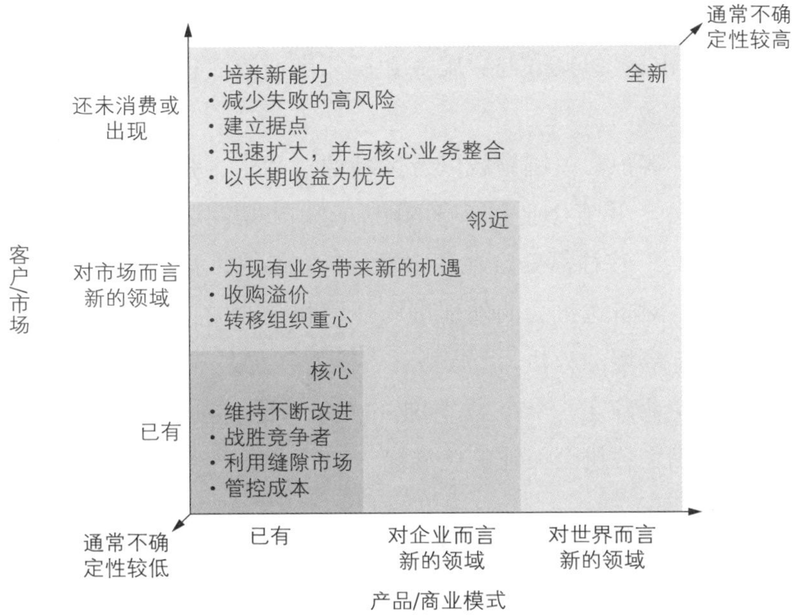

图 5-1-3　业务目标制定过程

资料来源：同图 5-1-1。

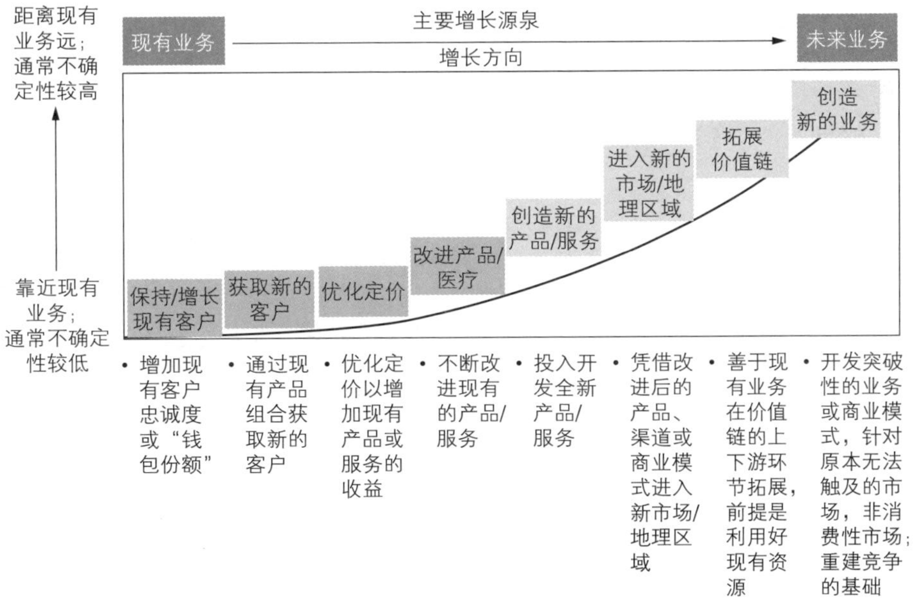

图 5-1-4　业务目标制定过程

资料来源：同图 5-1-1。

当具体设计“在哪里竞争”时，则需要结合不同的“业务增长类型”，结合目标客户/市场、目标产品/服务和所需商业模式进行分析，确定关键客户、市场、区域。

在确定目标客户、关键领域以及区域的过程中，企业应列举初步识别出的“成长机会”并结合业务自身的能力鉴别出切实可行的“业务机会”。筛选“成长机会”往往需要定性和定量分析相结合，而且需要企业内部不同人员的参与，对备选机会的外部市场环境和企业的自身竞争力进行综合评价。对于外部环境的分析，“波特五力模型”仍是较为有效的分析工具，该工具可帮助企业确定一个市场/行业的竞争情况。通过对各“业务机会”的评估，最终确定各机会关注的优先级。

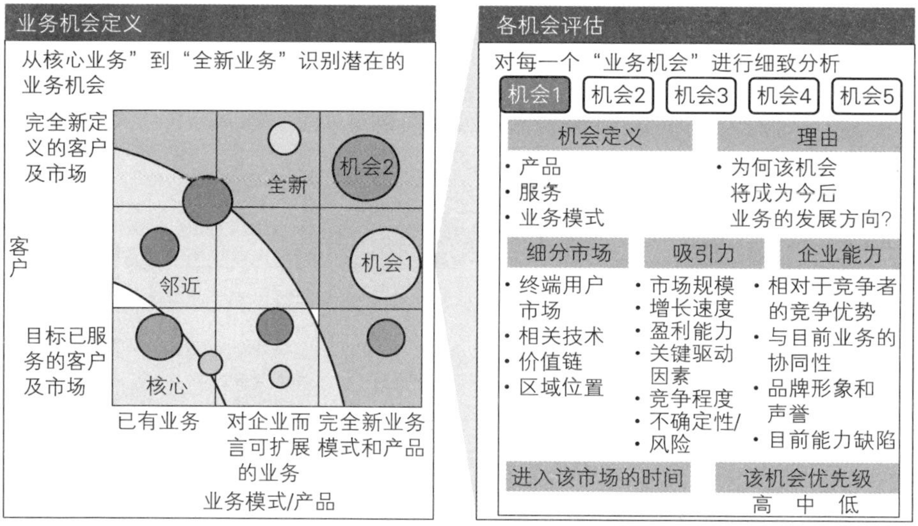

图 5-1-5 业务机会筛选框架

资料来源：同图 5-1-1。

3. 制胜之道。

在甄别与筛选出企业想要关注的“业务机会”之后，企业需要制定相应的“取胜”方式及策略。业务以何种方式进行组合、目标客户的核心要求以及企业如何提供产品和服务满足其需求、如何在客户期望价格以及业务目标利润之间取得平衡、如何提升客户的忠诚度等都是制定“如何取胜”的关键。

由于不同的增长来源具有不同程度的不确定性和风险，企业应当制定符合其增长目标和风险承受度的业务组合。常见的类型包括：专注于现有业务和相邻市场的保守型、兼顾现有业务与未来业务的均衡型，以及着力开发新市场和新商业模式的激进型。

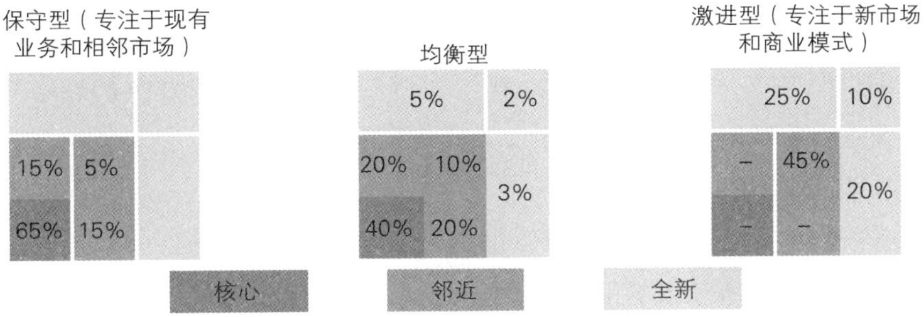

图 5-1-6　业务组合选择方式（示例）

资料来源：同图 5-1-1。

一般而言，业务组合选择会有以下常见问题及可以改进的方向：

· 缺乏增长举措来实现增长目标，需要判断额外投资的方向（内部或外部并购）；

· 较为单一的业务构成了主要收入来源（如地理区域、业务单元、产品种类等），需要增加业务组合多元性；

· 大部分业务体量小、分散而独立，需要把资源更多集中在更有潜力的业务上；

· 缺乏对萌芽期机会的适当处理（如很好的想法得不到好的执行），需要加强新想法面世的产品开发流程，以及设立完善的产品量化/摒弃的决策规则；

· 过于关注核心业务机会，需要更重视创新能力或并购整合机会来发展新业务。

无论选择了哪种类型，企业都应从其增长目标出发来制定业务组合。通过预估各部分业务及增长措施所能带来的收入，可以得出预期收入与增长目标间的收入缺口。在确定了业务组合后，往往需要确定业务将采用何种方式实现业务组合和目标。通常企业采用的战略包括：低成本战略、差异化战略、最佳价值战略、基于低成本的集中战略以及基于差异化的集中战略。为配合上述战略的制定，企业往往需要进行更为细致的客户需求分析、市场潜力分析、销售渠道分析，以制定出在特定条件下的业务模式、盈利模式以及有别于同类竞争对手的竞争优势。

不过上述的战略选择往往针对基于企业自身的资源的“有机增长”。如果在目标制定以及业务组合确定后发现，单靠自有的资源无法满足业务发展的目标要求，企业则需考虑战略联盟与合作战略或兼并收购战略，以使企业在有限的时间内快速实现业务战略要求的目标和能力。

4. 必备能力。

在既定的业务战略目标之下，业务组织应当重新审视目前具备的能力以及与业务战略所要求的能力之间的差距。

为了填补能力差距，需要分析业务战略对于企业能力的要求以及具体欠缺哪些能力。通常能力分析往往可从以下几个方面来总结。

（1）销售及渠道管理：符合业务发展的渠道结构以及管理能力、销售团队规模及技能、多样的营销方式及渠道、在线线下相结合的销售模式、客户管理等。

（2）研发和工程技术：基于市场需求的新产品研发能力、新服务和解决方案的创新能力、核心工艺技术的开发能力、贴近市场需求的应用开发能力、丰富的产品线等。

（3）供应链管理：低成本生产的能力、持续改善生产流程的技巧、完善的质量监控体系、短时间内把产品推向市场的能力、可满足小批量多品种生产的灵活的生产能力等。

（4）售后服务管理：提供持续优质的客户服务的专门技能等。

（5）人力资源管理：支撑战略实施的人才梯队建设、多渠道的人才招聘模式、清晰的人才发展规划和培养机制、系统的人才绩效评价机制等。

（6）其他：对市场条件的变化和出现的机会做出迅速反应的能力以及内部的信息化平台等。

与此同时，可以从价值链来考虑企业所需要提升或补足的能力。价值链将企业运作分解为主要业务和辅助业务，揭示了企业成本结构的主要因素。通过与主要竞争对手的相关成本数据对比，找出哪些内部业务是成本优势或成本劣势的源头。

在利用价值链考虑企业自身能力的时候，尤其在与竞争对手进行比较时，需要注意的是同行企业的价值链也会有所不同。企业的价值链和开展各项业务的方法反映了一系列的演变，包括其独特的业务和内部运营、战略、实施战略的途径以及隐含于其业务活动下的经济因素。正因为各企业之间这些因素的不同，所以各企业的价值链有可能存在本质上的区别。这种情况使评价竞争对手之间相对成本地位的任务变得复杂。除了考虑企业内部业务成本之外，相关供货商以及产业链上下游合作者的业务与成本也是影响因素。

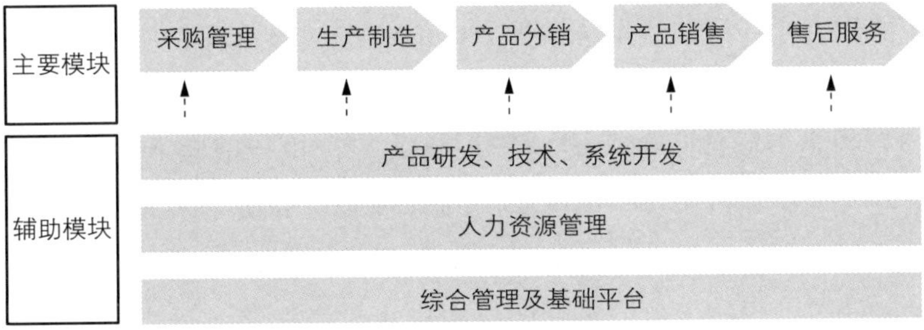

图 5-1-7　价值链检验法

资料来源：同图 5-1-1。

5. 必需的管理体系。

当“目标市场”和“制胜之道”确定后，业务战略设计的重点就转移到了如何设计“组织”使之能够支撑“战略”的实施。无论是业务战略的执行还是竞争能力的建立和加强都依赖于好的团队合作、激励和奖励员工给予战略支持。组织的调整和建设最终目的是使组织结构适应于战略需要并使其有效运作。

在支持战略的组织工作中有几条必须遵守的规则。每个企业的组织结构都是其自身特殊条件的产物，它反映了先前的组织模式、内部环境的变化、经理人员对报告关系的判断、对人员和任务的安排方式。此外，每一个战略所依靠的关键成功因素和价值链活动又是不同的。但是，就所有的企业而言，还是存在一些需要共同考虑的问题。

（1）决定职能执行的方式（外包或自我执行）。在每一项业务中，在获得战略成功和竞争优势方面，总是有一些价值链活动要比其他价值链活动关键得多。一些重要的价值链活动就是某些关键的业务过程，这些活动或是需要进行得非常成功，或是与组织能成功执行战略所需的能力非常匹配。一般来说，关键战略活动应该在组织内部进行，目的是保证管理人员可以直接控制他们的绩效。而那些不是很重要的活动则最好选择外包。

（2）按业务战略要求调整组织职能以及关键业务流程。某些战略的实施需要跨部门合作，因此传统的职能组织结构使牵涉到多部门的战略举措实施无法进行，没有任何一个团队或管理人员对此负责。在新战略的要求之下，有必要重新定义相关部门的职能范围以及关键工作流程，甚至建立交叉职能工作团队，把各个职能部门成员组成一个团队来共同完成整个过程，让他们去执行从职能组合里提取出的关键战略流程，从而达到关键战略结果。

（3）决定不同部门和职能的管控模式。在执行战略和经营业务的时候，企业必须决定授予每个组织部门的管理人员和员工多大的权力，特别是职能部门、事业部门和流程部门。由高层集中做决策，或在管理人员和员工的责任范围内授予他们足够的权力进行分散决策。适当的管控模式将激发各部门的战略执行积极性。

总结起来，“五步法”模式的核心就是如何利用外部的资源整合，明确自身的价值定位及合理的财务测算，并完善相关的关键能力与组织建设，是国际一流企业开展战略制定的领先实践。

相比战略制定，战略执行往往更具有耗时的管理挑战性。这主要是因为执行战略需要管理人员参与大量管理活动，处理大量管理实践，掌握严格的管理技能，处理好各种混乱情况，克服对变化的抵制问题，以及协调各部门的工作使其成为一个整体。

尽管在制定业务战略的过程中已有详尽的考虑和规划，但仍存在各式各样的风险会阻碍业务战略的实施。根据先前制定的战略举措，企业需要发现和分析实施业务战略可能存在的主要不确定因素和风险；然后研究业内通行的规避方案，对不同的风险设计主要的控制手段及规避方法，并按照风险大小进行优先排序。就实施路线图而言，需要将战略变革落实到各个职能部门和事业部门。这就需要从实施角度对战略目标进行分解，以便于细化战略目标、获得分级战略举措并明确各阶段里程碑。

对于每一项拆解后的举措而言，务必与主要部门（事业部门、职能部门和主要经营单位）明确实施的时间表，并根据项目的具体执行情况定期检验完成度和适当调整时间表。在与各部门的接洽中，把实施路径图分配到每个利益相关者，确保每个部分有明确的负责人是非常重要的。另外，对各层管理人员来说，监督组织的实际日常运作是否与业务战略相一致则是另一大重点及难点。因此，设定合理的绩效评估指标将会是决定监督成效的关键所在。企业应当通过结合战略分析图来设定相应的绩效评估指标，以确保两者的一致性与结果导向性。

此外，管理层需要确定新的战略实施所需要的资源，然后考虑各项资源和预算在各个部门的分配是否合理。如果内部现金流不足以支持战略计划的实施，那么企业就应当初步估算融资规模、筛选并确定融资对象，以设计出最佳的融资方案。

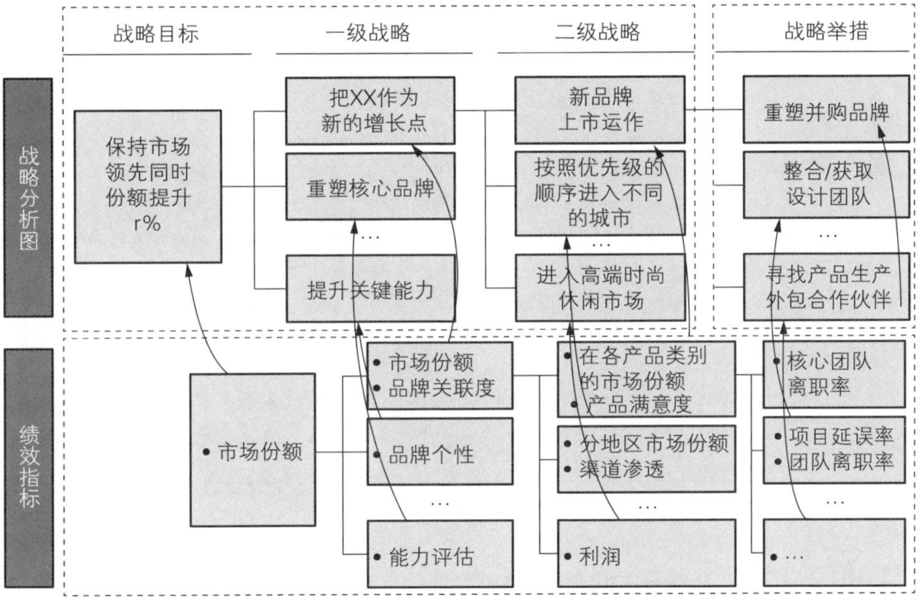

图 5-1-8 设计与战略分解挂钩的绩效指标体系

资料来源：同图 5-1-1。

（四）参考对标体系

借鉴“德勤卓越管理企业”的评价模型，我们建议企业关注战略制定、战略宣贯、战略执行三大方面。

主要方面	对标要点
战略制定	· 愿景坚守独特的核心价值和目标 · 高瞻远瞩，不仅局限于商业价值领域，而是立志对世界创造巨大影响 · 聚焦细分市场，永远以客户为中心整合价值 · 洞察未来战略性新兴产业发展方向，有效选择产业组合，果断剥离非相关低速发展业务 · 战略稳定持续，配合灵活的战略、组织设计调整 · 考虑资源的可用性或可获得性。
战略宣贯	· 内外部持续沟通战略，战略阐述简明，明确其核心价值、独特定位与战略目标 · 战略宣贯与沟通方式灵活多样，适合企业自身规模 · 重复：那些仔细设计的信息需要重复解释才能被充分理解 · 做出榜样：传达一个新的战略最有效的方法之一就是行动 · 解释明显不一致的因素：对于战略中那些似乎明显不一致的重要因素要做出明确解释 · 传达和接受：双向交流总是比单向交流更有力 · 战略宣贯强调聚焦 · 理解价值观与动机的重要性
战略执行	· 年度季度 KPI 分解管控到位，检验战略推进效果，并与战略复盘结合 · 年度战略执行重点突出，每年聚焦并完成 3~5 个战略执行重点任务 · 将现有业务及新业务机会结合、保证多元化战略协同高效 · 战略复盘中进行敏感性分析，明确每种情境的战略风险识别与应对方法 · 创业精神，勇于“冒险”，内在驱动力鼓舞全员梦想与激情，落地战略执行 · 无论战略性意见从何而来，都以开放的心态接纳。现实中总是最高层负责对业务战略做出抉择，因此有一种错误的观点认为只有高层才可以制定战略意见。事实上，想法可以产生于任何人或相关的组织 · 保持业务战略的灵活性。所有想法都只能在有限的时间里发挥作用，而不能永久。尽管战略不应随意频繁改动，但它需要依据不同情境调整。企业应适当给予员工自行调整战略而无须汇报的权利

成功案例　宝洁制胜之道

宝洁公司始创于1837年，是世界上最大的日用消费品公司之一，总部位于美国俄亥俄州辛辛那提市。通过坚持用细微但有意义的方式美化消费者每一天的生活，宝洁公司得以180年保持持续增长。宝洁公司在全球大约70个国家和地区开展业务。宝洁公司在全球80多个国家设有工厂或分公司，所经营的60多个品牌的产品畅销180多个国家和地区，其中包括美发、健康和美容、织物和家居护理、婴儿，女性和家庭护理。

宝洁通过旗下品牌服务全球大约50亿人。1988年，宝洁落户广州，并成立了宝洁在中国的第一家合资企业—广州宝洁有限公司，从此开始了其中国业务发展的历程。宝洁进入中国近30年，中国市场成长为宝洁全球发展速度最快的市场之一。

在众多战略案例的分析中，行业翘楚宝洁一直是大家推崇的典范，并且至今仍在延续它的辉煌。德勤（摩立特）公司与宝洁在战略层面的合作长达10年之久，在战略制定上更是将上文中所介绍的德勤“五步法”方法论融入了血液，有效地推动了企业在瞬息万变的市场竞争中不断强化自身的核心竞争力与可持续发展潜力。

战略的本质是一组攸关企业生存与发展的“关键选择”。宝洁公司在战略制定的过程中，将核心要点拆解为以上5大问题，同时，这5大问题在层次上形成了一个自上而下的选择链条，上端选择为下端选择设立条件，而底端的选择也在不断影响与完善着上端的选择。

链条的第一级要求企业家找到清晰的目标与愿景。玉兰油作为宝洁的核心产品线之一，曾经也曾出现过品牌停滞、客群老化、市场萎缩、定位模糊等战略性问题，而重整旗鼓的第一步便是制定高瞻远瞩且兼具可行性的战略愿景与目标。从市场的远景预判与自身的资源积累出发，玉兰油将发展愿景精准锁定在了建立并维持“平价奢华”的市场主导优势上，目标是成为北美市场份额“领头羊”。

链条的第二级要求企业回答“目标市场”的问题，其本质是要求企业进一步缩小竞争领域范围的选择。良好战略的本质不是“有所为”，而是“有所不为”，同一时间内开展多线作战，挑战诸多竞争对手，没有哪家企业能够将所有方面都做到最好。企业只有将最优势的力量投入最有潜力的市场，才有最大的概率获得成功。宝洁选择“目标市场”时的核心抓手为企业核心竞争力，将核心品牌、地域市场、销售渠道以及技术创新作为整体平台，谋求更高速的发展。例如德勤发现，宝洁产品销往160多个国家和地区，但其中的10个国家为公司贡献了85%的利润。不言而喻，宝洁的市场重心需要进一步向这些国家偏移。

链条的第三级要求企业针对目标市场做出制胜的策略判断。德勤认为，想要获得成功，企业要从自身的“差异性”核心优势出发，以实现愿景为终极目标，在当前市场竞争环境中给出高门槛、难复制的解决方案，并坚持不懈地向用户传递之一价值。迈克尔波特将其称为企业的“竞争优势”。

宝洁公司将现阶段自身的核心优势归纳为以下5大要素。

1. 深层次的理解消费者：对消费者做到深层次的理解，善于发现消费者的潜在需求，比竞争对手更深的理解消费者，并迅速做出反应。

2. 创新：创新能力是宝洁制胜战略的命脉，正确且深层次的理解消费者转化成产品，并不断提升质量。创新能力不仅运用在产品、包装及服务上，甚至在业务模式、核心能力以及管理体系方面。

3. 品牌建设：宝洁旗下众多品牌深入人心，甚至已经成了生活中不可或缺的一部分。这正是依靠宝洁优化定义和提炼品牌建设的过程中，可以有效且高效地培育畅销品牌。

4. 入市能力：宝洁总可以在正确的时间、正确的地点、正确的方式，赢得消费者，从而实现业务的繁荣增长。通过对零售伙伴关系投资，宝洁可以制定出全新且具有突破性的入市战略。

5. 全球规模：宝洁作为多元化的全球性企业，对待所有的部门都是共同招聘、共同学习、共同收购、共同研究和测试等举措，让所有产品都能够提升公司的整体实力。

基于此，宝洁有的放矢地对公司制胜策略进行着不断的优化与迭代。

链条的第四级要求企业为了推动战略落地配套对应的支撑结构与管理体系。战略核心的制定基于现阶段的“竞争优势”，但想让战略切实落地、最大化攫取价值，还要企业进一步获取相关的“支撑能力”与适宜的“组织体系”进行配套耦合与组织作为支撑，战略仍只是一个愿望清单、一组可能实现也可能永不成真的目标而已。再例如，宝洁为了更好地支撑面向新兴市场的探索，支撑能力层面着力培养具有专业知识的营销人员，不仅研发方面是专家，在市场推广上也颇有建树，同时还能赢得皮肤科医生和美容杂志编辑的信任；而在组织维度，宝洁为了进一步提升产品研发与市场推广的敏捷度，还建立了“异步化”结构，即一个团队在制定战略、推出新产品的同时，另一组团队便开始设计并研发下一代新品。

战略执行更为复杂。宝洁的经验是：

1. 保障选择在整个公司内传达。

2. 保障员工接受培训，可以执行选择和利用优势。

3. 保障投资计划顺利落实并保持长久优势。

4. 保障对选择和战略进展的及时考核与监控。

5. 对考核结果进行及时分析，并用于战略的迭代。

从整体上看，以上五步结合战略的分析与制定，构成了企业战略落地的死循环体系：从分析到宣贯、到培训、到落地、到考核、最后基于考核结果支撑战略的分析与迭代。

另外，在多年实践中宝洁还发现越是清晰、简洁的战略就越有可能高效执行，因为它们能够被组织很好地理解和吸收同化。几句话就能解释清楚的战略，更有可能具备掌控性和激励性，同时使后续选择的制定和执行更简单。

二、可持续发展

（一）一流特征

在过去的10年，随着环境和社会问题的不断凸显，政府、行业、社会组织以及公众等相关方在环境、社会及管治领域进一步深耕，可持续发展的理论体系以及政策也得到了更深层次的发展。特别是国际标准化组织发布（以下简称“ISO”）《社会责任指南》（ISO26000）国际标准、联合国千年发展目标（MDGs）到2030可持续发展目标（以下简称“SDGs”）的演进以及全球报告倡议组织（以下简称“GRI”）从《可持续发展报告指南（G4）》向《可持续发展报告标准（GRIstandard）》的过度，使全球范围内不同国家、宗教、民族、政府、企业和社会组织进一步在社会责任以及可持续发展领域达成全球共识，这有助于各类组织在共同语言框架和行动下履责，更高效地与利益相关方沟通其业务对环境和社会的影响。

图 5-1-9　联合国 2030 可持续发展目标

资料来源：联合国 https：//www. un. org/sustainabledevelopment/zh/.

事实上，资本市场对可持续发展的推动也起到了重要作用，越来越多的投资者和资产管理公司将环境、社会及管治引入公司研究和投资决策的框架，在考虑投资时除关注财务指标外，也关注企业对环境的影响、对社会的贡献以及公司内部的治理结构这三大非财务类指标，依照国际可持续投资联盟（GSIA）的趋势报告①，截至 2016 年，全球在负责任投资策略管理下的资产约有 22. 89 万亿美元，比 2014 年增长 25%。作为全球最有影响力的 ESG 投资倡议组织，截至 2018 年 4 月，联合国责任投资原则（UN PRI）组织会员已有 1900 多家，旗下管理的资产总额高达 81 万亿美元②。联合国可持续发展交易所倡议（Sustainable Stock Exchanges Initiative，SSE）持续推进，交易所在推动上市公司可持续发展中表现亮眼，如香港交易所宣布 2015 年发布《环境、社会及管治报告指引》，并分阶段将部分指标提升至“不遵守就解释”，推动在港交所上市的企业全部发布 ESG 报告。除此以外，同样全球著名专业机构穆迪（Moody's）、标准普尔（Standard&Poor's）、彭博（Bloomberg）等也已签署有关声明，在企业信誉评估中加入 ESG 准则。由此可见，这是国际商业变革的大风向标，企业也需要为此做出调整以适应全球环境的变化。

---

① http：//www. gsi-alliance. org/members-resources/trends-report-2016/.

② https：//www. unpri. org/pri.

在政策、市场等因素驱动下，原本限制企业可持续发展的技术手段与工具、内部宣传力度、预算、专职人员、专注战略效果的能力、专注于预测长期结果的能力、需配合的商业模式的变革等在一定程度上得到改变，但是绝大多数企业仍处于被迫遵从阶段，尚未形成完善的可持续发展体系。在德勤2016年发布的《可持续发展与消费业务公司》（*Sustainability for Consumer Business Companies*）研究报告中发现，当前可持续发展参与者年年增多，但绝大多数参与企业依然处在跟跑者的位置，对可持续发展的意识不足、缺少长期可持续规划及相应的管理机制、技术及专业人员等都是困扰企业可持续发展的原因，但值得一提的是，仍有20%的企业在提升经营能力的过程中，基于风险积极参与管理、可持续发展融入经营战略和将战略与塑造社会期望相结合，从而成为可持续发展领域的成长者、领先者和改革者。

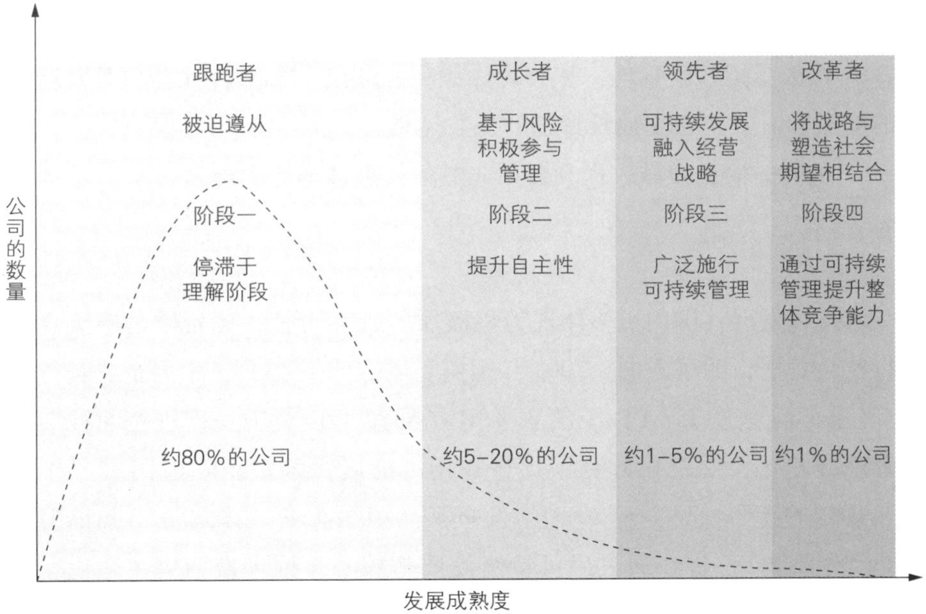

图5–1–10　可持续发展成熟度

资料来源：德勤．可持续发展与消费业务公司，2016.

而这些国际一流企业仍在不断追求更好更适合自身的可持续发展战略，并在过程中呈现出显著的特点：

1. 战略融入：将可持续概念有效融入了企业战略，并且围绕战略要求，制定中长期的可持续发展目标。

2. 组织体系完善：设立可持续发展组织体系，确保可持续发展战略融入与目标实现。

3. 内外部利益相关方沟通：建立了多元、通畅的渠道，强化与利益相关方沟通。

4. ESG 风险管理：通过实质性分析确定企业可持续发展重点，同时与企业风险管理相结合。

5. 行之有效的管理策略：将管理提升与运营效率提升以及可持续发展相结合，不断完善可持续发展管理策略、方案及活动。

6. 绿色持续的供应链建设：通过自身影响力积极带动供应链共同践行可持续发展。

7. 技术创新与产品开发：提升研发水平，创新绿色产品和技术服务并回馈消费者以得到最佳回报。

8. 积极承担社区责任：从公司优势和业务出发，结合社会与运营所在地的痛点和需要，建立独具特色的公益体系。

9. 透明的信息披露：提升公司非财务信息披露透明度。

（二）国企现状

可持续发展在国内更多体现为积极履行社会责任，国资委为中央企业履行社会责任指明了方向。2008 年国资委制定印发《关于中央企业履行社会责任的指导意见》① （以下简称 CSR 指导意见）对中央推进企业社会责任管理制度化、规范化起到了促进作用。随后，国资委响应国家“十二五”规划的指导意见，于 2011 年发布了《中央企业“十二五”和谐发展战略实施纲要》，旨在通过以可持续发展为核心，推进诚信央企建设、活力央企建设、绿色央企建设、平安央企建设、责任央企建设，实现“做强做优中央企业、培育具有国际竞争力的世界一流企业”，使央企在经济、社会、环境方面的综合价值创造能力和社会沟通能力、运营透明度以及品

---

① 国资委．关于中央企业履行社会责任的指导意见，2008.

牌美誉度和影响力不断提升。2013 年党的十八届三中全会将承担社会责任作为国企改革的六项重点工作之一，2014 年十八届四中全会上，中央提出加强企业社会责任立法。2015 年国资委“十三五规划”中要求，中央企业在下一阶段要切实谋划好“十三五”社会责任工作，形成一批社会责任管理体系较为完善的优秀企业，形成一批引领行业履行社会责任的优秀企业，形成一批模范履行社会责任、具有国际影响力的优秀企业。

2018 年是国资委自 2008 年发布《CSR 指导意见》以来持续推动国有企业履行社会责任的第十年。这十年来国有企业在社会责任实践中取得了“质”与“量”的巨大进步。最新数据显示①，从战略层面，85%的中央企业确立了社会责任理念或口号，76%的中央企业识别了实质性社会责任议题，84%的中央企业制定了企业社会责任战略/规划，80%的中央企业选择“树立品牌形象”作为履行社会责任的首要目标；组织体系方面，76%的中央企业设立了社会责任领导机构，95%的中央企业明确了社会责任主管部门；管理融入方面，95%的中央企业在一定程度上实现了社会责任融合，90%的中央企业推动下属企业履行社会责任，超过 80%的中央企业推动供应商履行社会责任；信息披露方面，截至 2017 年底，中央企业发布社会责任报告六次及以上的达到 64 家，占比 85.3%。其中，国家电网、中国海油、中铝三家中央企业连续 12 年发布社会责任报告；中国华能、中国移动、中国石油、中国大唐等企业发布次数达到 11 次。

近十年来，国有企业的成效特点可以简单地总结为以下四点。

1. 将社会责任治理机制不断完善。目前，中国南方电网等 90 余家中央企业建立了由公司主要负责人牵头的社会责任委员会等社会责任工作领导决策机构，普遍建立了自上而下覆盖公司各层级的社会责任组织管理体系，明确了社会责任工作的归口管理部门，界定了企业运营过程中各部门、各岗位及下属企业的社会责任工作职责，有效落实了工作责任。

2. 将社会责任管理制度不断完善。中国兵器工业集团、中国电子科技集团等 50 余家企业制定了社会责任工作制度文件，明确了社会责任管理的指

① 国务院国资委综合局、中国社科院企业社会责任研究中心．中央企业社会责任蓝皮书（2017），2018.

导思想、原则和制度流程等，部分企业专门制定了社会责任工作战略规划。

3. 正在积极探索如何将社会责任融入运营管理，许多企业结合自身特点，将社会责任理念和要求融入生产经营全流程、职能管理各板块和基础管理各方面。

4. 依据相关准则编制并发布社会责任报告，扩大信息披露透明度，倾听利益相关者的声音，主动与社会各界沟通。

纵观十年发展，国有企业成绩斐然，但在看到成绩的同时，也必须清醒地认识到，与世界一流企业相比，国有企业在履行社会责任方面仍有不少改进和发展的空间，表现为以下几点。

1. 战略融入过程，多为模型的建立，却未设定清晰、量化的目标。

2. 组织内部社会责任管理机制和制度仍有提升精进的空间，特别是公司治理层对于社会责任职能需要进一步明确。

3. 社会责任工作与经济责任工作的融合度仍有待提升，效果难称理想。

4. 能源改革、再生资源使用、与保护环境的技术研发与投放使用等还不够完善。

5. 对待社会责任工作和管理举措的执行、跟踪、披露、反馈、事务运营的体系机制仍然可以改进优化。

6. 品牌建设能力、品牌影响力培育方式有待多元化，当前渠道少、思路单一，应对复杂舆论及突发事件的反应能力弱。

7. 对利益相关方如供应链与合作伙伴履行社会责任的监察标准有待加强。

（三）最佳实践

德勤的“股东价值地图 TM”是以提高销售收入、利润率、资产效率及价值链相关者期望值的企业最佳管理实践模型。许多企业已把企业社会责任工作和可持续发展战略具体分解到了股东价值地图中的四点，锁定重点步骤与变革项目。我们列举了一家世界一流企业的事例。从此例可以看出，第一，这家企业是把可持续发展战略与股东价值提升紧密结合在一起的，明确重点执行任务及达到提升的目标。第二，避免公式化的信息披露，而是结合管理提升重点。

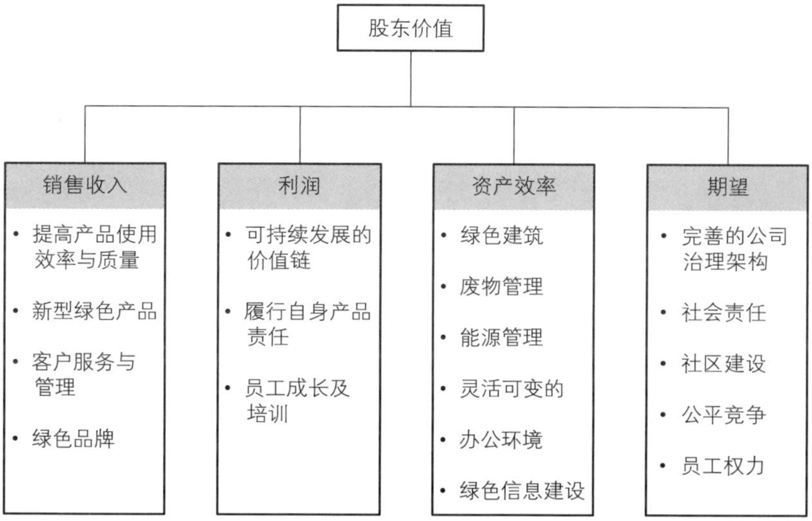

图 5-1-11　某世界一流企业基于股东价值的可持续发展蓝图

可持续发展议题诞生于经济危机、资源枯竭、公司管理同质化严重的时代，成长在更为变化复杂的当今时代，当今全球面临着一些共同的挑战，比如人口膨胀、老龄化、能源紧张、经济复苏缓慢、民粹主义抬头所导致的全球化与反全球化之间的碰撞等机遇。可持续发展战略的必要性和紧迫性显而易见。优秀的可持续发展战略可以帮助企业在变革中更好地抵抗风险，也将带来更长远的经济效益，尤其对于那些公众形象非常重要，对社会经济活动有重大影响力的公司有深刻的影响。

1. 利益相关者对与公众的期望值越来越高：要求经营信息透明，能了解企业健康、持续发展的轨迹。

2. 监管与标准发起人：企业社会责任在许多国家都是上市公司必须披露的信息。

3. 市场与客户：倾向可持续发展的产品与服务，可持续发展已成为价值驱动与品牌提升的主要手段之一。

不可否认的是，21 世纪新的商业竞争环境即是如此。上述相互关联的因素连同许多其他属于企业责任与可持续发展因素会在将来发挥决定性的作用[①]。这些因素既创造机会也能摧毁价值。它们将影响人才争夺和企业

① 德勤. 企业责任与可持续发展的风险职能之路，2008.

竞争力。他们将吸引企业注意力，占据企业的时间并影响企业和竞争对手的方方面面。

这些益处不会立刻显现。有些需要按月或季度衡量，有些甚至需要几年或几十年才能显现。采用下列方法可以使企业的可持续发展之路易理解，易衡量并易达成。

第一步：了解现状与实质性议题分析

1. 评估监管环境。

进行一次全面的监管环境评估，企业责任与可持续发展相关立法的趋势如何？在环境、健康、劳动力、工作环境安全方面有什么新的法规出现吗？这些对企业会有什么影响？

2. 树立行业标杆。

主要竞争者目前在可持续发展领域做了些什吗？是否实施了创新项目？是否走在企业之前？他们取得比较优势了吗？收集在同领域中的最佳实践和创新意识来不断完善自身。

3. 利益相关方调查。

了解客户、供应商、雇员、债主、保险人、非政府组织、股东的诉求；对董事会，管理层和商业伙伴进行调研；征求分析师和咨询师，法律顾问和会计师的意见；摸清供应链中上游和下游企业的意见，这些利益相关方的价值观如何？他们关心的是什么问题？汇总并分析他们的回答。

与利益相关者的双向沟通应该像支付供应商货款和支付员工工资一样日常化。可以考虑效仿总部位于西班牙的毕尔巴鄂比斯开银行的做法。毕尔巴鄂比斯开银行建立了多种途径开展与利益相关者的交流对话，并运用一些技术手段来发现、衡量和评估利益相关者预期。例如，企业建立了股东管理委员会和投资者关系部门；鼓励多方人员参与企业年度大会；出版杂志来解答利益相关者的疑问；定期进行利益相关者预期调查，并制作了标准统一的报告来定期（不仅仅是每年）为企业责任与可持续发展委员会提供利益相关方的偏好和见解。

4. 企业责任与可持续发展实践活动盘点。

几乎每个企业都从事过与企业责任和可持续发展相关的活动。当然，企业越大，所面临的任务就越具有挑战性。但进行一次全面的盘点是必要的。如果企业有着复杂的部门设置和广泛的业务领域，那么就应该在每个企业责任与可持续发展活动的前沿阵地指定一个领导者，他可以扮演活动发起者的角色。盘点活动总是可以带来额外的收益：使员工们对企业责任感到兴奋并积极投身于其中。

5. 不要忽视商业本质。

商场上以成败论英雄。不要让企业责任与可持续发展的热情湮没了企业的基本责任：为股东创造价值。正如哈佛大学肯尼迪学院企业责任与可持续发展倡议组织总监 Jane Nelson 对《经济学家》杂志所言，商业对社会最伟大的贡献就是创造了财富。

第二步：预见未来

企业以战略规划为导向，那么就会对企业责任与可持续发展领域产生深远的影响。企业在制定可持续发展战略时，需要先厘定清楚以下问题：企业的实力何在？企业因为什么而闻名于世？企业的长远规划是什么？企业的核心发展战略是什么？

UPS 是全球知名的快递企业。它把企业责任与可持续发展实践的目标之一定位于高效的递送路线。他们用计算机模型找到 A 点到 B 点的最佳路径，企业因此可以节省燃料耗费，减少碳排放，增加安全性并产生看得见的收益。西班牙国家银行（Banco Santander）是西班牙最大的银行。其在拉美制定了一项大范围的小额贷款项目。此项目向农民、女性企业家以及其他团体提供低息商业贷款，并且还为小企业提供培训场所。资生堂是一家日本化妆品企业。他们向包括医院患者、皮肤病患者和老人在内的各种弱势群体举办免费美容研讨会。巴西知名化妆品制造商 Natura 因为使用来自亚马逊地区的原材料，因此长年身先士卒呼吁保护热带雨林的生态环境。

在这些例子中，企业责任与可持续发展的实践活动无疑已融入企业核心商业战略之中。重点无须过分强调：一个成功的企业责任与可持续发展项目必将增强一家企业的长期视野与战略规划。

第三步：规划行程

完成了上面的基础步骤，企业可以进一步确定企业责任与可持续发展项目如何帮助自身完成制定的目标。在其中非常重要的是不要把企业责任与可持续发展同企业的整体商业战略区分开，他们应该是一体的，也是可以互相补充和互相支持的。在考虑把企业责任与可持续发展融入企业使命中的关键阶段，企业也需要注意以下内容。

1. 企业责任与可持续发展并非是一种纯粹的公共关系，它绝不仅仅是做一份年度报告。它是以一种负责任的、可持续的和战略性的方式付诸行动并将遇到的挑战和获得的成功公之于众。

2. 企业责任报告的内部性作用大于外部性作用，将报告负责任地公之于众是外部性的体现，更主要的是对企业自身内部自我学习与自我完善起到了指导和记录的作用。一份优质的企业责任报告可以告诉我们哪里做得好，今后哪里还需要改进。

3. 区分企业责任与可持续发展所遇到的问题的优先次序。企业不能在短期内处理好所有问题。决定企业的目标所在的关键是企业今年究竟想在企业责任与可持续发展项目上达成何种目标？明年呢？5 年内呢？

4. 做差别分析。企业也需要实时追踪同行与对手在做些什么；了解利益相关者的关注点；了解了监管环境的要求；了解自身的优势与改进方向。

5. 从全球视角来看，企业责任跨越国界。即使是那些主要针对国内销售的企业，他们业务的很多部分也会融入国际元素。比如，他们的供应链以及离岸或外包业务。

第四步：计划与构建

评估一下为了实现企业责任与可持续发展目标所需的资源，预算并不是最重要的。一个有效的企业责任与可持续发展项目既需要财力支持也需要改变思想态度和行为方式。

在世界的很多地方，企业责任与可持续发展实践中人力资源的因素经常被忽略，一个普遍的错误是把这项工作推给中层管理者。这种“反正其他人会去处理”的想法是不应该有的。高级管理者应该承担起这个责任。企业的行动将决定企业的风格，形成一种企业文化。要从一开始就制定高标准，并严格遵守它。想一下那些为了达成企业责任与可持续发展目标所需要的角色和职责。企业可以要求雇员们承担新的责任，接受新的培训和支持来实现企业责任与可持续发展的目标。

企业的行动计划还应该包括财务和税务方面的问题。很多国家和地区为了解决替代能源、气候变化、劳动力、培训和绿色产品问题而颁布很多优惠政策。如果企业采取了相应的行动，就会带来显著的成效。为了应对这些机遇与挑战，企业应该汇集企业的运营、财务、税务、会计、人力资源等部门共同讨论这些问题并作出决策。

除此之外，考虑一下非传统的合作机会。企业正与更为广泛的利益相关者合作。例如，一家领先的饮料企业与非政府组织和学术机构合作研究替代产品、包装和工艺。这需要对消费者展开调查以了解他们的使用和处置模式，并把这些调研的结果应用到替代产品的设计中去。企业与政府合作以开发有效的循环基础设施并通过适当的激励措施让广大消费者和商家遵守相关规定。

第五步：执行

执行要一步步来，不能急于求成。力求每一步都是可衡量的。

执行计划的时候，制定规范的政策和步骤，这会为企业的前进留下有价值的足迹。

第六步：回顾与改进

为了确保企业的责任和可持续发展项目步上正轨，企业需要监督项目的进展和成就。这需要衡量企业的行动并与既定目标相比较。尽可能地使用一些确切的数据：时间，金钱，计量单位而非传闻，印象，感觉和善意。随时灵活的修改企业的计划，利用参与人员的反馈来完善企业的方案。

第七步：汇报与沟通

在发达国家，所有的标准普尔 100 指数公司和琼斯 30 指数公司都会披露企业社会责任报告。MSCI 国家指数、新兴市场指数当中涉及的各国披露非财务信息的上市公司数量也在逐年增多。

企业该用何种标准来编写自己的报告呢？很明显，就目前来看，根据国际不同地区惯例，已有很多种报告标准存在了，每一种都存在优缺点。时至今日，虽然在这个问题上德勤看到越来越多的认识正在趋同，但对于企业责任与可持续发展报告而言并不存在“黄金标准”。所以，企业可以和董事会与顾问共同决定使用哪一种已存在的模板，或者一份定制的报告，或者两者结合，从而在最大限度上满足自己和利益相关方的需求。

第八步：鉴证（内部）

第六步中描述的审核与修订过程不应是一个一次性的行为。企业应当运用所建立的矩阵模型来管理整个流程，并使之趋于常态化。同样，使用这些相同的工具来验证在企业责任与可持续发展报告中引用的数据和结论。

毋庸置疑，测算和评估非财务数据是相当困难的，但却是一件值得做的事。为完成这样一个过程，可以充分利用内部资源。举个例子，内部审计部门在业务流程的分析上有着很强的专业技能：基于对财务、运营、合规、信息技术方面的控制测试以及风险管理工作，这个部门完全可以在企业责任与可持续发展项目中定位为咨询顾问和评估者的角色。同理，法务部门、环境健康和安全部、人力资源部也都具备这样的能力，也可以加以利用。

当然，企业责任与可持续发展项目中也必然会有些部分涉及全新的专业技能。举例说，像温室气体这样的有技术含量的领域需要一些工程方面的知识，只能通过培训或者招募新人来获得。

第九步：鉴证（外部）

在大多数国家，一家公开上市的企业需要定期对外公布经外部鉴证的财务报告。这种提供经审计的财务数据的制度已被广为接受。现在，人们很难想象出一份上市企业公布的财务报告是未经审计的。但事实上，从该制度设立伊始，至今还不到 100 年。

现在，企业责任与可持续发展报告就像一个世纪前的财务报告一样都是新生事物。构成企业责任与可持续发展报告的数据大都是无须外部鉴证的非财务数据。大多数企业都可以随意加入他们希望的内容，使用任何他们想用的表格。这种方法或许可以简化报告的制作，但却无法增加报告的可信度。

鉴于此，德勤建议一旦企业在企业责任与可持续发展项目的实践中到达一定高度后（比如，一旦企业已完成上述要点），企业需要一份经过外部审计的企业责任与可持续发展报告。这样做不仅会提高报告的可信度，而且也将使企业走在该领域的前沿。德勤预测，今后在众多国家的法规监管体系下，对企业对外公布的企业责任与可持续发展报告进行外部鉴证将会成为一个强制要求。

目标明确

企业为履行企业责任与可持续发展过程中付出的努力是惊人的。它涵盖了各个业务模块、供应链、人权、环境和气候变化、劳动力和其他很多方面。企业需要一个统一的流程来确保效率，从最重要最基本的方面做起。在大多数情况下，经过两年到五年的努力就能取得令人瞩目的进展。这虽然看似漫长，却是一条必经之路。如果无法面对这个过程中的机遇与挑战，企业的持续经营能力将会受到很大影响。

许多企业已经做过一些零散与企业责任与可持续发展相关的项目，有一些可能十分庞大复杂。其实这些努力都没有白费，只是需要融入新的战略蓝图中去。

对很多企业来说，不是每一个上述步骤都需要照搬，但大部分还是需要保留的。重新思考企业责任与可持续发展的最基本问题：我们的优势在哪里？我的企业传承的理念是什么？

如果这个问题解决，剩下的也就迎刃而解了。企业应该保持本色，企业责任与可持续发展活动应该反映企业的初衷，与企业的业务战略紧密相连，应该给企业和品牌带来正面效应并激励企业的利益相关方。

时不我待，行动的时刻到来了。企业责任与可持续发展项目不能仅仅停留在纸上，而需要目标明确，行动有力。

（四）参考对标体系

目前，全球 CSR 相关的标准、指南等众多，主流的标准体系框架大同小异，但都因本国国情、标准制定组织的角色、专业侧重角度上有所调整和侧重。较为主流的有：全球报告倡议组织（GRI）《可持续报告指南》G4 版〔2018 年 8 月起转化为 GRI Standard（GRI 标准）〕、2016 年联合国“2030 可持续发展目标”（SDGs）、全球契约（GC）、ISO26000 等，国内有《中国企业社会责任报告编写指南（CASS-CSR3.0）》《上海证券交易所上市公司环境信息披露指引》《深圳证券交易所上市公司社会责任指引》《香港联合交易所环境、社会及管治（ESG）报告指引》等，国有企业应考虑立足国情和与国际接轨的关系，学习借鉴国际公认的理念和规则，但也要结合我国发展中国家的国情。为了更好地实现信息披露倒逼管理提升，我们建议现阶段企业参可以考虑参考 GRI 标准。

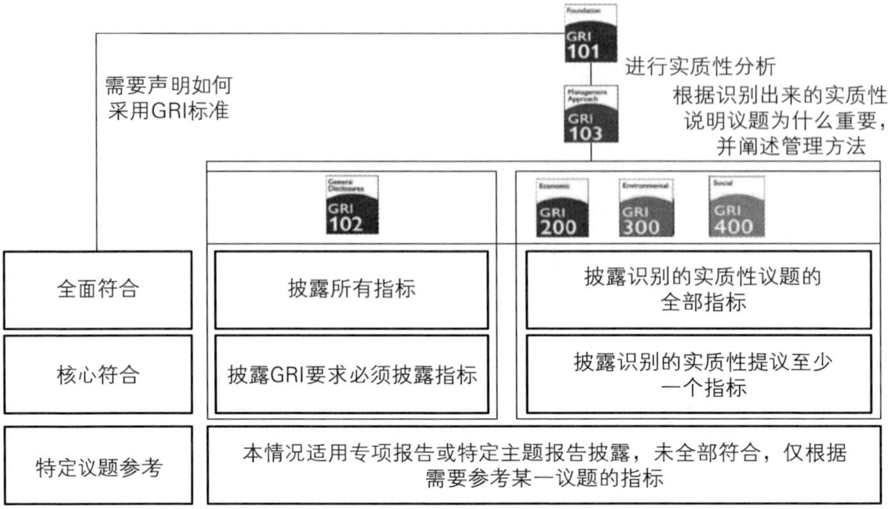

图 5-1-12　GRI 标准使用方法

资料来源：全球报告倡议组织（GRI）. GRI 可持续性报告标准，2016.

GRI 标准指标：

GRI 标准编号	GRI 标准名称	披露项编号	披露项名称
GRI 102	一般披露	102-1	组织名称
		102-2	活动、品牌、产品和服务
		102-3	总部位置
		102-4	经营位置
		102-5	所有权与法律形式
		102-6	服务的市场
		102-7	组织规模
		102-8	关于员工和其他工作者的信息
		102-9	供应链
		102-10	组织及其供应链的重大变化
		102-11	预警原则或方针
		102-12	外部倡议
		102-13	协会成员资格

续表

GRI 标准编号	GRI 标准名称	披露项编号	披露项名称
GRI 102	一般披露	102-14	高级决策者的声明
		102-15	关键影响、风险和机遇
		102-16	价值观、原则、标准和行为规范
		102-17	关于道德的建议和关切问题的机制
		102-18	管治架构
		102-19	授权
		102-20	行政管理层对于经济、环境和社会议题的责任
		102-21	就经济、环境和社会议题与利益相关方进行的磋商
		102-22	最高管治机构及其委员会的组成
		102-23	最高管治机构主席
		102-24	最高管治机构的提名和甄选
		102-25	利益冲突
		102-26	最高管治机构在制定宗旨、价值观和战略方面的作用
		102-27	最高管治机构的集体认识
		102-28	最高管治机构的绩效评估
		102-29	经济、环境和社会影响的识别和管理
		102-30	风险管理流程的效果
		102-31	经济、环境和社会议题的评审
		102-32	最高管治机构在可持续发展报告方面的作用
		102-33	重要关切问题的沟通
		102-34	重要关切问题的性质和总数
		102-35	报酬政策
		102-36	决定报酬的过程
		102-37	利益相关方对报酬决定过程的参与
		102-38	年度总薪酬比率
		102-39	年度总薪酬增幅比率
		102-40	利益相关方群体列表
		102-41	集体谈判协议
		102-42	识别和遴选利益相关方
		102-43	利益相关方参与方针
		102-44	提出的重要议题和关切问题

续表

GRI 标准编号	GRI 标准名称	披露项编号	披露项名称
GRI 102	一般披露	102-45	合并财务报表中所涵盖的实体
		102-46	界定报告内容和议题边界
		102-47	实质性议题列表
		102-48	信息重述
		102-49	报告变化
		102-50	报告期
		102-51	最近报告的日期
		102-52	报告周期
		102-53	可回答报告相关的问题的联系人信息
		102-54	符合 GRI 标准进行报告的声明
		102-55	GRI 内容索引
		102-56	外部鉴证
GRI 103	管理方法	103-1	对实质性议题及其边界的说明
		103-2	管理方法及其组成部分
		103-3	管理方法的评估
GRI 201	经济绩效	201-1	直接产生和分配的经济价值
		201-2	气候变化带来的财务影响以及其他风险和机遇
		201-3	义务性固定福利计划和其他退休计划
		201-4	从政府获得的经济支持
GRI 202	市场表现	202-1	按性别的标准起薪水平工资与当地最低工资之比
		202-2	从当地社区雇佣高管的比例
GRI 203	间接经济影响	203-1	基础设施投资和支持性服务
		203-2	重大间接经济影响
GRI 204	采购实践	204-1	向当地供应商采购支出的比例
GRI 205	反腐败	205-1	已进行腐败风险评估的运营点
		205-2	反腐败政策和程序的传达及培训
		205-3	经确认的腐败事件和采取的行动
GRI 206	不当竞争行为	206-1	针对不当竞争行为、反托拉斯和反垄断实践的法律诉讼
GRI 301	物料	301-1	所用物料的重量或体积
		301-2	所使用的回收进料
		301-3	回收产品及其包装材料

续表

GRI 标准编号	GRI 标准名称	披露项编号	披露项名称
GRI 302	能源	302-1	组织内部的能源消耗量
		302-2	组织外部的能源消耗量
		302-3	能源强度
		302-4	减少能源消耗量
		302-5	降低产品和服务的能源需求
GRI 303	水资源	303-1	按源头划分的取水
		303-2	因取水而受重大影响的水源
		303-3	水循环与再利用
GRI 304	生物多样性	304-1	组织所拥有、租赁、在位于或邻近于保护区和保护区外生物多样性丰富区域管理的运营点
		304-2	活动、产品和服务对生物多样性的重大影响
		304-3	受保护或经修复的栖息地
		304-4	受运营影响区域的栖息地中已被列入 IUCN 红色名录及国家保护名册的物种
GRI 305	排放	305-1	直接（范畴 1）温室气体排放
		305-2	能源间接（范畴 2）温室气体排放
		305-3	其他间接（范畴 3）温室气体排放
		305-4	温室气体排放强度
		305-5	温室气体减排量
		305-6	臭氧消耗物质（ODS）的排放
		305-7	氮氧化物（NO_X），硫氧化物（SO_X），和其他重大气体排放
GRI 306	污水和废弃物	306-1	按水质及排放目的地分类的排水总量
		306-2	按类别及处理方法分类的废弃物总量
		306-3	重大泄漏
		306-4	危险废物运输
		306-5	受排水和/或径流影响的水体
GRI 307	环境合规	307-1	违反环境法律法规
GRI 308	供应商环境评估	308-1	使用环境标准筛选的新供应商
		308-2	供应链对环境的负面影响以及采取的行动

续表

GRI 标准编号	GRI 标准名称	披露项编号	披露项名称
GRI 401	雇佣	401-1	新进员工和员工流动率
		401-2	提供给全职员工（不包括临时或兼职员工）的福利
		401-3	育儿假
GRI 402	劳资关系	402-1	有关运营变更的最短通知期
GRI 403	职业健康与安全	403-1	劳资联合健康安全委员会中的工作者代表
		403-2	工伤类别，工伤、职业病、损失工作日、缺勤等比率
		403-3	从事职业病高发职业或高职业病风险职业的工作者
		403-4	工会正式协议中的健康与安全议题
GRI 404	培训与教育	404-1	每名员工每年接受培训的平均小时数
		404-2	员工技能提升方案和过渡协助方案
		404-3	定期接受绩效和职业发展考核的员工百分比
GRI 405	多元化与平等机会	405-1	管治机构与员工的多元化
		405-2	男女基本工资和报酬的比例
GRI 406	反歧视	406-1	歧视事件及采取的纠正行动
GRI 407	结社自由与集体谈判	407-1	结社自由与集体谈判权利可能面临风险的运营点和供应商
GRI 408	童工	408-1	具有重大童工事件风险的运营点和供应商
GRI 409	强迫或强制劳动	409-1	具有强迫或强制劳动事件重大风险的运营点和供应商
GRI 410	安保实践	410-1	接受过人权政策或程序的培训的安保人员
GRI 411	原住民权利	411-1	涉及侵犯原住民权利的事件
GRI 412	人权评估	412-1	接受人权审查或影响评估的运营点
	人权评估	412-2	人权政策或程序方面的员工培训
	人权评估	412-3	包含人权条款或已进行人权审查的重要投资协议和合约
GRI 413	当地社区	413-1	有当地社区参与、影响评估和发展计划的运营点
	当地社区	413-2	对当地社区有实际或潜在重大负面影响的运营点
GRI 414	供应商社会评估	414-1	使用社会标准筛选的新供应商
	供应商社会评估	414-2	供应链对社会的负面影响以及采取的行动

续表

GRI 标准编号	GRI 标准名称	披露项编号	披露项名称
GRI 415	公共政策	415-1	政治捐赠
GRI 416	客户健康与安全	416-1	对产品和服务类别的健康与安全影响的评估
		416-2	涉及产品和服务的健康与安全影响的违规事件
GRI 417	营销与标识	417-1	对产品和服务信息与标识的要求
		417-2	涉及产品和服务信息与标识的违规事件
		417-3	涉及市场营销的违规事件
GRI 418	客户隐私	418-1	与侵犯客户隐私和丢失客户资料有关的经证实的投诉
GRI 419	社会经济合规	419-1	违反社会与经济领域的法律和法规

成功案例 AT&T

AT&T 公司，American Telephone & Telegraph，中文译名为美国电话电报公司。该公司创建于 1877 年，经过百年发展，成为在美国本土最有影响力的电信公司之一，占有约 30% 的市场份额。AT&T 在 2017 年 Brand Finance 全球品牌五百强中位列第 4 名，在 2018 年财富世界五百强榜单中位列第 20 名，称得上世界上最成功的电信业公司之一。

AT&T 可持续发展战略

AT&T 持续推进可持续发展融入公司运营，致力于提升员工和供应商以及客户日常生活、与客户共同关心生存的环境、通过公司和社区优势结合来应对广泛的挑战可能性的思考和认识，制定 10 年的可持续战略目标和蓝图，并且将其分为 2 个阶段，第一阶段至 2020 年，第二阶段从 2020 年至 2025 年。可持续战略目标包括网络建设与客户、供应链、社区三大范畴，涵盖推动减少排放、提高资源效率和优化能源配置、提高网络效率以及提供可持续客户解决方案、降低温室气体排放等多个方面。

表 5-1-3　AT&T 的 2020 目标与 2025 目标概览

	2020 目标	2025 目标
网络建设与客户	通过企业内外部结合的方式帮助量化 AT&T 的设备与解决方案对社会、环境可持续发展影响力，从而证明 AT&T 设备与解决方案可以让人们的生活更加智慧、健康、独立	通过提高网络效率和客户解决方案实现节约十倍于企业运营碳足迹的排放量
供应链	领导并改善供应链的可持续发展环境，将可持续发展指标纳入公司 80% 的采购决策作为参考，以改善供应链对社会和环境的影响	与业界同行合作制定并推广可持续发展采用标准，以推动改善技术供应链对环境、社会的影响
社区	投资并发起倡议，与利益相关者共同合作于提升美国高中毕业率，确保 2020 年美国高中毕业率升至 90%	投资并与利益相关方共同合作缩小技能差异，在 2025 年提升拥有高质量中等学历或学位的美国人数比例达到 60%

可持续发展体系运作

AT&T 建立了上至最高层决策下至基本事务运营的一整套可持续发展运营体制，首席可持续发展执行官（CSO，Chief Sustainability Officer），负责可持续发展事务，组织体系涉及不同部门不同职级。AT&T 为此设置了对应可持续发展的机构与工作流程。具体流程如下图所示：

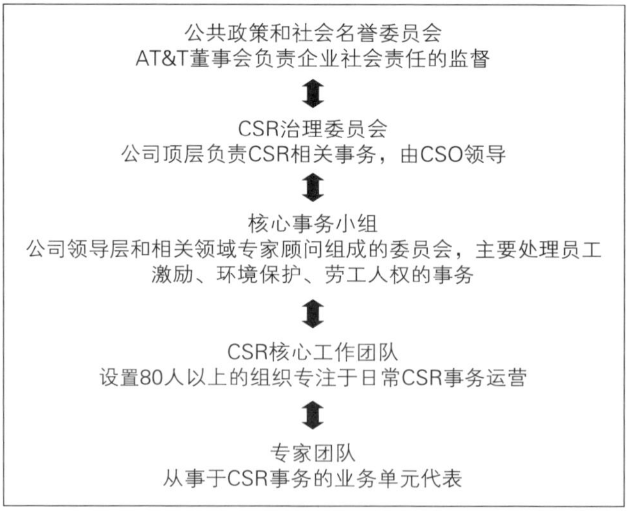

利益相关方沟通与实质性议题分析

AT&T 制定了《利益相关方参与原则》(Stakeholder Engagement Principles)作为指导原则，与多方利益相关方就与自身业务需求相关联的多种社会事务进行广泛合作。AT&T 对其利益相关方进行了全面识别与评估，确认了涵盖客户、员工、消费者、供应商、行业分析师、NGOs、公共政策制定者、投资者、社区机构等多个范畴的利益相关方，并建立了多元化的利益相关方沟通渠道以掌握利益相关方的动态与需求，包括：

1. AT&T 消费者咨询团队。
2. AT&T 企业可持续发展咨询委员会。
3. 股东见面会。
4. 供应链调查。
5. 立法及监管方会议。
6. 可持续发展计划分享与沟通活动。
7. 线上反馈。
8. 线上调查。

AT&T 结合企业情况对利益相关方的反馈定期进行重要性评估，将利益相关方关注的重要事宜纳入公司的经营决策中。AT&T 与利益相关者广泛合作于各类职能范围内的社会及可持续发展事务，包括：

1. 全球电子永续倡议。
2. 社会责任。
3. 老龄化问题。
4. 电子工业原材料采掘事务。
5. 供应链的碳减排。
6. 种族、少数民族事务。
7. 消费者事务。
8. 学生资助扶持的相关事务。
9. 互联网公司网络服务的相关业务。
10. 通信业产品质量事务。
11. 电讯行业商业联盟。
12. 数字能源事务。

13. 职业健康事务。

可持续发展融入运营与业务

AT&T 将可持续发展与核心业务实现联动，如在碳减排方面，AT&T 公司制定了面向 2025 年的碳减排十倍计划。该计划的内容为，通过技术提升从而改进能源配置方案，实现节约十倍于企业运营碳足迹的排放量。

AT&T 为了实现这个目标，进行了深入思考，认为提高能源效率通常需要新型节能技术来取代老化的设备，因此需要大量的前期成本（研发等）支出，但是后期的收益缓慢，使得很难证明这样的投资是合理的。因此需要一个模型来解决这个挑战。

为此 AT&T 建立“效率即服务”（EaaS）模型，可以在不进行前端投资的情况下立即提供电力并且节约成本。通过使用 AT&T 的物联网连接，EaaS 模型可以精确测量和模拟企业通过实施节能技术得以节省的成本。这一模型有助于用户立即节省电力成本，同时模型供应者（AT&T）还能通过输出技术获得收益。

在美国已有数百台设施部署了使用 AT&T 的物联网连接的 EaaS 模型解决方案的高效照明系统，包括美国各地的行政大楼、数据中心、零售商店、工作中心和电信设备。预计这个项目在未来的几年里将继续扩展，将有新的方式适用于不同的应用场合与更多建筑中。

通过用 EaaS 模型解决投资难题，AT&T 有条件安装更多更节能的设备，以减少电力消耗造成的排放。新设备的维护成本低，因此也减少了维修造成的排放。到 2017 年底，EaaS 项目使 AT&T 帮助 647 个设施降低了电力消耗，这些设施每年消耗价值近 2000 万美元的电量，在此基础上每年可以减少 1.83 亿千瓦时的电力消耗。折合减少了 97，500 公吨的二氧化碳排放，相当于：少使用 1100 万加仑汽油；减少 21000 辆公路上的汽车；33 座风力涡轮发电机运转一年。

AT&T 还帮助一些办公写字楼每年节省 50 多万千瓦时的电能。如果这个解决方案被部署在美国的 1000 个类似的办公大楼里，它将有助于每年节省近 28 万吨的二氧化碳，相当于少使用超过 3000 万加仑的汽油；减少 6 万辆公路上的汽车；89 个风力涡轮发电机运行一年。

信息披露

AT&T 将可持续发展报告作为传达公司在可持续发展方面表现的重要方式，以及与其利益相关方再次沟通的重要渠道。AT&T 已连续 12 年发布可持续发展报告，并结合自身情况对与利益相关方合作事务清单进行重要性事务评估。以 2016 年为例，AT&T 基于结果分析的重要可持续发展议题包括：

可靠的网络准入	通过研发来提升产品安全性和效率，惠及消费者
让员工承担公民责任	AT&T 提供工具、资源和机会鼓励员工参与到社区的活动交流中，这有利于社区也有利于企业
客户安全	用最简单的表述让客户了解 AT&T 的信息安全政策，并且致力于技术提升保证全球 AT&T 网络的安全性
帮助客户实现目标	AT&T 用其核心业务——网络去帮助客户实现他们的目标
改善学生教育机会	向学生投入资金和相关资源以提升改善学生的教育机会，减少因为性别、收入、种族所带来的不平等现象
价值链上的环保管理	与政府、学术机构、NGO 合作于推广应对气候变化和能源改革的技术
负责任的供应链管理	提升采购标准，选择环境友好的供应商
改善透明度与公司治理	遵守相关法规披露相关公司经营数据；保护客户信息；尊重消费者及客户的言论自由
减少废弃物	减少生产和办公的废弃物产出；重视电子产品的回收再利用

除了年度可持续发展报告以外，其可持续发展战略、单项议题履责情况也尽可能详尽地在网站进行披露，遵循量化、可比、一致、翔实等原则，使用数字和概念化的表达方式强化了阅读者对报告的理解程度，同时也让利益相关者看到了 AT&T 所做出的巨大贡献，增加了对该公司未来的期望。使利益相关者可以轻易地理解 AT&T 的可持续发展相关信息。

第二节　公司治理

具有全球竞争力的世界一流企业要素二： 股东（大）会、董事会、监事会、经理层各司其职，各尽其责，规范运作，形成科学决策、有效制衡的公司治理机制。董事会职能强大，董事结构优化，董事会运作水平高。员工参与民主管理程度高。

一、一流特征

一般来说，公司治理可以分为狭义和广义两种。狭义的公司治理是指对公司董事会的功能、结构、股东的权利等方面所做的制度安排，关于解决公司内部的所有权安排、激励机制、股东大会、董事会、监事会结构等内部问题。广义的公司治理是指有关公司控制权和剩余索取权分配的一套法律、文化和制度性安排，既包含公司内部治理所涉及的公司所有权结构、控制权结构、内部治理机构和激励机制，又包含由外部市场机制、政府机制和社会机制等共同构成的公司外部治理。公司治理涉及的各利益相关者，包括股东、债权人、供货商、雇员、政府和小区等与公司有利益关系的集团，是一个多层次的概念，且随着社会经济的发展和文化内涵的发展而变化。

综上所述，我们认为，所谓公司治理，就是基于公司所有权与控制权分离而形成的公司的所有者、董事会和高级经理人员及公司利益相关者之间的一种权利和利益分配与制衡关系的制度安排，其包括公司治理结构与公司治理机制两部分①。

① 胡晓明．公司治理与内部控制，2017.

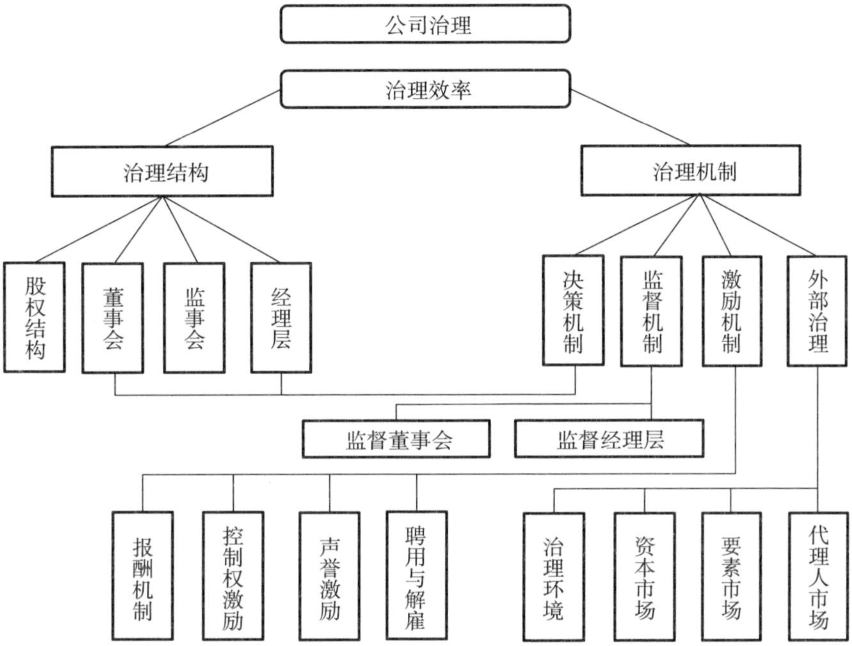

图 5-2-1　公司治理结构与机制

资料来源：胡晓明．公司治理与内部控制，2017.

针对公司治理这个话题，由于公司情况和国情的不同，世界一流企业在实践中并没有一套统一的治理模式适用于所有的公司治理问题。但是，对于公司治理的每一个环节，有许多一流企业的共性值得中国大型企业借鉴和参考。

总结世界一流企业的公司治理现状：他们的股东大会、董事会、监事会、经理层各司其职、规范运作，形成科学决策、有效制衡的公司治理机制，他们在集团母公司层面建立了外部董事占多数的规范董事会管理体系，能够充分发挥董事会对重大问题决策、经理层选聘、重大项目投资、大额资金使用和风险管控等方面的作用。母公司及所属企业董事会之间权责明确、运转协调，形成科学高效的集权分权体制。

二、国企现状

2017年，国务院印发了《中央企业公司制改制工作实施方案》，要求国资委监管的中央企业（不含中央金融、文化企业），全部改制为按照《中华人民共和国公司法》登记的有限责任公司或股份有限公司。由此标志着中央企业将全面进入公司制时代，加强公司治理成为其持续发展的重要步骤之一。同年，国务院出台了《关于进一步完善国有企业法人治理结构的指导意见》①（以下简称《指导意见》），指出完善国有企业法人治理结构是全面推进依法治企、推进国家治理体系和治理能力现代化的内在要求，是新一轮国有企业改革的重要任务。当前，多数国有企业已初步建立现代企业制度，但从实践情况看，现代企业制度仍不完善，部分企业尚未形成有效的法人治理结构，权责不清、约束不够、缺乏制衡等问题较为突出，一些董事会形同虚设，未能发挥应有作用。

为改进国有企业法人治理结构，完善国有企业现代企业制度，《指导意见》要求国有企业以建立健全产权清晰、权责明确、政企分开、管理科学的现代企业制度为方向，积极适应国有企业改革的新形势新要求，坚持党的领导、加强党的建设，完善体制机制，依法规范权责，根据功能分类，把握重点，进一步健全各司其职、各负其责、协调运转、有效制衡的国有企业法人治理结构。

《指导意见》指出，国有企业在公司治理过程中应遵循以下原则。

1. 坚持深化改革。尊重企业市场主体地位，遵循市场经济规律和企业发展规律，以规范决策机制和完善制衡机制为重点，坚持激励机制与约束机制相结合，体现效率原则与公平原则，充分调动企业家积极性，提升企业的市场化、现代化经营水平。

2. 坚持党的领导。落实全面从严治党战略部署，把加强党的领导和完善公司治理统一起来，明确国有企业党组织在法人治理结构中的法定地位，发挥国有企业党组织的领导核心和政治核心作用，保证党组织把方

① 国务院．关于进一步完善国有企业法人治理结构的指导意见，2017.

向、管大局、保落实。坚持党管干部原则与董事会依法选择经营管理者、经营管理者依法行使用人权相结合，积极探索有效实现形式，完善反腐倡廉制度体系。

3. 坚持依法治企。依据《中华人民共和国公司法》《中华人民共和国企业国有资产法》等法律法规，以公司章程为行为准则，规范权责定位和行权方式；法无授权，任何政府部门和机构不得干预企业正常生产经营活动，实现深化改革与依法治企的有机统一。

4. 坚持权责对等。坚持权利义务责任相统一，规范权力运行、强化权利责任对等，改革国有资本授权经营体制，深化权力运行和监督机制改革，构建符合国情的监管体系，完善履职评价和责任追究机制，对失职、渎职行为严格追责，建立决策、执行和监督环节的终身责任追究制度。

在此基础上，国有企业需要健全以公司章程为核心的企业制度体系，充分发挥公司章程在企业治理中的基础作用，依照法律法规和公司章程，严格规范履行出资人职责的机构（以下简称出资人机构）、股东会、董事会、经理层、监事会、党组织和职工代表大会的权责，强化权利责任对等，保障有效履职，完善符合市场经济规律和我国国情的国有企业法人治理结构，进一步提升国有企业运行效率。《指导意见》为国有企业指出五大公司治理需要关注的要点。

- 理顺出资人职责，转变监管方式。
- 加强董事会建设，落实董事会职权。
- 维护经营自主权，激发经理层活力。
- 发挥监督作用，完善问责机制。
- 坚持党的领导，发挥政治优势。

《指导意见》明确了未来国企公司治理的发展目标。到 2020 年，党组织在国有企业法人治理结构中的法定地位更加牢固，充分发挥公司章程在企业治理中的基础作用。国有独资、全资公司全面建立外部董事占多数的董事会，国有控股企业实行外部董事派出制度，完成外派监事会改革。充分发挥企业家作用，造就一大批政治坚定、善于经营、充满活力的董事长和职业经理人，培育一支德才兼备、业务精通、勇于担当的董事、监事队伍。全面从严治党主体责任和监督责任全面落实，企业民主监督和管理明显改善。遵循市场经济规律和企业发展规律，使国有企业成为依法自主经营、自负盈亏、自担风险、自我约束、自我发展的市场主体。

三、最佳实践

（一）《经合组织公司治理原则》更新

对于国家和企业自身而言，如何确立公司治理标准，进而建立完善的公司制度成为公司治理中不可避免的问题。目前全球市场经济大国普遍采用《OECD 公司治理原则》来推动本国建立公司治理规范、制定相关法律法规和加强资本市场监管等。

《OECD 公司治理原则》（以下简称《原则》）为全球公司提供公司治理的基准，也是促进各国金融系统稳健的核心标准。2008 年爆发的金融危机使美国、欧盟等发达国家和地区陷入经济衰退，发展中国家增速减缓，并打击了投资者的信心。金融危机暴露了与上一版《原则》在内部控制和风险管理、薪酬制度、董事会运作及股东行使权力等方面的缺陷。为此，经合组织（以下简称 OECD）对以上四个方面进行研究，并形成了相应的修改建议，于 2015 年通过了新版《原则》①。新版原则仍保留了原有的六章格局，即为确保有效公司治理框架的基础、为股东权利和平带待遇及关键所有权功能、机构投资者、证券交易所和其他中介机构、利益相关者的作用、信息披露和透明度、董事会责任，但在内容的侧重点上有所变化。

1. 董事会运作方面。董事会运作情况很难通过法律和监管迅速改进，监管的目标应该说明企业建立有能力进行客观、独立判断的职称的董事会。在此大前提下，OECD 在新版《原则》中加强了董事会绩效评估责任、拓宽了董事会的职业道德标准、明确了董事会及其专业委员会职责、避免利益冲突并提出应在董事会中设立职工代表。

2. 薪酬机制方面。大多数公司薪酬制度失败的原因在于管理层对薪酬制定的影响力过大，导致董事会无法进行客观、独立的判断。因此，

---

① 鲁桐 . G20/OECD 公司治理原则（2015）修订内容及影响，2015.

OECD 在上市公司董和高管的薪酬机制方面提高了薪酬制定、薪酬披露的要求，并强调了薪酬与公司长期目标的关系。

3. 股东行使权力方面。多数公司的股东行为仍旧较为被动，很少能对董事会形成有效的监督。OECD 本次更新建议提高股东对董事会提名和董事高管薪酬的话语权，并提高股东参与治理的便利性。

4. 风险管理方面。金融危机反映出大多数公司风险管理失败。在风险管理失败的公司中，风险管理与其他管理活动项目独立，且未作为实施公司战略的重要组成部分，甚至很多公司的董事会忽视了公司面临的风险。风险管理工作中，董事会应防患于未然，提高风险差别、监控和规避能力。OECD 在新版《原则》中加强了董事会在风险管理中的职责要求，并建议面对重大风险应引入风险报告制度。

由于国情及企业性质不同，对《原则》的解读和应用也不尽相同。基于我国国情的特殊性及进行公司治理时间较短，国企公司治理不能完全照搬《原则》的模式。国务院 2017 年发布的《指导意见》中符合我国国情的公司治理五大原则，其中在明确董事会职权、对经理层的管控、完善问责机制方面与新版《原则》中更新的内容相对应。

OECD 在新版《原则》中指出国有企业面临着一些特有的治理挑战。一方面，国有企业可能受到不恰当的指责或出于政治动机的人为干预，导致企业运营中的职责不清、问责缺位和效率损失。另一方面，国家以被动或疏远的方式行使所有权，不利于监督，国有企业及其员工为企业及公众（国有企业的最终股东）最佳利益服务的意识也将更为淡薄，可能造成内部人自牟私利的局面。国有企业的管理层还可免受潜在的收购和破产两大制约，而这两大因素是对私营企业管理经营至关重要的约束。在国家层面上，如果监管机构对政府控制的实体采取执法行动，将导致政府内部冲突，这是对国有企业执行商业法律法规时可能面临的重大特殊挑战。如国有企业具备双重目标，在开展经济活动的同时还要履行公共政策职责，则会引发更多的治理问题。

在更为根本的层面上，国有企业的治理难题源自复杂的国有企业业绩问责体系，该体系涉及一系列复杂的代理链条（管理层、董事会、所有者实体、部委、政府和立法机关），其中的委托人很难清晰界定，即使存在委托人，这种委托关系也相当疏远；各方利益存在内在冲突，导致企业决策不以企业和公众（最终股东）的最佳利益为出发点，而是混杂着其他更多动机。理顺这一复杂的问责体系，确保高效决策和良好公司治理，是一个需要直面的挑战，需要充分考虑构建一个有吸引力的投资环境的三项最高原则——透明度、评价和政策连续性。

（二）董事会运作最佳实践分享

公司治理结构中，董事会往往处于公司治理的核心地位，董事会的治理水平也是整个公司治理水平的缩影。董事会应具备丰富的跨领域知识和经验，高瞻远瞩，开放对话，具备远见卓识。我们将在下文中详细介绍一流企业的董事会运作以及董事会在战略制定等职责①，为国企的公司治理提供借鉴。

董事会职责及挑战

董事会的权利来自投资者，它代表着投资者的利益，其核心职责是治理、引导，以及适当地协助管理层保护和增进投资者价值。董事会的三个广义职责包括：代理职责、公允交易职责和诚信运作职责。其他对董事会的典型预期还包括：

· 像审视个人利益那样合理履行对企业最有力的行动

· 履行最高监控职责，并有能力分派这一权利

· 理解公司的运作、表现，并对面临的问题做出适当响应

· 制定政策，如明确需董事会审批的决策、建立行为操守手册确保财务报告准确公允

许多专家和企业着迷于董事会的架构。其实，“董事会能力”和“董事会组织架构”同等重要。董事会能力提升中面临的三大挑战分别是：有限的时间、行业经验互补和对短期及中长期目标平衡达成一致。

有限的时间

由于董事大多数是兼职的，他们为董事会事务上付出的时间是有限的。因此，董事很难对业务有非常详细的了解甚至精通业务。同样，董事

---

① 德勤中国企业风险管理服务部．风险智能，2015.

也很难增加为董事会事务上付出的时间，提高董事的可用时间利用效率是非常重要的。

行业经验互补

尽管日益增加的董事独立性减少了潜在的利益冲突，但这一现象也同样减少了能够对首席执行官提供帮助的行业专家，削弱了董事作为战略伙伴的价值。一个例子是，在雷曼公司倒闭之前，该公司仅有三位董事拥有金融服务领域的直接经验。根据对董事的全球调查，仅有11%的董事认为他们对公司的战略和风险有完整的理解。由于时间有限，且董事跨行业兼顾的情况，所以董事之间行业经验的互补是十分重要的。

对短期及中长期目标平衡达成一致

为了开展一致性流程，董事和管理层需统一意见，制定如下政策指南：

· 定义企业成功与失败的标准。

· 定义价值创造与摧毁的方式。

· 描述价值创造与资本维护的战略。

· 确定最合适的财务与非财务绩效评估标准。

· 为不同类型的企业决策建立必需的时间视野，以作为复核、审批、监督长期行动的一部分。

· 对可能出现意外后果的短期决策投入更多的关注。

· 建立关键指标（财务与非财务）并依此进行绩效评估。

· 确定作为/不作为、失败、风险管理的相对成本。

董事会在战略制定及战略风险管控

公司治理的最终目标是决策与执行，有效的公司治理能够在决定企业目标、制定实现目标的战略以及相关风险管理方面提供合理的引导与控制。综观世界一流企业的董事会，在公司战略制定以及风险管理方面通常注重以下内容：

提供见解和建议，而不仅仅是监督

董事会的重要职责之一是监督，前文中提到，董事会对公司的战略及决策提出见解也同样重要。董事会应该对关键决策和方向提出有建设性的挑战，应该成为首席执行官的智囊团。为此董事会应当首先深刻认识那些对企业未来的生存和成功至关重要的威胁与机会；然后理解并确定有助于未来增长和资产保全的商业战略和组织结构；最后，审批企业价值可接受的经营成果范围。

为了更积极地参与战略，董事会应当将对战略的讨论作为日常工作的一部分，并通过定期复核战略及董事会特别会议来补充。作为其监督职责的一部分，董事会应当根据关键指标持续监督战略的执行，并监控可能影响战略的主要风险和机会。监督也意味着调整方向。董事会必须能够意识到何时需要对战略方向进行调整，能够坚定地提出他们的看法，并要求管理层采取行动。

董事会在战略制定中需要注意以下问题。

战略制定

· 获取对企业价值创造、保存和相关风险战略的见解。

· 评估战略决策的长、短影响。

· 明确关键战略，制定战略相关的时间表、做出预算分析。

· 预测企业的关键业务，并制定失败应对措施。

分析业务无法持续，如技术、商业模型和社会结构的变化。

分析战略风险

· 考虑战略风险并分析战略本身是否正确。

考虑导致战略失败的因素：人员因素、流程因素、系统因素、外部因素。

应对战略风险

· 战略失败速度及失败的影响，考虑收入增长、营业利润、资产效率、期望/剩余。

· 为防止失败，考虑预防、准备、应对和恢复的方法。

· 明确风险负责人，并制定业绩监督机制，明确监督频率。

· 明确特定战略止损点。

· 如果需要推出，如何执行，退出的假设是什么。

（1）平衡长短期考虑因素。短期股价最大化的压力可能会部分地损害董事会的战略职责，但董事会可以抵制这一趋势。当管理层的薪酬取决于短期绩效，而且认为自己的任期有限，他们的决策就会体现出短视。这就需要董事会去考虑公司的长期利益，并确保管理层根据这些利益采取行动。

我们意识到，抵制短视存在难度考虑公司长期利益需要董事会和管理层之间良好的协作。董事会和管理层必须各自在业务模型和战略中的位置，战略应有的弹性，企业的风险偏好和风险管理手段。这些反过来要求管理层和董事会对以下问题达成一致：

· 最优化股东价值而非仅仅最大化短期股价。

· 为长期成功而非短期生存而努力。

· 考虑所有利益相关者的要求，而非仅仅是股东的。

（2）定义需要董事会关注的决策事项。许多决策（机会和风险）无须董事会关注，因为管理层和员工在日常工作中会解决这些问题。董事会只需定期确保所有日常决策由胜任的人员、流程和信息系统执行。何种规模的风险或机会——在财务和非财务意义上——需要董事会关注？很多董事会尚未正面回答这一问题。

为解决这一问题，董事会应当明确定义必须向他们报告的信息的类型和水平。董事会应当定义他的信息需求，包括机会、风险和关键影响领域的报告门槛。关键影响领域可能包括：

· **财务**。对销售收入、利润或资本的潜在影响，通过百分比或者货币数量表述（正或负）。

· **声誉**。在本地、区域、国家或国际层面持续的媒体正面或负面关注以及潜在影响。

· **关键利益相关者**。可能影响企业或者被企业影响的利益相关者，其中包括顾客、雇员、供货商、小区、压力团体和非政府组织。

· **法律/法规**。法律法规突然的、不利的变化；联邦或州的调查以及任何潜在的罚款、处罚或负面声誉影响。

· **健康安全**。对环境、公众健康或员工安全可能造成的影响。

· **行业或企业特别事项**。顾客、供货商或罢工等可能对公司战略和运营产生重大影响的事件。

上述仅仅是一些例子。每家公司的董事会都应设立自身的潜在影响类别和程度。许多公司使用净利润的百分比作为需要披露事项的重要性标准，也使用类似的指标来判断其他风险和机会的重要性，进而判断是否需要董事会或其下属委员会的注意。

（3）从管理层和独立担保方获得合理保证。作为其风险相关职责的一部分，董事会应当从管理层获得合理（而非绝对）的保证，保证现有人员、流程、系统具有足够的能力管理风险而无须它的关注。管理层有责任向董事会和第三方保证风险已经被适当应对并处于公司风险偏好之中，并可推广应用于风险管理整体的有效性。尽管有效性非常重要，许多企业（特别是那些处于高度监管行业中的企业）还希望提升效率并减少治理、合规和风险管理方面的成本。

（4）确保企业为危机做了充足准备。几乎每个公司的董事会都会碰上危机。公司的成功很大程度上依赖于整个组织的应对质量，尤其是领导层应对质量。董事会应当确保管理层已经对所有类型的危机建立了危机管理流程。

管理层和治理。董事会尤其应对“管理层和治理”危机负责。这包括首席执行官和其他关键管理人员的短、中、长期继任计划，这些人可能因为各种突然的原因不再担任职位。

（三）国有企业公司治理成功案例分享

对于国有企业而言，完善董事会建设有中国特色还需注重以下方面，我们将用实际案例说明注重要点及解决方法。

案例一　借助混合所有制改革重组董事会、完善公司治理

某地方国企为省属国有企业集团全资子公司，董事均为集团派驻，股东会与董事会权限未能实现分层设置，董事会形同虚设。作为省属国资委国企改革试点，希望通过引进战略投资者实现混合所有制改革，在现有董事会基础上重组董事会，完善现代化公司治理。

该企业所面临的挑战为：

· 董事会席位分配难度大，一方面要保护战略投资者和中小股东的权益，另一方面也要保证国有资本在某些特定的事项，尤其是涉及国家利

益、公众利益等方面的话语权；

· 党委会与领导班子既有部分人员重合，又有差异，如何实现各个会议运作高效、且能保障党委组织在企业中的政治核心领导作用；

· 当前集团母子公司管控模式下对企业重大事项的审批流程与董事会审议流程需要理顺，改变过去集团审批为主、董事会一年召开一次、走形式的做法。

解决方案如下：

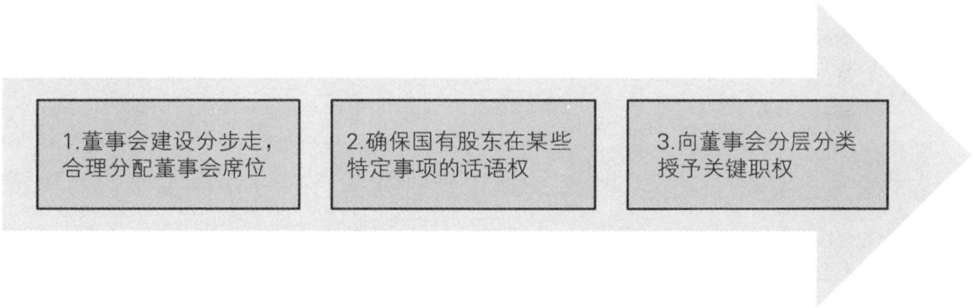

图 5-2-2　董事会重组步骤

1. 董事会建设分步走、合理分配董事席位、保障决策高效

（1）董事会人员规模按照精简高效与分布扩展原则进行完善：当前阶段为 5 人，且全部为集团派驻；混改后第一阶段设置为 7 人，调减集团董事名额，增加执行董事、职工董事、战略投资者派驻席位；混改后第二阶段启动上市计划，逐步提升独立董事占比，调整扩增为 9 人。

（2）明确董事提名规划：协助该国企对混改后的股权结构可选方案进行顶层设计。制定董事提名规则，推演不同阶段股权结构方案下董事席位情况，据此再对提名规则进行验证、调整，并设计特殊情形下的应对机制，如可获得董事会席位的最低持股比例限定、一致行动人条框等。其中，董事长将由国有股东提名，董事会选举产生。

（3）专门委员按照分步走规则构建：当前仅仅设置战略、薪酬考核、审计三个委员会，未来逐步增设其他专门委员会，在上市前构建完毕。

2. 确保国有股东在某些特定事项的话语权

（1）普通事项、重大事项实行董事会一人一票表决制度，分别按照 1/

2 通过与 2/3 通过的表决权规则；

（2）基于对公司行业特点设立特别事项。该国企虽然大部分业务都属于竞争性业务，但由于身处敏感行业，需要确保国有股东在某些特定事项上的话语权。在符合《公司法》的相关规定下，明确涉及国家利益和公众礼仪等特别事项董事长拥有一票否决权。

3. 向董事会下放关键职权、赋予制度保障

（1）在国有企业集团化母子公司管控与双层董事会治理之间寻找平衡，理顺集团审批流程与董事会治理流程；

（2）明确股东会、董事会、领导班子会议与党委会在审议决策中的顺序，确保党组织在混改之后作为企业的政治领导核心组织地位，在“三重一大”的问题上根据党中央总体部署，针对本企业的定位和实际情况提出建议和意见；明确不可授权范围，对可授权范围采取分步走策略：与人力资本相关的决策包括高级管理人员选聘、业绩考核、薪酬管理和工资总额备案制管理等，均从出资人平稳移交董事会；与战略、投融资管理、财务管理领域的决策权，按照重要性、规模相关性、分层设计股东会与董事会的清晰职责划分接口。

案例二　国有资本投资公司和运营公司完善董事会、监事会等治理结构并明确和国资委/上级监管机构的权责划分

该公司是某地方国有大型企业集团，被地方国资委确定为首批国家资本投资公司试点单位后，需要按照国企改革要求改组国有资本投资公司并全面深化改革，其核心内容之一是要明确国资委与该国有资本投资公司的权责接口划分并完善法人治理结构。

该企业所面临的挑战为：

目前在中央政策层面，并没有对国资委及国有资本投资公司和运营公司的权责接口划分的具体建议，只是要求国有资产监管机构要准确把握依法履行出资人职责的定位，科学界定国有资产出资人监管的边界，建立监管权力列表和责任列表，实现以管理企业为主向以管资本为主的转变。该管的要科学管理、绝不缺位；不该管的要依法放权、绝不越位。这给该集

团的改革带来了很大的挑战。

解决方案如下：

该集团根据法律法规、结合国企改革相关文件精神和工作要求，梳理优化了国资委（股东）、党委会、董事会、监事会、经理层的治理结构。在该集团的治理结构中，各治理主体各司其职、各负其责，形成了权责明确、协调运转、有效制衡的治理机制，各治理主体积极发挥作用、共同为集团全面深化改革、转型升级贡献力量。

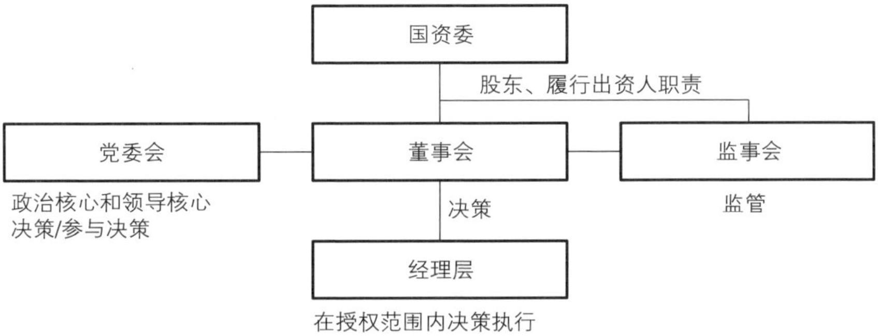

图 5-2-3　治理结构搭建

1. 国资委（股东）与董事会治理关系

该集团是国有独资公司，国资委作为唯一股东，履行出资人职责，建立明确的监管权力列表和责任列表，既不越位也不缺位，同时结合《公司法》规定的股东权利和董事会职权，明确并强化董事会的地位，将董事会做实。

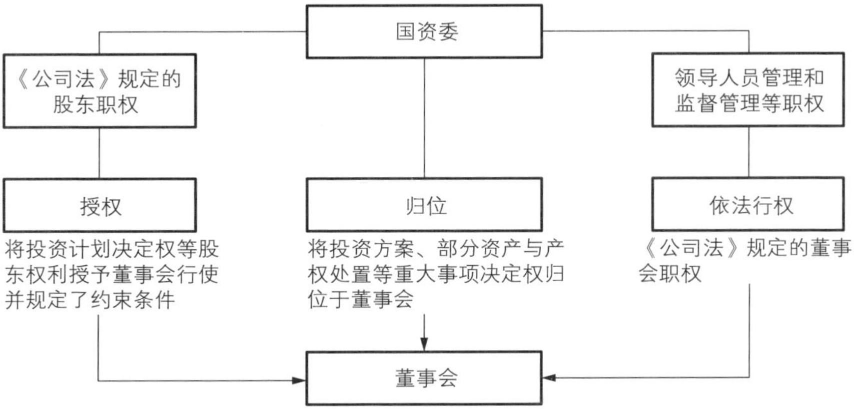

图 5-2-4　国资委与董事会治理关系

2. 党组织的治理地位

该集团认真贯彻中共中央、国务院和地方政府的要求，始终在改革过程中坚持党的领导，加强党的建设，将党组织作为公司治理的重要组成部分，将加强党的领导和完善公司治理统一起来，明确党组织在法人治理结构中的法定地位，并将相关内容纳入《公司章程》。

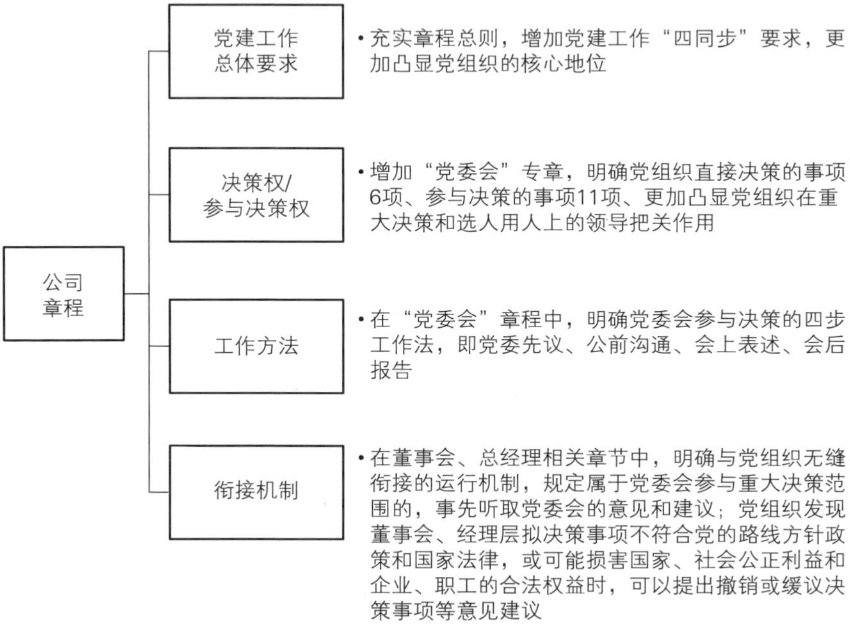

图 5-2-5 党组织的治理地位

3. 董事会与经理层的治理关系

该集团大力加强董事会建设，通过“内部董事+专职外部董事+兼职外部董事”的方式优化董事会人员结构，提升董事会的独立性、专业性；成立战略与投资委员会、薪酬与考核委员会、审计与风险控制委员会等专门委员会并建立配套的议事规则，优化董事会的运作机制，协助董事会充分发挥作用。董事会根据《公司法》的规定和国资委的授权，合理划分董事会和经理层的责权接口，并通过《公司章程》予以固化。同时建立经理层向董事会报告的机制，董事会可以监督检查经理层及其他人员执行董事会决议的情况。

4. 监事会的治理作用

该集团高度重视监事会的治理作用。通过建立一系列管理制度，规范监事会的运行机制。成立纪检监察与审计部门和监事会办公室，打造大监督协调运作机制，形成监督合力。监事会成员根据需要列席总经理办公室、党委会、董事会等相关会议，监督高级管理人员和董事的履职情况，建立履职档案，定期向国资委报告。

（四）董事会的天龙八“不”

前文中提到，董事会在公司治理中处于核心地位，企业应该从制度上对董事会治理给予很好的设计。介绍了以上五点治理方面的最佳实践，德勤公司治理专家针对欧美董事会实务的常见现象，还提出以下提高董事会运作效率应避免下列事项，简称天龙八“不”。①

1. 避免跨界进入经营团队的角色。

如果管理决策都由董事会来做，将很难要求 CEO 对经营成果负起责任。董事的职责是监督经营团队，而非自己去做。董事们需专注于确保经营团队并扮演好经营管理公司的角色，由他们负责日常营运的管理与运作。董事们针对公司所面对的重大议题可以多加关心，但不要跨越董事会自身的职责。许多亚洲企业均存在所有权与经营权未完全分离的情形，以至于主要经营团队成员同董事会成员重合。实务运作上可以通过章程、董事会议事方法、授权审批规定等将董事会及经营团队的职责分别进行复核。

2. 避免董事会成为一言堂。

良好的公司治理需要避免公司有“太上皇”董事长，否则即使有再好的董事会成员，可能也会形同虚设。当董事长或大股东邀请独立董事时，应事先明确沟通双方之期望，希望借助独立董事之丰富专业知识与实务经验，协助公司更加成功，因此希望他们知无不言，言无不尽，公司更应创

① 德勤中国企业风险管理服务部．董事会运作的天龙八“不”，2011.

造开放讨论的会议文化，才能透过多元及优秀的董事会结构，发挥其应有职能。

3. 避免太看重短期绩效。

永续经营是每一个企业追求的发展目标，然而，历史经验告知我们许多企业常因过分强调短期利益而牺牲了长期发展。董事会需运用智慧，表现对企业未来的展望，正确引领企业认真讨论企业中长期策略发展议题，如此才能使公司在卓越治理下有机会达成长期目标，并维持永续成功经营，此外，加强对环保及企业社会责任的关注，借此增加员工向心力，提升企业形象，进而使公司价值提升。以上市公司为例，每月有公告营收压力，每季度会被检视营收、毛利、EPS 等，且会与上季度及上年同期比较，与同业比较，很容易引导公司经营团队专注于短期绩效，尤其面对金融海啸冲击，大多数企业均进行各项开源节流措施，但要确保在节流措施下不会为短期获利而牺牲长期发展，如新产品研究发展投入，新市场开发及人才培育，等等。

4. 避免简报泛滥。

简报可以让董事们充分了解每一项议案，但不应是简报占据整个董事会时间，如果简报一个接一个，则董事们将没有足够的时间做实质的讨论。董事会的大部分时间应该针对公司所面临的关键策略性议题进行深入及充分的讨论。前提是公司应事前（至少 7 日前）提供足够的会议相关数据给董事们，且董事们应该要在开会前仔细阅读相关资料。董事们可能因为工作繁忙没有时间阅读数据，但试想许多交易动则上百亿元，且部分议案很可能对公司未来生产发展有极其重大之影响。要在短短几十分钟内决策，可能需要更多的数据及更充分的讨论及沟通。

5. 避免通过不了解的议案。

复杂的问题有可能严重影响企业的存亡，因此董事们在决议时，务必要了解议案内容及其对公司未来的影响。董事们不单单要对议案了解到巨细靡遗，更要针对所提议案交易可能产生的风险与报酬进行彻底的调查及评估。如果董事们对该项议案未获足够了解，则应请经营团队对提案进行再说明或补充数据，或咨询外界专家。如果发现明显不合理之处，则董事们应针对议案提出各种问题，并锲而不舍地追问下去。真正的共识不是来自人云亦云，而是在决议前经由充分讨论后的结果。

6. 避免低估法令合规性的重要性。

对于各项法令及其相关规定的严格合规是企业应塑造的文化。企业应高度重视如何构建一种具有伦理道德的文化，及一套如何有效落实遵循的机制。董事会在做任何决策时，都必须遵守最高道德标准并承诺遵循各项法规，进而使经营团队及全公司上下均加以重视，最终成为大家共同奉行的标准。相较于欧美国家对法令遵循的重视程度，我们应该还有很大的努力空间，董事会及经营团队如何以身作则，造成上行下效，风行草偃，有赖各大企业共同努力。当然整个国家社会的风气，品格道德等，则有赖教育的长期扎根。

7. 避免延后讨论接班计划。

在欧美接班计划是董事会之主要职能之一。由于法规不断推陈出新及外在环境瞬息万变，每次董事会通常有一大串的议题要讨论，往往会把接班计划之议题一延再延。董事会应将接班规划视为持续性的流程，随着公司的发展可能在不同阶段需要不同技能之领导团队。董事会应确保培养领导团队的渠道持续畅通，且有足够的机会可以接触到新生代的领导人。接班继承，在中国社会，一向是最微妙、隐晦的议题，且多半由董事长来钦点。依据国外的研究发现，有明确接班布局的企业，长期经营绩效明显优于没有明确接班布局的企业，因此接班计划应视为公司治理及经营管理一体，需认真面对。

8. 避免同质化的陷阱。

董事会结构应就公司经营发展规模及其主要股东持股情形，衡量斟酌实务运作的需要，找到组建董事会合适的人才。董事会成员应普遍具备执行职务所必需的知识、技能及素养。通过引进外部独立董事，可以组成更多元化、更积极的董事会。召开股东会进行董事改选之前，应就股东或董事所推荐的董事候选人资格、学历、经历背景等进行审查，确保董事会整体具备各项应有的能力，能够有效处理重要议题，避免同质化，进而提高董事会的运作效率，并强化其决策能力。

四、参考对标体系

为规范上市公司运作，提升上市公司治理水平，保护投资者合法权益，促进我国资本市场稳定健康发展，根据《中华人民共和国公司法》（以下简称《公司法》）、《中华人民共和国证券法》等确定的基本原则，借鉴境内外公司治理实践经验，制定了《上市公司治理准则》（征求意见稿）。

主要方面	对标要点
股东与股东大会	· 股东依照法律法规和公司章程，按其持有的股份享有权利并承担义务 · 上市公司应当在公司章程中规定股东大会的召集、召开和表决等程序
董事与董事会	· 上市公司应当在公司章程中规范、透明的董事提名、选任程序，保障董事选任公开、公平、公正 · 董事应当遵守法律法规及公司章程有关规定，忠实、勤勉、谨慎履职，并履行其作出的承诺 · 董事会的人数及人员构成应当符合法律法规的要求，专业结构合理。董事会成员应当具备履行职责所必需的知识、技能和素质。鼓励董事会成员的多元化 · 上市公司应当制定董事会议事规则，报股东大会批准，并列入公司章程后者作为章程附件 · 上市公司应当依照有关规定建立独立董事制度。独立董事不得在上市公司兼任除董事会专门委员会委员外的其他职务 · 上市公司董事会应当设立审计委员会，并可以根据需要设立战略、提名、薪酬与考核等相关专门委员会。专门委员会对董事会负责，依照公司章程和董事会授权履行职责，专门委员会的提案应当提交董事会审议决定
监事与监事会	· 监事选任程序、监事会议规则制定、监事会议参照本准则对董事、董事会的有关规定执行。职工监事依照法律法规选举产生

续表

主要方面	对标要点
高级管理人员与公司激励机制	· 高级管理人员的聘任，应当严格依照有关法律法规和公司章程的规定进行。上市公司控股股东、实际控制人及其关联方不得干预高级管理人员的正常选聘程序，不得越过股东大会、董事会直接任免高级管理人员 · 上市公司应当建立公正透明的董事、监事和高级管理人员绩效与履职评价标准和程序 · 上市公司应当建立薪酬与公司绩效、个人业绩相联系的机制，以吸引人才，保持高级管理人员和核心员工的稳定
控股股东及其关联方与上市公司	· 控股股东、实际控制人对上市公司及其他股东负有诚信义务。控股股东对其所控股的上市公司应当依法行使股东权利，履行股东义务。控股股东、实际控制人不得利用其控制权损害上市公司及其他股东的合法权益，不得利用对上市公司的控制地位谋取非法利益 · 控股股东、实际控制人与上市公司应当实行人员、资产、财务分开，机构、业务独立，各自独立核算、独立承担责任和风险 · 上市公司关联交易应当依照有关规定严格履行决策程序和信息披露义务
机构投资者及其他相关机构	· 鼓励社会保障基金、企业年金、保险资金、公募基金的管理机构和国家金融监督管理机构依法监管的其他投资主体等机构投资者，作为上市公司股东，通过依法行使表决权、质询权、建议权等相关股东权利，合理参与公司治理
利益相关者、环境保护与社会责任	· 上市公司应当尊重银行及其他债权人、员工、客户、供货商等利益相关者的合法权利，与利益相关者积极合作，共同推动公司持续健康发展
信息披露与透明度	· 上市公司应当建立并执行信息披露事务管理制度。上市公司及其他信息披露义务人应当严格依照法律法规、自律规则和公司章程的规定，真实、准确、完整、及时、公平地披露信息，不得有虚假记载、误导性陈述、重大遗漏或者其他不正当披露。信息披露事项涉及国家机密、商业机密的，依照相关规定办理

成功案例　淡马锡

淡马锡控股是新加坡财政部全资持有的大型国有控股公司。从 1974 年成立至今，淡马锡控股及其参股的“淡联企业”一直是全球国资企业追求持续卓越的标杆与典范。作为国资企业，淡马锡集团不仅切实贯彻了新加坡政府的诸多经济政策，极大地促进了本地产业发展，成了新加坡整体经济的中流砥柱；更是难能可贵地实现了企业自身的长期盈利与价值增长，做到了国企社会责任与市场价值的有效平衡。

淡马锡的成功究其根源，离不开决策层在治理理念与治理模式上的有力支撑。在淡马锡集团的治理结构中，淡马锡控股类似于我国国资委的地位，而其下属淡联企业的公司治理之道尤其值得我国大型企业借鉴。

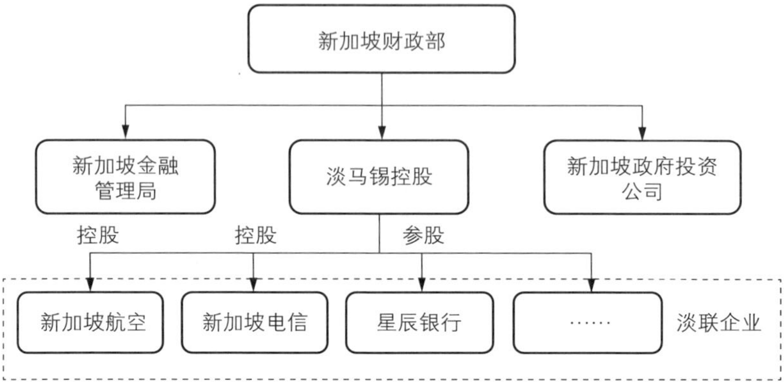

图 5-2-6　淡联企业

治理理念

董事会是企业的权力中枢，其本质可以看作承接国家意志与企业经营决策的中转枢纽。对于国家意志如何有效地体现在企业治理层面；以及董事会意志如何有效地体现在经营层面两大问题，全球各国国有企业都在积极探索。新加坡政府与淡马锡集团对这方面也有着独到的理解与实践。

· 政府 VS 企业：政府为引导、市场为主导

在对国有企业的管理中，理清政府与企业的权责边界永远是最核心的议题。在这方面，新加坡政府十分重视市场化运营与专业化管理对企业持续健康成长的重要性，奉行“无为而治”的理念，将淡马锡集团经营层面的人事聘任权、考核权、薪酬权等核心权力全部下放至淡马锡控股董事会，而自身仅在董事会中通过低于半数的“股东董事”对公司的顶层决策施加影响，甚至无法直接强制推行董事会认定不合理的行政举措。同时新加坡政府还规定了政府控股公司不得享受任何特权与优惠，进一步推动国有企业加入自由市场竞争中博取利润。此外，淡马锡自身也将市场化、专业化作为核心治理理念。在 2009 年修改的公司章程中，淡马锡控股进一步强化了自身是一家按照“商业原则”管理的投资公司，并放弃了原版中公

司“保护新加坡长远利益”的相关说法。淡马锡控股总裁何晶女士在淡马锡成立30周年的演说中指出，“政府一开始就支持国有企业鼓励运作，不干涉企业的专业化经营和经营策略的制定，是新加坡国营事业成功的最主要原因”。

· 管事VS管人：专注人事任免、放手经营决策

新加坡政府为了保证淡马锡的相对专业性与市场化刻意的回避参与公司决策。出于相同的逻辑，淡马锡控股对其投资的“淡联企业”也奉行着类似的“无为而治”理念，以“管人”为核心抓手，坚持不具体参与公司经营层面及下属公司的日常运转。淡马锡相信，真正能帮助企业成长的最好方法是为其配备商业经验充足、深谙专业领域、并具备较强市场开拓能力的董事会，加上表现突出的企业管理层和全心投入的企业员工。

以淡马锡控股对“淡联企业”的管控策略为例，总部控股公司在前期会以“能者居其位”为基本原则，积极帮助淡联企业在全球寻找合适进入董事会的人才，并任命一部分独立董事，帮助下属公司建立完善的人事任命机制与绩效激励机制；此后便退居幕后，以监督者为自身的主要角色，把控风险红线，但不在下属公司具体战略决策上过多表态，尽可能避免由于缺乏在特定市场的专业性而引起的不当决策或过度管理。

治理结构

在治理结构层面，淡联企业十分注重董事会权力的行使，其董事会通常被要求由三类人共同组建：

· 股东董事：来自财政部的出资人代表和政府高级公务员。他们由新加坡政府委派，通常在政府部门内还兼任其他岗位（如新加坡财务部常务秘书长、新加坡金融管理局长等）。不在企业内领取薪酬，全面代表国家利益。

· 独立董事：独立董事由具备丰富行业经验与管理经验的民营企业家或跨国公司企业家担任。他们在董事会中占据多数席位，按市场价值与原则进行聘任，旨在确保淡马锡在世界范围内进行资本运作与各项战略投资的有效性与准确性。

· 执行董事：来自淡马锡控股的管理层或淡联企业领导层。他们最熟悉公司的市场现状与发展脉络，既是公司战略的制定者，也是最核心的执

行者。

其中，股东董事的存在定义了企业性质，确保国家意志与国家利益在公司的核心决策中发挥足够的影响力；独立董事与执行董事在聘任中要求有足够的商业经验与管理经验，确保了重要企业核心决策的专业性与监管实施的独立性，同时保证了决策与执行间的有效连接。正是淡马锡董事会多元均衡的人事任命机制赋予了公司在决策层面较强的自由度，也更有助于其在国家利益与市场价值间找到平衡

淡联企业董事会运作模式

对于新成立的淡联企业，其董事会是根据《公司法》要求，由淡马锡控股则根据自身持股比例推荐人选，最终通过股东大会选举而成。在具体对董事的推荐思路上，淡马锡控股着重从企业界与公共服务界双边搜寻人才，使得淡联企业董事会在决策上可以尽可能兼顾政府与市场的双边看法。不过，近些年来，随着市场竞争的日益激烈，淡联企业的“官员董事”比例也正在不断降低。而在管控层面，淡马锡控股在原则上不参与淡联企业的战略及经营决策，而是会通过对淡联企业半年报与年报的审核，对其经营状况做一年两次的审查与评估。对于表现较差的淡联企业，淡马锡控股也会以行使股东权限为核心手段积极介入，通过共同分析经营环境、检查战略执行情况、协助重组不良资产等方式更好地加强他们的核心能力。

此外，在淡联企业董事会的运作过程中，由于多数董事会成员为兼职成员，时间精力有限、难以深入处理细节，董事会为了更好地完成企业使命，在董事会与管理层之间设置了三个专门委员会，分别为审计委员会、薪酬委员会和提名委员会，由董事会核心成员作为直接领导、协助董事处理各项具体事务。其中，审计委员会是董事会和外部审计师之间的沟通渠道，通过审查内控流程、财务报告流程、审计流程等，协助董事会履行监督职责；薪酬委员会为企业制订绩效与薪酬计划、开展总经理聘任提供指导；提名委员会主要负责对董事候选人进行详细考核、筛选与推荐。该模式目前也广泛被美国、英国、加拿大等许多国家公司的董事会广泛借鉴。

第三节 领导力建设

具有全球竞争力的世界一流企业要素三：企业领袖立志于超越现状的伟大目标，能鼓励团队建立共同视野，强调信任和坚强有力的合作关系，激励所有人的内心梦想，强调创新，催化积极变革。企业有与战略制定紧密结合的未来领导培养机制。

一、一流特征

百年企业依靠卓越的领导者在危机时刻力挽狂澜，最终使企业重新回归优异之列的故事在不断地重复上演。在当今世界的一流企业中，生产经营中国界的概念已经变得相当模糊，地域文化和资源环境的差异，专业领域的纵深发展和企业多元化经营等问题，使领导者肩负更多使命与挑战。因此，那些具有丰富国际商业经验、能够站在全球高度开拓市场和组织资源，并精通多种技术的复合型管理人才始终是稀缺的。业绩优秀的企业在领导力方面的投入比它们的竞争对手高出了几乎四倍。最佳实践的企业正在发展一种整合的领导力体系，其中包括具体的领导力战略、详细的领导力项目前与后的效果评估。

Google、Lyft、WL Gore、Mastercard 和 Atlassian 等高效企业将领导力看作是一种团队精神，寻找能够领导团队及构建生态系统的人才。这种新型领导者必须了解如何建立和领导团队，保持人员相互联系，积极参与、营造一种创新、学习和不断进取的文化氛围。领导者需要具备跨领域的技能是大势所趋。GE、IBM、Nestlé、Xerox 和 Mastercard 等企业将领导者们召集在一起致力于共同设计和解决问题训练，通过挑战他们去了解不同的企业职能、行业和技术是如何相互作用来形成解决方案。职能负责人通过精通单一职能而晋升为高管的时代正在走向终结。最后，是创新和冒险定义了当前的高效领导力。对于绩效优秀企业的领导力文化来说，冒险是其中最重要的驱动力。

德勤的调研发现世界一流企业领导力建设的成功经验如下：

1. 高层领导发展领导力的决心高：最高领导者的参与能够保证对领导力发展的长期稳定投入。

2. 基于明确的发展领导力目标，建立一个挑选、评价、培养人才的基本框架，确定关键人才数量和类型。

3. 培养各个层次的领导者：重视千禧一代领导者，全球化领导者和女性领导者的培养，并且将领导力的培养与公司的具体情况结合。

4. 将人才和继承者培养放在首要位置：建设和增强人才供给线的奖励机制，保证优秀和多样性的人才输送。

5. 建立并利用能力评价模型：模型简明易用，专注于提升员工的领导力。

6. 与外部公司合作，创造新的领导力提升机会：与商业伙伴，大学，非政府公司和其他的第三方公司合作，为公司员工提供更多样的锻炼机会。

二、国企现状

为一个机构建立正确的领导力是一项非常艰巨的任务。企业的领导者能否有效地适应和应对变化非常重要。优秀的领导人可以帮助公司应对激烈的竞争和瞬息万变的市场需求。因此，具备重组和改组魄力的领导人会成为公司成长的一个挑战性的因素。建立配套的领导班子会因现有管理水平的不足、需求的不断变化，以及解决领导问题的资源和时间的缺乏而变得艰难。企业的管理者通常面临以下挑战：

（一）企业通常过度管理或管理不善

管理程序通常注重短期目标，始终不能体现公司的长期目标。在指导这些管理程序方面，公司通常过度依赖对整个组织管理人员的培训和配置，而很少依赖所需要的领导力。

（二）领导者面对数字化时代需要做出的改变和适应不足

企业渴望的领导者需要更加灵活、多样、年轻，并能采用“数字方式”运营企业。这种新型领导模式需要打破企业传统领导边界，并授权给那些能在快速变革网络环境中成长起来的新型领导者。然而，管理者往往狭义地界定领导角色，不能根据目前动态去理解商业环境。

（三）难以找到用于培养领导力的时间和精力

领导力培养实质上是对未来的一种投资。许多公司发现，在时间和资金需求越来越紧迫的时候，很难留出资源用于领导力的培养。

（四）放眼于全球的视野不够

具有全球竞争力的世界一流企业领导者不仅需要为企业经营效益和股东价值而奋斗，还立志于超越自我，超越现状，把目标定为为社会或是人类的某一方面做出杰出贡献。我们的中高层领导的视野，还可以放得更远些。

（五）背景经历的丰富度不足

国有企业从中层到高层，缺乏大量具有国际大型企业管理经验，又充分了解国情，善于把本地管理经验与最佳国际实践相结合，并在国际化的道路上能成功复制区域企业的领导人才。

三、最佳实践

（一）交响乐式的最高管理层

高级领导们现在意识到，他们必须超越其职能部门角色，像团队一样运作。在这个新的结构中，最高管理层的高管们将业务部门和职能所有权与跨职能团队结合在一起，从而将公司运行成一个敏捷的网络。我们将这种新的、协作式的、基于团队的高级管理人员模式称为“交响团式”最高管理层。像一个卓越的交响乐团一样，“交响团式”最高管理层整合了多种元素。

“交响团式”最高管理层对帮助领导者理解、管理和应对组织面临的复杂社会资本问题来说非常必要，因为这使他们能够挖掘机会，管理风险并与内部和外部利益相关者建立关系。更重要的是，“交响团式”领导力模式对增长至关重要。调查发现，表示企业高管“定期就长期性的、相互依存的工作进行合作”的受访者认为自己所在企业增长率为10%的可能性比那些高管独立开展工作的企业受访者要多三分之一。

“交响团式”的管理方式这并不是最高管理层一以贯之的行事方式。在19世纪及20世纪初，首席执行官独自站在顶层，做出大部分重要决策，并将职责委托给公司的职能经理。这种模式后来得到了扩展，并诞生了一系列“专家英雄”，每位“英雄”都有一个带“C”的头衔：首席财务官、首席信息官、首席人力资源官……这份名单非常冗长。每个人都被赋予了“拥有”自己领域的责任，在“分而治之”模式下运作。然而，随着这种专业化程度的提高，一种新的动向出现了：通常情况下，各个高管并不进行密切合作。这在一个相对静态的、可预测的商业环境中是可以理解的，因为在这一环境中大多数问题的根源易于识别，且范围有限，需要深入的职能专业知识才能解决。但当前的商业环境与20世纪80年代的情况相去甚远，不断变化的商业环境促使职能性高管职位的数量和类型在此期间大幅增加。频繁的市场动荡，经济全球化以及技术变革的加速意味着各公司现在面临的问题比以往都更为困难、更复杂，也更具多面性。越来越多的问题是“恶性”的——这些问题有多种根源和多种起因，单靠一方努力无法得到有效解决。在一个既要求跨领域协作又需要深入的职能性专业知识的动态环境中，“交响团式”最高管理层的运作模式是非常合理的，因为这使得领导层团队能够解决任意单一部门都无法完美解决的问题。例如，当今在数字化方面精通、消息灵通的消费者要求企业不仅要提供优质的产品，还要提供一个良好的端到端的用户体验——从消费者意识到产品的存在到产品生命周期结束。为应对这一挑战，组织需能够跨职能部门开展工作，以便在每个接触点都能够了解并满足客户的需要。

高管团队在充分发挥高层管理人员协作的作用中应发挥怎样的作用？个人应如何调整？

1. 最高管理者。将协作和团队合作纳入日常工作中，将跨职能部门之间的互动、信息共享和实时决策作为优先事项。引入激励措施，以推动整合思维和跨职能部门之间的协作。

2. 首席人力资源官。更新领导技巧组合，建立一支为未来做好准备的管理人员预备队伍，并转变组织文化，鼓励不同业务单位、不同职能和不同地区间更多协作，在需要颠覆创新的领域加强对“团队网络”的利用。

3. 个人。作为领导者，思考使自己能够进行跨部门、团队和组织边界的工作方法。

（二）领导力建设

具体开展领导力项目时，他们会基于如下原则开展，以保证项目的效果与预期的相近：

1. 全新的、严格的视角重新审视领导力发展战略。许多公司都发现这是最好的入手点。将近三分之二的企业（61%）称去年已经更新了领导力战略或者正在进行中。可能成功的关键在于挑战现有的战略：是否取得影响和效果，建立起领导力发展渠道，并培养出满足现在和未来业务需要的领导者？

2. 在事实、资料和分析的基础上建设领导力发展项目。资料带来的洞察力能够帮助企业发现优秀领导者的基因。领导力发展过程中的每一个步骤都应该建立在严谨的分析和事实基础上，包括候选人识别、发展、辅导和晋升。领导力发展项目应该根据实际效果评估其是否增强了领导者的能力，以及这些领导者带给企业的贡献，而非当下多数领导力发展项目娱乐性的评估方式。

3. 随着组织发展越来越扁平化和多样化，以及全球业务环境越来越复杂，企业更加需要能够胜任各个级别领导岗位的员工。在这种环境下，企业意识到必须要在员工的职业生涯早期发现潜在的领导者，然后更加快速地培养他们。

4. 打造更有广度和深度的领导力群体：许多企业都在试图拓宽领导者

和领导力的定义，然而通常情况下该定义还是太狭窄。潜在的领导力群体必须是可以超越企业的组织界限的团队和团队群体。

5. 管理者幅度增加，要求领导者们必须是熟练的辅导者，而非严格意义上的管理者。领导者要能够吸引、激励和保留优秀的员工，而不是简单地增加人头。合作也是一种关键的领导能力：随着企业从等级结构快速升级为网络结构和生态系统，领导团队正在努力以新的方式一起工作，包括跨越代际、地理位置、职能，以及内部外部团队的合作。

6. 人口老龄化的问题造成了一些企业领导者短缺，业绩优秀的企业为有潜力的员工提供积极的职业生涯管理，创建拥有多代际领导者的团队，以及在年轻领导者准备之前就为他们提供其他的机会。

7. 系统地思考领导力问题。他们发现培养特殊的领导者需要更加严密的过程，包括：

（1）运用证据和分析的方法来发掘那些可能被埋没了的“游戏规则的改变者”。

（2）扩大在线工具的应用范围来确保企业能够在全球范围内，在职业生涯早期就能发现有潜力的领导者。

（3）擅用处于职业生涯后期的领导者，让他们和下一代的领导者共同工作、提供指导，从而培养新人。

（4）开发全面的领导力体系。不同于培训课程的简单结合，全面的领导者制度能有效地评估企业中的人才；重点培养有潜力的人员；并为年轻的领导者提供获得他们在领导者岗位上茁壮成长所需要的技能、经验和洞察力的机会。

四、参考对标体系

总结具有全球竞争力的世界一流企业卓越领导力框架，企业可以从以下6个方面考虑，即竞争优势、策略影响、战略方向、推动执行、梯队建设、激励他人/合作共赢。

主要方面	对标要点
竞争优势	· 前瞻视野 · 塑造差异化竞争力 · 拓展市场能力强 · 提倡流程优化 · 勇于提议变革重点
策略影响	· 拓展影响力 · 差异化与适合的内部沟通 · 可说服高层领袖
战略方向	· 明确成功的定义 · 明确企业长期关键能力打造重点 · 明确本机构单元战略承接举措 · 战略沟通多样，把日常运营要求与战略发展有机结合 · 明确战略执行对每个人的影响
推动执行	· 鼓励高绩效发展 · 明确个人目标与期望值 · 使用因人而异的激励方法 · 鼓励以终为始，强调结果 · 及时提供回馈意见，促团队提升
梯队建设	· 合理授权，作为培养手段之一 · 鼓励团队走出舒适圈 · 创新培训 · 为下属提供新机会
激励他人、合作共赢	· 鼓励忠诚与传承 · 以身作则 · 有效管理负面情绪

成功案例　万事达

AGILE领导力框架是万事达卡在使用的领导力模型，万事达卡的董事会和高层领导者希望通过进一步延伸发展AGILE领导力框架，从而判断高级经理和执行层管理者的职位准备度。

AGILE领导力框架：

· 统一战略思考（Aligned Strategic Thinking）

· 全球商业敏锐（Global Business Acumen）

· 综合业务执行（Integrated Business Execution）

· 领导方式（Leadership）

· 行政公信（Executive Credibility）

通过不断发展的AGILE领导力框架，万事达卡期望能够使用领导力诊断来达到以下目的：通过在职业生涯早期确定未来的高层管理人员加强CEO继任通道；更有效地为组织继任活动做准备；并支持未来的领导力发展工作。

根据德勤基于过往研究所确定的Kaisen领导力模型，将AGILE领导力框架进行分析和映像，揭示了AGILE模型的差距所在，并为领导力框架发展带来了新的思路。万事达卡AGILE领导力框架与德勤Kaisen领导力框架映射过程为：

表5-3-1　AGILE初步映射

AGILE领导力框架	德勤Kaisen领导力框架
· 统一战略思考 · 全球商业敏锐 · 综合业务执行 · 领导方式 · 行政公信	· 竞争优势 · 商业判断 · 推动执行 · 激励他人、合作共赢 · 战略方向 · 策略影响 · 梯队建设

接下来，万事达卡的业务高管和人力资源负责人聚在一起进行测试讨论，希望使发展后的领导力框架“面向未来”并验证其是否适合于组织，该框架被命名为无价领导者模型（Priceless Leader Model）。在这一步骤所确定的内容包括：

· 德勤领导力框架中的“竞争优势”能力更名为“创新变革”，描述定义为“推动变革，先破后立”

· 领导力层级使用“领导者需求的复杂性”来描述更加适当，且应该是被量化的

· 对万事达卡特有的需要有效管理并开发远程团队的能力需求进行描述

· 最终，无价领导者模型（Priceless Leader Model）得以呈现并有效应用

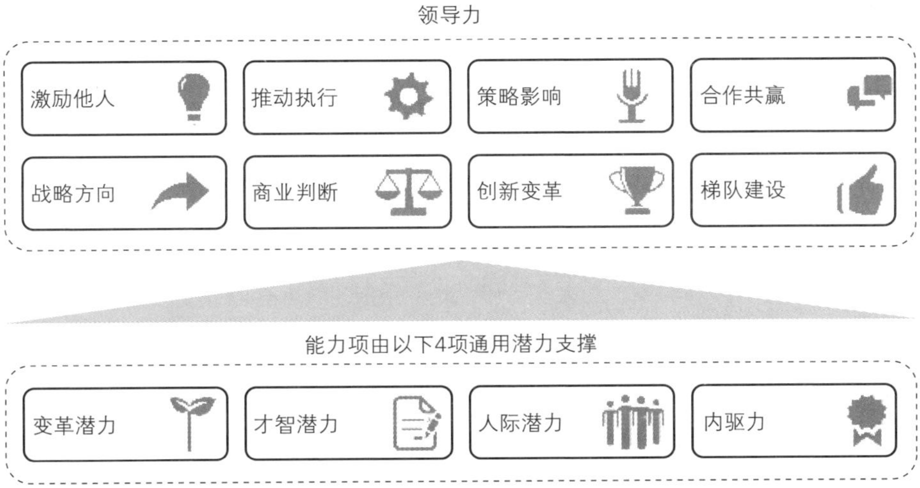

图 5-3-1　万事达无价领导者模型（Priceless Leader Model）

第四节　管控与运营

具有全球竞争力的世界一流企业要素四：可适应技术变革，组织运营模式"客户导向、敏捷、透明、协作"。充分利用数字化手段实现管控一体化，提高科学决策的水平和效率。风险智能助力战略与绩效达成，合规管理深入业务。财务管理从"资金管控型"向"价值创造型"转变。

一、组织与运营

（一）一流特征

近年来，新常态、"互联网+"以及全球化这三重趋势给企业提出了巨大的挑战。中国企业既可以通过全球化，亦可以通过业务多元化实现增长，而业务的变化将导致组织的变化，从而进一步引发管控模式的变化。

基于德勤研究，我们发现三个对未来组织与运营影响的因素：技术、人口因素与拉动力。这三个推动因素对组织变革产生巨大影响。

1. 技术：人工智能、机器人技术、传感器和数据。

2. 人口因素：人口年轻化和人口更加多元化。

3. 拉动力：顾客自主性提升。

就此，不同类型和发展阶段的具有全球竞争力的一流企业走上了“未来组织”的变革之路。“未来组织”为了快速适应不可预知的环境变化，需要遵循“客户导向、敏捷、透明、协作”四项基本原则。在此基础上，具有全球竞争力的“未来组织”的典型的表现形式是其组织形态呈现网络状，我们可以称之为“网络型组织”。

具有全球竞争力的世界一流企业在从传统组织向网络型组织演进时，遵循以下基本原则：

1. 客户导向。以客户体验为中心，配置内外部资源和能力，为客户提供差异化和有竞争力的服务，赋予较高授权；对外部环境变化高度敏感。

2. 敏捷。基于客户、产品、项目、任务和问题等维度组建团队，团队存续可以是永久或临时，取决于任务；团队成员不局限于企业内部。

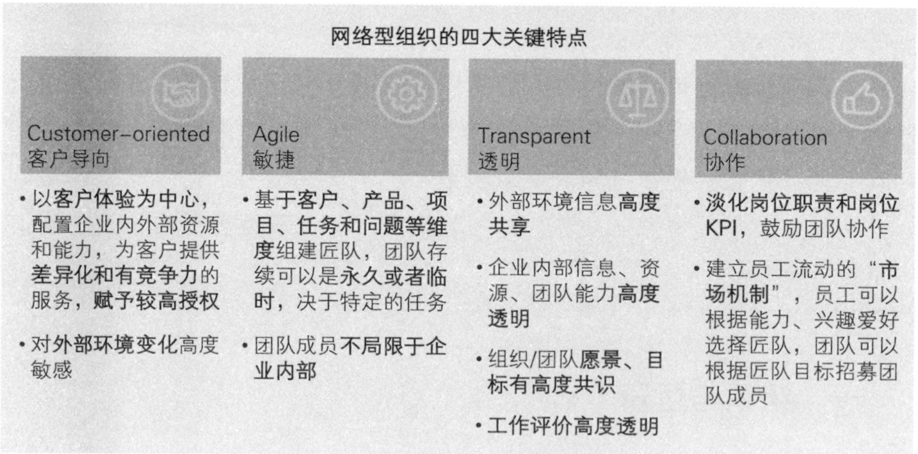

图 5-4-1　未来组织四项基本原则

资料来源：德勤．人力资本季刊传统组织向网络组织演进相关项目实践分享，2017.①

① 德勤．人力资本季刊传统组织向网络组织演进相关项目实践分享，2017.

3. 透明。外部环境信息高度共享；企业内部信息、资源、能力高度透明；组织、团队愿景、目标有高度共识；工作评价高度透明。

4. 协作。淡化岗位职责和岗位 KPI；鼓励团队协作；建立员工流动的“市场机制”，员工可以根据能力、兴趣爱好选择团队；团队可以根据团队目标招募成员。

（二）国企现状

除了以上三个对未来组织与运营影响的因素：技术、人口因素与拉动力外，国企加快优化资源整合兼并重组及国际化并购，是现今组织变革最主要的推动因素。

1. 进一步优化内部资源整合的需要。

聚焦核心主业和优势业务发展，根据业务结构、产品市场、关键技术等特征，推动企业内部资产和业务深度整合，发挥协同效应和规模效益。通过加强内部整合、加大资本投入等方式，调整存量、优化增量，将更多的资源集中或优先配置于核心业务；通过市场化方式盘活存量资产，加快处置与主业关联度不高、无竞争优势、长期不分红、扭亏无望的低效无效资产，加快剥离企业非主业资产和非优势业务，优化国有资本运营配置效率。进一步压缩法人户数和管理层级，加大“僵尸企业”和特困企业处置力度。

2. 实施有效并购重组的需要。

鼓励企业在关键技术、核心资源、知名品牌和市场渠道等方面积极开展并购，向高质量发展转型，建立核心竞争优势。在遵循国际市场规则、做好风险管控的前提下，稳妥实施跨国并购。加大并购重组融合力度，深入开展管理、业务、技术、市场、文化和人力资源等方面的整合和融合，实现和放大并购重组效应。

3. 加大专业化整合力度的需要。

在国家产业政策和行业发展规划指导下，支持企业之间采取市场化方式，灵活运用资产重组、产权转让、无偿划转、资产置换等手段，以优势企业和龙头上市公司为主体加快专业化整合，将资源向优势企业和优势行业集中；通过股权合作、战略联盟、联合开发等方式，积极实施产业链整合，促进同类业务资源在企业间的优化聚集，实现互利共赢，共同发展壮大。充分发挥国有资本投资公司在产业调整和专业化整合中的作用。

4. 提升跨国经营能力和国际竞争力的需要。

支持发展一批跨国公司，通过全球资源利用、业务流程再造、产业链整合、资本市场运作等方式，加快提升核心竞争力。鼓励企业在境外开展并购和股权投资、创业投资，建立研发中心、实验基地和全球营销及服务体系；依托互联网开展网络协同设计、精准营销、增值服务创新、媒体品牌推广等，建立全球产业链体系，提高国际化经营能力和服务水平。

但在组织变革的路途中仍面临如下问题与挑战：

1. 组织协同不够，区域整合能力和竞争优势未能充分发挥。

目前的管理构架存在小而多、散而弱的问题，专业化管理与集约化管理不够的问题，多头管理、管理效率不高的问题，对前方作战团队的支撑保障不够的问题。三级管控体系的界面还需进一步优化，同一地理区域内各单位间在协同共享、形成合力、降低管理成本上还有差距。

2. 从产业集团向投资公司转型的挑战。

按照新一轮国企改革要求及集团整体战略部署，建设国有资本投资公司是方向，集团总部将由管资产、管业务向管资本、管战略转变，二级单位将强化专业化、集约化管理水平，公司治理线将在未来的企业管理中发挥更大的作用。这些定位和职能的转变，对组织转型、机制转换、人才转型以及价值观念转变四个方面的带来了严峻的挑战。

（三）最佳实践

国际领先企业遵循“客户导向、敏捷、透明、协作”四项基本原则，深化如下五个要点，以促进组织变革落地：

1 将员工配置到客户导向、产品导向或者是市场和任务导向的团队中，并让相关领域专家而非“职业经理人”领导团队。

2 授权这些团队根据企业的总体战略或业务计划自主设定团队目标并做决策，改变传统的目标和绩效管理的结构。

3 用信息和操作中心替代原来的组织壁垒，以此来共享整合的信息并确认团队活动和要达成的结果之间的关联。

4 教导并鼓励员工跨团队工作；采用类似美军中的“联络官”制度，“编程马拉松”，和开放式办公区（苹果、克利夫兰医疗中心）等方法来促进合作和轮岗，增进团队之间的相互理解。

5 确保员工能够按需要在团队之间流动，就类似于好莱坞电影团队或全球性咨询公司中专家们的工作方式。然后，要确保员工们在团队项目完成之后能够回到原来的工作岗位。这就将“岗位说明书”的概念改变成了“任务专家”或者“技术专家”。

图 5-4-2　新型组织变革原则

资料来源：德勤．人力资本季刊传统组织向网络组织演进相关项目实践分享，2017.

我们观察与总结很多大型企业与传统企业近年组织转型成功的最佳实践主要集中在以下几个方面。

1. 组织架构。

在重新设置企业的组织架构时，我们首先需要深入的分析企业的战略和运营模式，了解哪些业务足够成熟。这其中管理人员的能力成了其进一步增长的“瓶颈”，或者外部环境的变化需要进一步释放人员的活力成为构建新型组织的聚焦领域。在聚焦领域后，以客户为导向，围绕客户重新构建销售、研发、生产以及职能部门之间职责、权限与信息流，并以此构建新型的组织类型。比较常见的新型组织类型有以下三种：

（1）经营体组织。经营体组织是面向客户的最基本利润中心。在组织转型时需要注意三点：①经营体组织需要有完整的价值链。一些比较常见的错误是设置过多类别的经营体，而造成客户体验不完整，并且经营体之间相互牵制，并增加了内部沟通成本；②不要将企业的战略性或需要长期投入的环节包含在经营体以内，如核心产品的研发、战略大客户的管理等；③经营体最好能有自主拓展的空间，并面向外部客户为主，才能充分发挥经营体的能动性。

（2）赋能组织。赋能组织可以分为三种，第一种是向上服务，负责提供监督能力、协调能力，可作为费用中心；第二种是向下服务，为一线部门提供集中化、规模化的职能服务，提高一线部门的管理效率，可作为成本中心；第三种是横向服务为主，一般存在于区域职能部门中，主要为经营组织提供决策支持服务。特别值得注意的是在多元化集团中，业务部门总部应该从管业务转为管人，其组织的目标应该转变为能有效地支持一线经营部门完成当期绩效目标，这与直接承担经营指标有本质的不同，可作为费用中心进行考核。

（3）机制建设组织。机制建设组织主要指总部进行资源配置和规则制定的部门，如战略规划部、人力资源部、财务管理部等。在设置的过程中需要注意两点：一是在设计这些组织的权限时，需要将其原来的业务决策权逐渐转变为介入权。在保持业务流程的畅通性的同时，保持对于业务决策介入的能力和权力。二是机制建设组织对于下属职能部门负责人的任命需要具备否决权，以加强对于下属经营单位的核心管理能力和监督能力。

2. 信息流。

组织变革浪潮中，企业信息流的梳理变得越来越重要。首先它是员工及相关利益群体参与的基础，信息技术让决策更加透明，降低了管理者之间信任建立的成本；其次，信息流的构建能够提高一线管理人员的经营视角与客户视角，降低经营决策的难度。信息流本身是十分虚拟的，它受到了组织架构、管理人员自身能力、管控流程与管理理念等多方面的影响。但信息流对于新型组织的变革十分重要，影响组织的决策效率。可以按照以下几个步骤来构建新型组织的信息流：

（1）识别信息流。首先我们需要刻画出目前企业信息流的传递情况。组织网络分析法是一个很好的分析方法，可以描述出员工在工作时信息流的传递情况，同时也可以定量的描述组织中的信息孤岛和存在的部门隔阂。基于此，我们可以采取横向会议机制、调整组织架构和岗位职责来进行优化。

（2）筛选信息流。占有了大量的信息未必意味着你拥有正确的信息，也未必意味着都是可消化的、及时的或准确的。其中主要的核心问题为：

· 管理者需要哪些必要信息?

· 管理者传递信息给谁?

· 信息的准确度和及时性要求如何?

（3）优化传递机制。在识别了信息传递的现状和管理者对信息传递的实际需求后，需要对信息传递渠道建立明确的管理制度，同时需要考虑部门工作的方式以及问题的复杂程度，如果必要的话需要设立独立的信息中心或者数据中心收集分析信息，以支持一线管理者的决策。

3. 利益关系。

新型组织中各组织之间的资源的流动性提高，组织之间的协作也更加频繁。因此仅从职责或者服务契约的关系来协同组织之间的关系过于局限，且难以有效的应对组织中新问题的产生。2016 年经济学诺贝尔奖不完全契约理论认为，由于人们的有限理性、信息的不完全性及交易事项的不确定性，使得明晰所有特殊权利的成本过高，不完全契约是必然和经常存在的。同时在新型组织中需要充分发挥员工的自我激励的能力，并引导为组织创造新的价值，但这个难以用传统的责权利进行描述和考核。因此原有的激励机制可能难以匹配新型组织中管理人员的要求，对此也要进行进一步的梳理。在梳理的过程中，应当注意以下几点：

（1）组织利益与个人利益的统一。相比传统组织，新型组织的人员流动性更强，会基于任务而进行变化。但在进行项目考核或者人员考核时，需要考虑员工和所属组织利益的一致性。这样组织在储备资源和调配人员时将会更加具有能动性。

（2）组织利益之间的分配要与实际业务特点相结合。可根据组织之间的价值交易关系的类型分为三种类型：收入分享、利润分享以及单列费用。

（3）组织之间的利益需要考虑短期利益和长期利益之间的平衡。仅基于当期利益进行协调是一种简单有效的方法，但也会引起一线经营者过于短视，而影响组织长期健康的发展。在利益分配时应该考虑组织长期利益，如通过利益机制设计其组织奖金包的来源、加强对于经营者合规性或战略性指标的考核、设计红利银行、保证金机制与溯回机制等都是行之有效的方法。

4. 配套措施。

（1）治理规范化。完善法人治理，明确党组织在法人治理中的法定地位，规范企业董事会、经理层、党组织领导班子议事决策机制。

（2）管理制度化。根据新的管控模式及定位，修订管理制度，调整权力清单，优化业务流程，做到职责无遗漏、任务有承接、工作能落地，重点是明确好“经营体组织—赋能组织—机制建设组织”之间的权责界面。

（3）定岗定编标准化。建立健全各类产业定员标准体系，建立指导性的产业板块一体化、标准化组织体系、岗位库，匹配二级单位、三级单位不同级别层面以及不同业务板块层面岗位设置共性与个性化需求。以定员标准和岗位为抓手推动减员增效，盘活人力资源，牵引人才队伍向新业务、新项目、新市场、新技术转型。

（4）服务共享化。引入“共享理念”，从集团公司、平台公司各个层面，针对适宜集中开展的人力资源、财务、审计、物资采购等共性职能与支持性业务，积极推进公共管理和服务共享中心建设，纵向压缩管理层级，横向归并公共职能，实现资源整合、降本增效、规范管理、提升效能，为集约化管理创造条件，也通过这种方式让更多的岗位集中至中心城市，实现岗位结构优化，为广大员工提供更多的奋斗目标与动力。

（5）运转信息化。充分运用现代信息技术，不断升级完善信息管理平台，打破信息孤岛，打通数据通路，推动数字化转型。不断提高业务运转的规范化、透明度，降低成本、提高效率、防控风险。

网络型组织变革不仅止于组织设计，更重要的是演进过程中的实践。组织在向网络组织演进的过程中，从企业的发展战略到执行、监控体系；从企业文化、价值观到流程、制度以及信息系统；从人才招募、选拔到激励和保留等方方面面都需要规划与调整。

（四）参考对标体系

主要方面		对标要点
管控模式	功能定位	· 组织体系中各元素在整个体系中的作用
	责权划分	· 组织体系的授权机制以及责权利的对等性
管理结构	总体结构	· 组织形式应系统、明确
	管理幅度	· 各高管或部门直接领导的部门或人员数额应该适当
	管理层级	· 组织内部管理层级应尽量扁平化，以提高运营效率
组织功能	功能匹配度	· 组织功能在价值链上的完整性以及与业务的契合性
	功能职责	· 各功能的职责应尽可能地清晰明确
	功能整合性	· 功能相似或相关的部门应最大限度地进行整合，以其得到协同增效
部门职能	部门职责	· 各部门职责应完整覆盖其相应职能
	部门规模	· 部门规模应与其职能相匹配且各部门规模应大体平衡
	部门建设	· 部门内部岗位设置应明确、高效且部门基础体系应当健全
协作机制	部门协同性	· 各部门应尽量做到协同增效
	部门间的沟通协作	· 部门间沟通协调的顺畅程度
	跨部门非正式组织	· 跨部门工作的组织、协调和管理能力

成功案例　美国国防部

领先企业将会为员工提供打造职业生涯的动态发展机会。在这个新的世界里，虽然越来越多灵活的企业都将拥有某些优势，但成功的大型企业更将通过建立强大的生态系统和伙伴关系来扩张劳动力与提升能力，从而跟上时代的步伐。

未来组织的一项关键能力就是迅速组成团队。这就需要组织清楚每个员工的技能。美国国防部（DOD）作为一个庞大的组织，已经掌握了这种能力。

美国国防部（DOD）有七百多万现役军人、警卫和预备役人员，其中包括服从回调的退役军人/预备役人员——尽管规模庞大，但它针对任何企业都遇到的人力问题，已经创造性地提出了最完备最详细的见解。国防部（DOD）对每个士兵的领导力、经验和技能进行评级，根据经验水平进行专业分类，并围绕国防部和非国防部技能编制完整的服役记录，其中包括学历和证书。以此为基础，美国国防部（DOD）以下面5个核心策略为支撑，为其七百万人员做出灵活、针对性的部署——实质上是组成团队或团队网络。过去10年中，美国国防部（DOD）不断提高部署能力，目前可以相对轻松地在全球各地部署单个人员或特别选定的小组。

1. 拥抱变革速度：仔细思考较慢的传统运营模式在数字化浪潮中的加速方式。理解策略、联结性、客户和人才库作为数字化转型的一部分正在做怎样的改变。

2. 将人才流动性作为核心价值观：要求高管们进行轮岗来理解这种新型且更加灵活的职业模式。建立流程支持团队流动性，确保团队成员在项目完成后可快速回到原本的工作岗位或奔赴另一个团队。

3. 建立组织绩效团队：安排团队访问、分析和学习业绩优秀的团队、项目和制度体系的运作方式。通过检查企业的岗位头衔、奖励机制和职涯通道，该团队可引领业务单元规划更加灵活、自下而上的发展道路。

4. 使用新型沟通工具：考虑诸如Workplace、Slack、Basecamp、Asana、Trello、Workboard和其他技术，然后将其标准化并投入使用，作为企业核心ERP/HRMS的补充。

5. 采取持续的、基于反馈的绩效管理模式：定期反馈可使员工不断地重设目标、完善项目，并对“所作之事”而非“所任之职”感到自身价值。员工问卷调研工具可以使管理层获得对自身业绩的即时信息，增加透明度。

美国国防部（DOD）的例子为企业如何打造敏捷型组织提供了明确的借鉴。组织应该创造了解和衡量整个企业所有技能的基本架构。但是，大部分组织并未在通用架构上进行投入；而没有这样的架构是不可能清晰地了解企业能力的。但仅有架构又是不够的。只有数据流通并可轻易获取，体系才会运作。

表 5-4-1　未来的组织：旧规则 VS 新规则

旧规则	新规则
关注工作效率和效能	关注学习、创新和客户影响力
基于职能部门的结构，包括职能领导者和全球化职能团队	基于工作和项目的结构，团队聚焦产品、客户和服务
晋升方式为向上多层级的提拔	晋升方式为评测多种任务、多样化的经历和多职能领域的领导任务指派
人才通过晋升“成为领导”	人才通过“创建追随者团队”来增加影响力和权威
命令式领导	协作式领导
畏惧失败，在意他人看法主导的文化	安全、丰富、冒险和创新扮演重要角色的文化
基于规则	基于方案
角色和岗位头衔明确确定	团队和职责明确确定，角色和岗位头衔定期变化
基于流程	基于项目

资料来源：德勤 . 2017 全球人力资本趋势报告，2017. ①

二、财务管理

在全球经济一体化过程中，为了应对更加复杂、多变的外部环境和市场竞争，企业必须具备一流的谋划、管理和应对能力，能够站在全球市场环境视角下组织运营和管理。司库管理是对企业资金运动和价值形态的管理，贯穿并渗透于整个经济活动，而企业的生产经营活动成果是最终通过财务成果得以反映，以司库管理为核心逐渐成为共识。因此，强化财务职能在建设具有全球竞争力的世界一流企业的过程中发挥着不可或缺的作用。

而在司库管理领域，其管理内容、功能及影响力在显著变化及升级，逐渐成为企业一体化管理的重要部分。在国际化司库管理中，企业应从现金管理和资本管理两方面入手。现金管理强调对企业存量业务的支撑，资本管理强调对企业增量业务的拓展。现金管理象限下，以全面预算管理引领与战略的衔接以支撑财务决策，并通过资金计划明确资金分配帮助企业

① 德勤 . 2017 全球人力资本趋势报告，2017.

优化流动性管理以降低资金风险。资本管理象限下，投资全生命周期管理是支撑企业增量拓展的重要途径。为了实现相关职能的落地，企业需从组织与人才、制度与流程、系统与工具等三方面来进行财务职能的提升与转型。

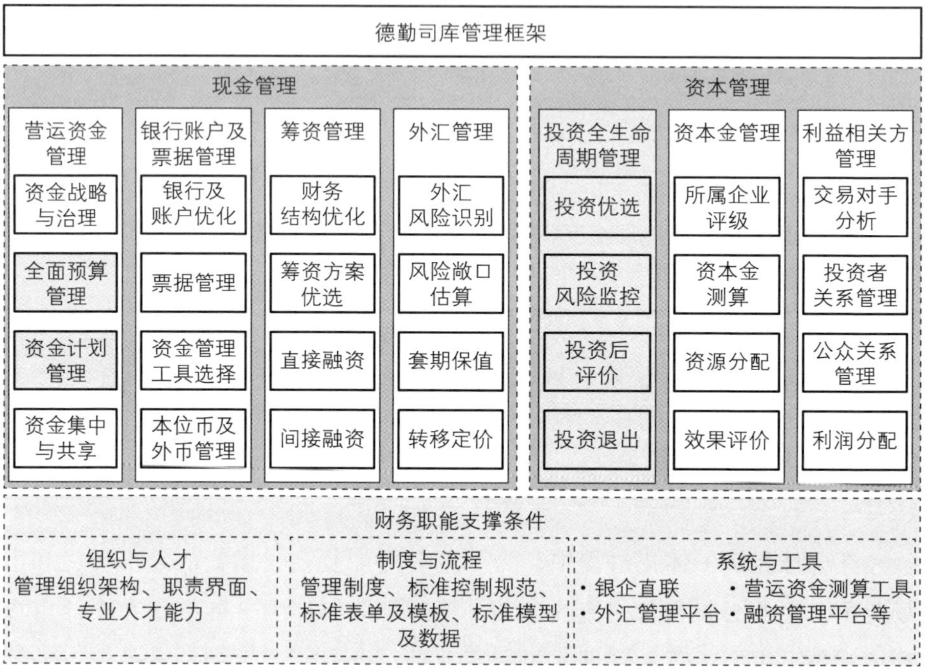

图 5-4-3 德勤司库管理框架

（一）一流特征

1. 推动公司全面预算管理以实现与战略的衔接。

全面预算管理能够帮助企业实施战略目标制定、加强内部管控，优化资源分配。近年来管理会计在我国发展迅速，企业也越加重视全面预算管理。**而世界一流企业，大多包括以下特征：**

（1）明确的管理定位和管控方式。结合公司战略定位，明确预算管理的方向和重点，以不断改进企业管控在发挥战略落地作用中的问题。

（2）科学规划预算管理流程。通过承接公司战略规划，从预算目标出发确定下达到考核评价的预算管理体系，整体形成一个闭环，发挥支撑战略落地中的作用。

（3）清晰的预算管理组织：将预算管理事项从组织层面进行规范化和机制化，进一步确定各层级及管理部门的功能定位和权责划分，以配合预算工作的进一步实施。

2. 提升资金计划管理以支持国际化拓展。

随着近年来融资环境的变化和一带一路倡议的推进开展，企业开始着眼于加强内部资金计划管理，逐步从辅助企业调配资金资源，变为司库管理者主动地参与到对资金的管理中来，实现从“资金管控型”向“价值创造型”的转变。领先的资金计划管理特征包括：

（1）清晰明确的资金计划管理策略。通过制定与企业战略发展相适应的资金管控策略，紧密衔接战略规划，并与业务流程有机结合。

（2）高效灵活的资金计划管理组织体系。高支撑力度的财务组织体系是实现资金集中管控的基础，通过与业务部门紧密合作，健全组织职能，有效统筹与激励财务人才。

（3）科学、系统化的资金计划管理工具。合理选择资金管理工具，有效指导工作的开展，并通过分析、监控等，及时了解资金计划管理现状，辅助进行决策。

3. 三大支撑条件助力职能提升及财务转型。

企业财务职能提升与财务转型，要求从单一财务主体的分布式管理模式发展到以集团公司为主题的集约化管理和控制模式，并重新系统定位财务工作，为公司战略目标的实现提供强大助力。总结一流企业特征如下：

（1）清晰完整的财务组织体系和专业化财务人员。财务组织设置和财务人员管理是财务管理工作的基础，高效的财务组织和人员是搭建财务管理体系、夯实财务管理工作的有效保障。

（2）完整统一的政策与流程。在检查、修订与更新方面上，保证政策具有可操作性，且拥有机制保障确保政策与流程的有效执行。同时应建立财务管理范畴内的制度流程体系，并设立有效机制保障帮助在全集团范围内执行这些制度。

（3）高度集成的系统和工具。系统的日常维护与故障解决及在信息与数据管理方面的功能可实现灵活扩展，且可实现与信息技术部门的协同，为系统与工具的发展提供稳定安全的支持条件。

（二）国企现状

当前我国国企的综合竞争实力显著提升，在投资监管、业务发展、资金计划、资金风险管理和财务职能与转型等方面加大了力度，得到了一定的改进，但在具体业务展开过程中，仍存在发展路径、制度建立与管理、风险防范等方面的重要难题。因此我们从全面预算管理、资金计划管理、投资全生命周期管理和职能提升与财务转型四方面出发，重点分析当前我国大型企业发展现状与挑战。

1. 全面预算管理。

（1）组织模式。大部分大型企业采用“自下而上，自上而下，上下结合、逐级汇总”的组织模式，缺乏统一决策部门，各个部门对于自己在预算体系中的定位不清晰。

（2）全面预算管理流程。我国大型企业大多采用最基本的编制体系，预算管理工作重编制，轻实施。预算执行基本上还是停留在对财务指标的监控上，缺少动态的分析和调整机制。考评指针的科学性与系统性不强，在执行考核的过程中面临考核制度和流程不够严谨，同时由于预算指针在编制初期没能得到广泛认同，使得在实际考核过程中难以按照既定的步骤进行，仅仅局限于形式，而理想的考核效果也很难达到。

（3）全面预算管理工具和制度。目前，大部分企业预算管理依靠手工完成，信息化程度较低，缺乏系统对流程和窗体进行固化，导致出现预算编制效率低，执行过程中缺乏监控，调整过程复杂，考核缺乏数据支撑等问题。

2. 资金计划管理。

（1）中国国有企业的资金计划管理普遍处于起步阶段。银行账户管理力度不足。随着企业财务公司的普及，越来越多的集团企业选择借助财务公司的金融属性，加强对分、子公司的银行账户管理，为资金集中进行铺垫。但是集团公司下的各分子公司因区域、融资环境、行业、管理思路等不同，倾向于在所在区域的当地银行开立银行账户，这增加了集团公司资金集中的难度。

资金计划管理的有效性需要加强。虽然越来越多的企业重视资金计划的管理，但是对于资金计划的颗粒度、资金计划的编制和执行、资金计划管理的系统支持力度等方面的管理要求还需要进一步的明确和清晰。

资金管理缺乏统筹性。虽然国企一直致力于提升资金集中度，加强资金管控力度，但是缺乏有效的工具和手段推动资金集中的实现，这也是造成企业“双高”（高存款、高贷款）的原因，造成了企业资金资源的浪费，甚至对利润造成影响。

（2）挑战。资金集中管理作为司库管理的大趋势，在为整合企业资源拓展了更为宽泛的道路的同时，也给企业的资金管理带来了新的挑战和要求。依据德勤 2017 年企业司库管理调研，资金管理人员面临的持续性挑战主要是外汇波动，对集团现金、业务和风险敞口的透明度，在受限市场的操作。75%的受访者认为他们的公司有至少 3 个问题。

司库管理转型过程中，越来越多的企业也开始关注资金计划管理对于企业投融资部门、财务公司和资金管理部之间的职责接口等问题，这也是在司库管理转型中，企业管理者应重新梳理和定位的。

3. 财务职能支撑条件。

财务组织管理待优化，人才流失严重：国企的员工由于财务人才管理不完善，没有建立明确的财务人员激励机制，没有人力资源发展规划，绩效考核基本流于形式，导致国企的人才流失率较严重。优秀的财务人员不能充分发挥自己的价值，同时上升空间有限，职业发展通道受限，导致优秀财务人才外流，给企业的绩效提升造成了很大的损失。

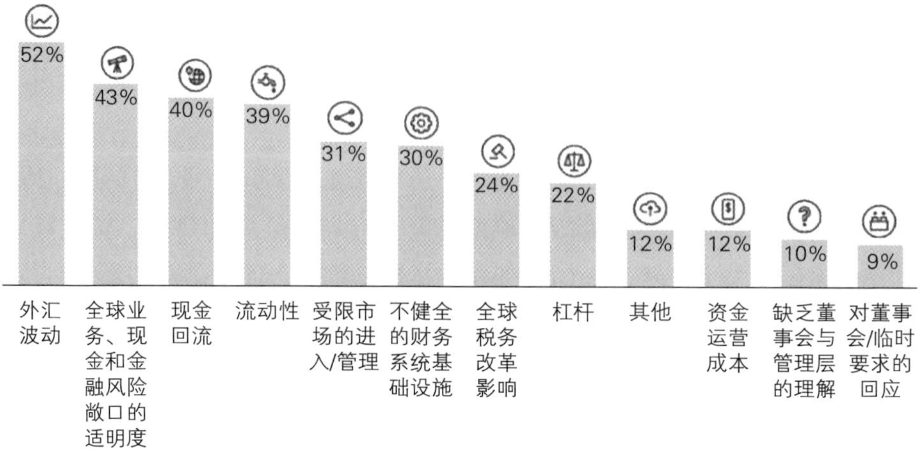

图 5-4-4　德勤 2018 年企业司库管理调研

资料来源：德勤．财资管理组织面临的挑战，2017. ①

财务管理流程和制度标准化体系建设落后：一方面，大型国企财务政策缺乏灵活性，根据环境动态变化调整难度大。当市场环境发生变化时，从环境变化到政策调整，由于经过的环节过多耗费的时间较长，常常造成政策滞后，影响企业的运行。另一方面，国企的标准化制度体系的建立有待完善，很多企业的制度以及管理规范尚未形成制度体系，管理制度的完整性、合理性及有效性等都有待确定。

信息系统建设以偏概全，执行力缺乏：国企信息技术建设存在信息不集中、滞后、重复等问题。许多大型企业集团在机构设置和业务流程方面较为复杂，企业各管理部门存在未能及时提供相关信息的情况，人为制造信息“孤岛”。由于信息化水平较低，很多大型国企公司经营的业务范围广，子公司遍布世界各地，对财务、业务信息的汇总核算、分析等工作，无法在短时间内形成有效数据提供给领导层。尽管网络信息化技术成熟，但有些企业从安全角度考虑，组建自己的局域网而无法实现财务及其他业务信息的实时临近、远程查询，导致公司在决策时得不到及时的信息支持。

① 德勤．财资管理组织面临的挑战，2017.

（三）最佳实践

1. 全面预算管理。

（1）财务规划承接公司业务战略。财务规划着眼点于未来，是对企业财务活动做出的整体性决策，同时也是引领价值创造的风向标。企业形成业务战略后，需要明确的财务规划与执行进行支撑，帮助业务战略在全公司层面推广。财务规划包括规划环境分析、规划制定和规划执行与回顾等三个主要步骤。

1）规划环境分析。从分析全面性和有效性两个角度，对规划环境进行分析。财务应能够提供全面的内、外部（财务）环境分析，并揭示这些因素和企业价值目标之间的联系。

2）规划制订。规划制订过程严谨，财务参与规划目标确定的全过程，负责提供权威的价值评估规则，同时分析企业规划目标和规划举措对于未来财务职能的要求，建立了财务部门发展规划，对未来 3~5 年财务职能的发展方向和提升举措进行说明。

3）规划执行与回顾。企业建立明确的规划环境监控制度和流程，规范规划环境回顾过程中财务部门的职责和回顾频次；同时建立标准的规划环境回顾模板并明确了规划环境变化的重要性水平，从而说明判断是否需要引发规划的调整。财务部门需要参与规划调整的全过程，规划需要改变时，应同战略管理部门、业务部门一同商讨规划目标的调整方案。

（2）承接财务规划，建设全面预算管理体系。

1）预算目标确定及下达。预算目标的确定是与财务规划和公司战略衔接、将自上而下下达和自下而上编制充分结合且动态调整的过程。预算目标逐级分解至各级企业和各部门，并继续分解至能够独立承担预算控制和考核责任的最小业务单元，向下分解的明细满足财务控制及各责任单位自行控制的要求。

2）预算编制。企业预算包含完整的经营预算、投资预算和融资预算，并按完整的业务和财务逻辑自动形成预计损益表和预计资产负债表。各相关预算内容之间的逻辑是完整、严密的，与业务逻辑完全匹配，并与资金预算紧密衔接。

3）预算执行与监控。明确定义预算内事项、预算外事项和超预算事项的控制流程，在审批次数、层级等方面进行差异化规定，体现严肃性与灵活性结合的原则。实行总额及预算事项双重控制的方式，并针对重大事项和重大金额区分不同的审批权限层级等。

4）预算分析与调整。根据不同预算事项的管理要求，分别确定定期和非定期的预算分析频率，实现多维度预核算数据的自动提取，分析报表完全自动生成。预算调整包括自上而下和自下而上的调整，两类调整的流程是明确规定的。

5）预算考核与评价。采用分级考核的方式，对各级预算责任主体进行预算考核。考核指标包括定性和定量的结合，且根据管理需求进行调整。考核指针资料口径和来源是明确、恰当的。预算考核结果作为重要组成部分纳入部门和员工的绩效考核，且纳入方式和权重是清晰透明的。

2. 资金计划管理。

通过资金计划管理，帮助“世界一流”企业增强企业自身造血能力、盘活企业资金，逐步把提升资金运作能力作为企业重要能力的一部分着力进行培养。以资金计划为主线，通过资金计划模型的编制和使用及时、准确地掌握和了解企业资金情况。

（1）资金计划编制：通过收集、分析与复核原始资料，据此编制长期资金预测及月度资金计划，明细到重要项目的现金流入与流出，使后续的资金计划分析有所依据。通过资金计划编制，加强对资金管理的效率效果，提高资金计划的准确性和可执行力。

（2）资金计划分析：基于完整的资金计划分析指标体系进行资金分析，并形成分析报告，从内容、机制、频率和主体等方面进一步明确，且该与财务预警、分析、绩效考核进行了整合。

（3）资金计划调整：在发生调整事项时，综合考虑企业整体资金平衡后，通过定性和定量分析结合，对流程和依据区分和明确后，再制定资金计划调整方案。

（4）资金计划考核：通过设定不同编制周期的考核指针，对实施的资金计划准确性进行考核。并针对考核过程和结果与部门和员工进行正式沟通，帮助部门和员工提高资金管理理念、明确提升管理效率和效果的方式。

3. 财务职能支撑条件。

（1）企业财务组织体系建设。在财务组织体系建设方面，财务组织定位准确、职能完整、职责清晰，财务组织架构灵活高效，能够与业务部门紧密合作，拥有良好的组织绩效提升机制。优秀的财务组织需要健全财务组织职能，建立与业务发展匹配的、高效灵活的财务组织结构，综合采用低成本、高效率的服务模式与业务部门建立的紧密合作，不断提高组织绩效水平。

在人才建设方面，通过改进和加强会计人才队伍建设，分析、预测、建立中长期财务人才规划，提出前瞻性、实操性及指导性的人才管理机制，最终为业务发展战略提供支撑。同时，财务高端人才培养是财会人才队伍建设的核心，要建立财务高端人才的锻炼、培养和选拔机制。在人才培养方面，明确划分管理序列和专家序列，并建立完善的任职要求、培养计划、考核简称管理机制。明确财务人员发展路径，从而有效推动财务人员的自我提升和绩效改善。

以人才建设为基础，搭建以价值创造为核心的高效财务组织，组织、岗位、能力与人员是建立高效财务组织不可或缺的四个部分。

（2）制度与流程体系建设。企业制度的制定通常要从结构层次、内容两个维度进行梳理。一是企业应规范制度框架结果，制定具有指导性、可操作性的特征，确保管理死循环、完整。二是企业应明确制度层级，以基本规整政策为基准，制定相关管理办法作为管理原则及范围。细化管理办法，制定操作规程与实施细则。

领先的财务制度体系应具备如下特征：财务制度和流程内容体系完整、标准；现存财务制度内容范围完整；对于财务制度的制定与审核有统一的管理流程；所有财务制度和管理流程的文件在遵循公司保密权限的基础上均可通过在线工具或工作流管理平台发布；在企业内部对所有的财务制度档管理；政策和流程连贯地整合在总部和所属单位日常经营；财务流程中的所有主要的控制措施已经整合在系统流程中，完全由 IT 系统支持；在整个企业范围内推行整合的财务、业务流程；财务流程能够有效并高效的支持所有业务需求。

（3）财务系统规划。企业要想实现职能提升与财务转型，在完善财务组织体系和财务制度体系基础上，更为重要的是要拥有一套功能健全的财务系统体系，来解决日常系统功能维护与故障解决。在这一功能实现上，需要与信息技术部门协同配合，来为系统与工具的发展提供稳定安全的支持条件。良好的系统与工具支持需要明确财务管理信息化需求，健全财务系统功能，提高财务系统的集成性与扩展性，配合信息技术部门开展财务系统的日常维护与备份。

（四）参考对标体系

对标框架从全面预算管理、资金计划管理和财务职能提升及财务转型三个方面出发，应用卓越管理企业的评价模型，进一步划分各个方面需高度关注的部分，提出更高的要求。

<table>
<tr><th colspan="2">主要方面</th><th>对标要点</th></tr>
<tr><td rowspan="2">全面预算管理</td><td>财务规划与执行</td><td>· 规划环境分析
· 规划制订
· 规划执行与回顾</td></tr>
<tr><td>业绩和决策</td><td>· 预算目标确定及下达
· 预算编制
· 预算执行和监控
· 预算分析
· 预算调整
· 预算考核
· 支持条件</td></tr>
<tr><td rowspan="2">资金计划管理</td><td>资金管控</td><td>· 资金管控策略
· 资本结构并持续优化
· 资金集中管理
· 合理的分析监控体系
· 高支撑力度的资金管理财务组织、人才与员工管理及系统</td></tr>
<tr><td>资金计划</td><td>· 资金计划编制
· 建立相应的指标体系
· 具有资金计划的调整机制
· 建立相应的资金计划考评制度</td></tr>
</table>

续表

主要方面		对标要点
财务职能提升及财务转型	财务组织和财务人员	· 财务人才和人员发展战略 · 财务组织定位 · 财务组织职能 · 组织绩效
	制度与流程	· 制度制定 · 修订和更新 · 制度废止
	系统和工具	· 财务系统规划与实施 · 系统与信息工具应用 · 信息与数据管理

成功案例 eBay

如今，司库功能已经超越了传统的现金头寸管理职能，逐渐成为企业一体化管理的重要部分，承担起更为复杂的现金流预测、利率汇率风险管理、财务成本管理、现金水平优化、盈余现金的投资管理以及对应收应付款的管理和资产负债表风险管理等职能。企业司库在集中资金的同时还集中了风险，严格的风险管理可帮助管理层及时识别企业在生产经营中存在的不确定性，分析不利事件可能造成的影响，并针对这些事件，权衡利弊得失，采取必要的应对措施。因此，企业司库职能正逐渐脱离会计部门，成为独立的专业管理机构，演变为企业成功的战略合作伙伴与战略顾问。它与业务部门的联系更加紧密，并为支持企业的发展战略而服务。

领先实践

eBay 公司，一个管理可让全球民众上网买卖物品的在线拍卖及购物网站，也是开启“商务电子化”时代的全球最大的电子商务公司。其以其先进的司库管理和风险管理方法，帮助企业健康成长，成了这一领域的标杆企业。

在建设国际司库中心以前，eBay 公司的资金管理主要面临如下挑战：

· 在现金管理及投资方面，eBay 在全球共有 18 个现金池，并且在缺乏多币种集中方案。而在投资方面，eBay 则以多币种的多头投资为主。

· 在外汇方面，eBay 集团共有 22 个参与外汇对冲和套期保值业务的实体，存在较大的外汇敞口，同时所有货币都与美元对冲。

· 在融资方面，eBay 并没有进行统一集中管理，整个集团内部有 18 个贷款机构和 30 个融资机构，有超过 20 亿美元的账面富余资金，且 80% 的融资货币都为美元。

· 在成员企业内部交易结算方面，eBay 的管理分散，有超过 130 家机构按月参与结算，且结算币不统一。

· 在支付方面，eBay 缺乏集中管理，各公司使用当地货币账户，对企业实体进行支付。

为节约管理费用、优化流程和服务、提高操作灵活性并加强合规管理，eBay 公司根据相关国家法律及税收情况、科技信息化水平、地域特点、人才情况等要素，选择美国、巴西、卢森堡和新加坡，分别设立了 4 个国际司库中心（ITC）。其中，美国司库同时也作为公司司库总部管理另外 3 个司库中心。新建立的国际司库中心集中了现金管理、投资、成员单位融资、外汇管理以及支付工厂等职能，负责企业账户及银行客户端管理、集团兼并重组和新法人机构管理以及现金管理创新等。

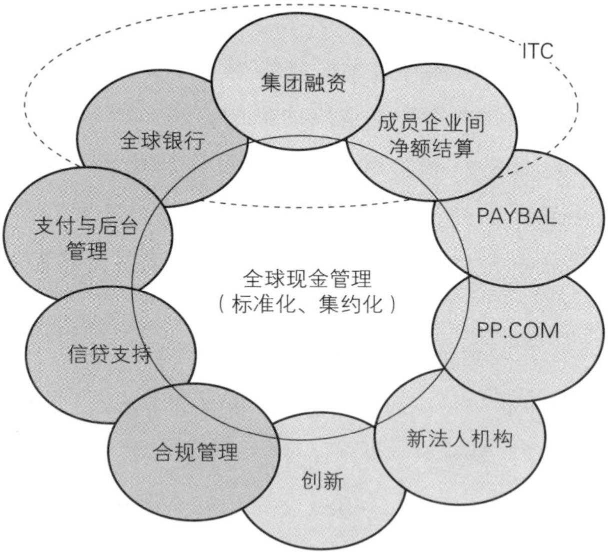

图 5-4-5　eBay 国际司库板块功能

（注：蓝色部分为 eBay 公司国际司库中心的对内功能板块，绿色的为对外功能板块）

资料来源：德勤分析。

其中，对内的全球银行、对外的集团融资和内部净额轧差结算等三个功能板块是构成 eBay 国际司库中心的核心部门。这些部门负责管理超过 800 个银行账户、约 60 家合作银行（其中 20 家为核心银行）、超过 140 亿美元的公司现金头寸，以及短期投资、结构性融资、超过 50%的国际收入、股权投资增资和分红政策，同时还要对集团内部 130 多个实体、超过 10 万张发票的进行净额结算，对于 eBay 新投资的国际实体和 PayPal 的年度结算，也纳入了这一内部集中结算系统中。

eBay 通过集中化的国际司库中心平台，解决了诸多难题。例如：

· eBay 目前已经实现了多币种的名义现金池集中（集中了 90 亿美元现金），并实现单一货币——美元的投资，将短期投资收益成功提高了约 0.7%。

· 在集团融资方面，把融资功能全部集中到国际司库中心，使其履行内部银行功能，作为唯一的借贷中心，集团司库对每个成员企业都设立了融资上限，并将已有贷款转移至 ITC 的池子里，减少了 50%的贷款总量，提高了战略单元的现金可见度和可控性。

· 在外汇方面，eBay 将外汇账户集中到 15 个账户中，并由国际司库中心设立外汇池，统一进行外汇风险管理和净轧差对冲，由此减少每年近 100 万美元的对冲成本，也使公司资产负债表的外汇风险敞口控制在 5 亿美元内。

· 在内部结算支付方面，eBay 利用 ITC 成功集中收支并统一管理外汇敞口，将成员企业层面的多币种支付结算变为单一币种对 ITC 结算，由 ITC 统一对外多币种结算，从而使支付结算变得简洁、有序，不仅提升了资金账户的透明度，还加强了集团对收支的控制力。

经验与启示

我国企业可以依据自身业务量，因地制宜地建立司库中心，通过统筹现金流预测、利率汇率风险管理、财务成本管理、现金水平优化、盈余现金的投资管理以及对应收应付款的管理和资产负债表风险管理等职能，集中管理资金与风险，成功提高投资收益、降低融资成本、加强集团对收支的控制力。

三、风险管理与合规

（一）一流特征

在过去25~30年的全球经济和商业环境中，我们似乎每3~4年就要经历“一生一遇”的危机。这些事件的发生频率显示它们既不是罕见的也不是孤立的，而是复杂的、互相联系的，甚至是系统性的事件共同作用的产物。为了更好地保护企业价值，领导层需要做好危机预警准备，并确保企业和员工为危机事件带来的挑战做好准备①。

表5-4-2 “一生一遇”的危机（1982—2008年）

中南美国家债务违约1982年	俄罗斯主权债务违约1998年
美国储蓄与贷款危机1985年	长期资本管理基金事件1998年
“挑战者号”航天飞机坠毁1986年	巴西危机1998—1999年
美股十月暴跌1987年	网络股泡沫破灭2000年
美国高收益债券市场崩溃及德需克赛尔-伯恩汉姆公司倒闭1990年	“9·11”事件和支付系统“千年虫”干扰2001年
所罗门兄弟公司事件1991—1992年	安然/安达信事件2001年
英镑危机1992年	阿根廷危机2002年
美特吉赛尔谢夫特公司事件1993年	德国银行危机2002年
美国债券市场崩溃1994年	“哥伦比亚号”航天飞机失事2003年
加州奥伦治县政府破产1994年	“卡特里娜”飓风2005年
墨西哥货币危机1995年	石棉致癌危机2006年
大和银行危机1995年	次贷危机2007年
巴林银行魔鬼交易员事件1995年	信贷泡沫破灭2007年
住友危机1996年	地产泡沫破灭2007年
东南亚金融危机1997年	伯纳德·麦道夫投资款诈案2008年
	“大衰退”2008—2009年

资料来源：德勤．风险智能，2015.

在之前的房产泡沫、次贷危机和信贷危机中传统风险管理遭遇惨败，并对企业界造成了恶劣的影响。传统风险管理将风险从大多数战略决策中分割出来，从而形成一种孤立的观点。它主要关注可能的财务损失而忽略了对品牌和声誉的风险。这导致不少管理团队在公关危机中做出了错误的

① 德勤，《风险智能》，2015年。

决策。传统风险管理因而更片面化、专业化，在组织架构中被孤立，缺少与企业及战略、执行和运营的整合。

非传统的、风险智能的方法认为影响事件的因素会发生变化，不是所有的变量都是可控的。企业所需应对的事件可能是温和随机的，也可能是狂野随机的。极端事件比我们想象的更为常见，所以也该得到足够的重视。风险智能使得一个整合框架中的各个层面都具有风险意识，从而实现决策优化和竞争目标。

风险智能型企业会意识到风险智能和风险管理不是终极目的，而是实现价值创造和保护，在不确定性环境中生存和壮大的一种手段。**风险智能型企业具有以下意识：**

1. 理解对价值和风险的讨论是企业管理不可或缺的部分。

2. 理解风险管理必须被植入保护现有资产和创造未来价值的方法核心。

3. 预计动荡状态（和极端情形）是不可避免的，因此强调时刻准备和预防。

4. 对整个企业面临的机会和风险保持清醒，这些机会和风险来自行业、战略、合规、竞争、金融、安全、财务、运营、环境、国家和政治。

5. 承认业务智慧必须有专业性，也承认风险管理和控制有必要协调同步和保持理性。

6. 考虑不同风险的相互作用，而非专注于单一风险。考虑多个威胁的协同作用可能产生的后果。

7. 建立关于价值和风险的通用语言和指针，以及人们在每个关键决策和活动中考虑价值和风险的文化。

8. 鼓励为了追求回报和价值而承担风险，而非害怕失败而彻底回避风险。

（二）国企现状

为指导中央企业推进企业风险管理，国资委于 2006 年发布了《中央企业全面风险管理指引》，主要内容包括风险管理初始信息、风险评估、风险管理策略、风险管理解决方案、风险管理的监督与改进、风险管理组织体系、风险管理信息系统、风险管理文化 8 个方面。近年来，国有企业按照风险管理指引，不断提升自身风险管理能力，培育了较强的风险管理意识，建立了健全的风险管理制度与体系，并加强了“三重一大”事项的风险管理时至今日，国有企业在以上 8 个风险管理方面已有所成效。为引导国有企业应对“新常态”下国际国内发展新形势不断提高风险防控能力，国资委于 2016 年发布了《关于 2017 年中央企业开展全面风险管理工作有关事项的通知》，主要内容包括强化决策风险意识、提升重大事项风险管理能力、加强风险监控预警、健全风险管理评价与考核机制。

风险管理的目标是为了企业自身更好的发展。国资委主任肖亚庆在 2018 年中央企业、地方国资委负责人会议上提出，防范化解重大风险是国有企业实现高质量发展的前提和基础，国有企业需进一步强化重点领域防控，切实筑牢不发生重大风险的底线。2018 年，国有企业将严控债务、金融、国际化经营、法律、安全环保五大风险①。

1. 债务风险。

国企“去杠杆”，防范化解重大风险被列为其首要任务。截至 2018 年 6 月底，中央企业资产负债率为 66%，较年初下降 0.3 个百分点，是 2012 年以来同期最低水平。根据中央企业降杠杆、减负债、控风险的指导意见，2020 年前中央企业的平均资产负债率要再下降 2 个百分点。国务院国资委党委书记郝鹏在会议上强调，债务风险是央企防范化解重大风险的重中之重，需要切实将企业负债率控制在安全合理范围。

2. 金融风险。

在严控债务风险的同时，国有企业需要加强金融业务风险管控，坚决守住不发生系统性风险的底线。近十年来，不少大型国企看到金融行业发展空间巨大，纷纷投入巨资设立或筹建金融控股公司，布局金融业务，有些甚至迅猛发展为主要业务。一方面，发展金融业务是助推国企主业发展的需要，另一方面，部分国企“热衷”金融业务也引发了“脱实向虚”、导致金融风险的担忧。

2018 年初的中央企业、地方国资委负责人会议就明确要求，中央企业

---

① 经济参考报．下半年国企“防风险”五路并进，2018.

金融业务必须紧紧围绕实业、服务主业有序开展，严防脱实向虚倾向，严禁脱离主业单纯做大金融业务。全面加强委托贷款、内保外贷、融资租赁等高风险业务管控，严禁融资性贸易和“空转”贸易。研究建立中央企业金融业务风险监控报告体系，开展风险自查专项活动，不断提高风险防控能力。

3. 国际化经营风险。

近两年国有企业在国际化经营方面，特别是积极参与“一带一路”建设方面，力度在进一步加大，国际化经营水平也在不断提高。到目前为止，有 80 多家中央企业在“一带一路”沿线国家承担了 3116 个投资项目和工程，有力促进了当地经济社会发展。而瞬息万变的国际形势使国有企业在风险管理中面临挑战重重。放眼国际，美国宣布退出《巴黎协议》，为经济全球化下的环境可持续发展埋下隐患。英国宣布脱欧，掀起了逆向全球化的序幕。世界政治经济形势的复杂多变，给国有企业开展国际化经营带来许多困难和挑战，国有企业不断加快的国际投资使自身的风险管理难度增加。

此外，国企防范化解重大风险还包括严控法律风险，确保企业依法合规经营，持续完善法律风险防范机制，将法律审核嵌入管理流程，确保规章制度、重要决策、经济合同法律审核全覆盖。同时，应严控安全环保风险，坚决防止重大安全事故和环保事件发生。

（三）最佳实践

自 20 世纪初理论界提出企业风险管理的概念以来，全球各大组织发布了一系列的内控和风险管理相关的理论框架，丰富了风险管理的内涵和外延。COSO 于 2017 年 9 月发布的更新版《企业风险管理框架》[①]，与 2004 年 COSO《企业风险管理框架》相比，新版《框架》强调风险驱动绩效，并在以下几个方面发生变化。

---

① COSO. 企业风险管理框架，2017.

表 5-4-3 COSO《企业风险管理框架》更新内容

序号	主要方面	具体内容
1	重新定义了风险及风险管理	新的企业风险管理的定义将企业风险管理的本质从“管控过程”转变为“文化、能力和实践”，而不只是过程。风险管理的目标由“为实现主体目标提供保证”转变为企业价值的创造、保护和实现，更加强调了风险与价值的相结合，突出价值创造而不只是防止损失，也避免了和内部控制定义的界限不清
2	加强风险管理与战略的协同作用	新版《框架》将企业风险管理融入战略及目标设定的过程中。新版框架定义了风险管理工作的高度，包括：战略和业务目标与使命、愿景和价值观不匹配的可能性；选定的战略所隐含的意义；执行战略过程中的风险
3	加强风险管理与绩效的联系	将之前的五要素之一“执行中遇到的风险”更改为“绩效”，并新提出了“风险绩效曲线”，建立了风险与绩效的关联关系。新版《框架》指出，企业的整体风险是与绩效相关的，绩效的升高将会导致风险的增大。风险绩效曲线是新版框架的创新，它将风险、风险偏好、绩效、目标绩效、绩效偏差等概念的关系用图形的方式展现出来
4	强调信息技术在风险管理中的应用	新版《框架》中，对旧版中五要素及 23 项基本原则进行调整。将“监控风险管理效果”变更为“信息、沟通和报告”，并在原则中强调了风险信息沟通需要充分利用信息和技术
5	二道防线的改变	二道防线的提法上 COSO 也做出了更新。二道防线的组成由风险管理职能部门和风险管理委员会扩大至所有支持部门，包括：法务、合规、财务、人力、质量、安全等所有可以协助一线业务部门进行风险管控的支持部门

资料来源：COSO《企业风险管理框架》，2017。

2017 年，COSO《企业风险管理框架》将风险管理要素和原则贯穿并融入企业战略、绩效和价值提升中，从企业治理和管理的角度将风险管理内容嵌入，为风险管理工作真正融入公司治理与管理打下了基础。

世界一流企业明白风险是竞争优势的来源，通过更有效地管理风险，这些企业将可以发挥其全部潜力，为各利益相关者创造并保护其价值，实现风险管理驱动企业绩效。这种智能型的风险管理方法同时关注纯粹风险与机会风险。总的来说，纯粹风险使企业暴露于损失和惩罚中，只有负面影响；而机会风险代表着收益的机会，但也可能伴随着负面影响，机会风险总是与价值创造的决策相伴。

纯粹风险指为企业带来损失的可能性，如贿赂、偷窃和舞弊等。单纯的抵御纯粹风险会使企业避免损失，但不会提升股东价值。纯粹风险也包括在财务报告和商业行为上违反职业道德、运营失效，以及违反法律法规。保护现有资产是企业的基本职责。如果一家企业不能保护资产，那它将无法吸引投资者投资。德勤研究显示，真正的价值杀手与战略和执行有关，但合规依旧很重要，企业不想遭受名誉损失，但即便做到合规也不能给企业创造价值。

机会风险代表了正收益的可能性。此类风险包括进入新市场、开发并推广新产品或服务、应用新商业模式和流程，以及战略联盟和兼并收购。这些企业活动能创造价值并激发成长。实际上，对机会风险进行有合理的追求是成功企业的基石。如图 5-4-6 所示，纯粹风险与日常运营、财务报告、合规有关，而机会风险则与战略和执行有关。

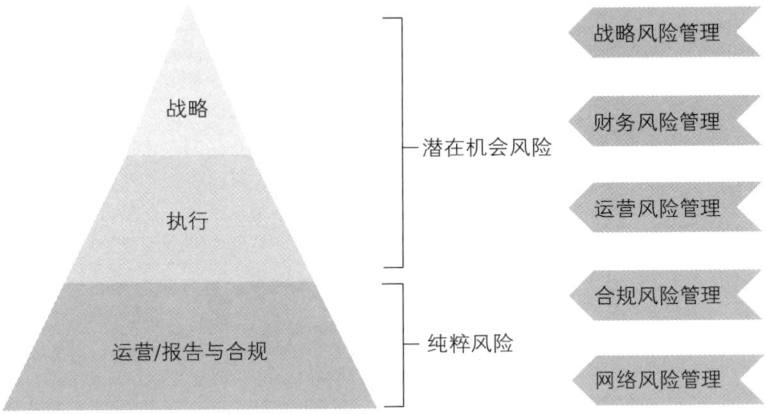

图 5-4-6　纯粹风险与机会风险

资料来源：同 5-4-2。

风险管理是企业的日常工作，而不是后台智慧。德勤总结，世界一流企业为了达到战略，在当今与未来将核心关注以上五大风险管理领域，从而实现企业价值的创造、保持和提升。这五大风险领域与国资委提出的国企应注意的五大风险管理重合，并扩充了网络风险。就比较突出的三个难点，下文将会详细介绍。

表 5-4-4　核心关注五大风险管理领域

序号	风险管理领域	具体内容
1.	战略风险管理	经济行业周期性及技术变迁会对企业战略带来影响。就许多传统风险管理方法关注执行战略和目标时可能遇到的风险而忽略了战略及目标本身的风险。所谓战略风险管理需要不断检验假设的成立，做出情景规划和敏感性分析，明确在经济和行业的周期性及技术变迁这两个要素对战略假设带来的影响，最终决策选择业务一还是业务二。企业需要通过风险识别，结合所在国家经济、环境、社会规则，制定可持续性的战略及目标，从而化风险为机遇，创造企业价值。
2.	财务与金融风险管理	在投资与经营的全生命周期中，财务与金融风险管理十分重要，其中主要包括市场与信用风险，资本管理、流动性及资金风险管理，会计与财务报告风险等。这是我们最熟悉的风险管理领域，本书中就不赘述了。
3.	运营风险管理	运营风险管理重心与方法在各个行业差异较大，但归根结底都是利用对人才、第三方合作、技术、数据、流程的关键控制举措，整合型的管控业务运营风险，提升绩效。世界一流企业在运营风险管理中最注重四点，即时刻保持警惕、管理内部协同及复杂性、把握风险发展的进度和动量因素，及预测失败的原因。
4.	合规风险管理	自全球金融危机以来，企业面临的法律问题变为结构性问题。由于西方国家政治局势持续动荡，导致了当地的法律法规在不断变化。严苛政策的不断提出（如劳动法、反托拉斯政策）意味着企业必须进行有效的合规管理。在企业国际化进程中，其面临的合规将不仅仅是国内的法规，还有国际的法律及规则；违反了任何一种法规，都将面临严重的处罚。因此，合规风险被列为未来几年企业将面临的最重要的风险类型之一。
5.	网络风险管理	随着数字化时代的来临，跨领域、跨行业的整合发展日趋频繁，而新兴科技衍生出的安全风险及挑战也将传统信息安全升级为企业运营等更高层次的信息风险等级，维护企业核心信息的安全成为企业对自身价值的保护和提升的必修课题。

利用内控等手段应对财务风险、运营风险大家已经很熟知，在这里我们重点分享这几年比较热门的三个话题，即战略风险管理、合规风险管理和网络风险管理。

1. 战略风险管理。

为实现可持续性发展，企业需要通过风险识别，结合所在国家经济、环境、社会规则，制定可持续性的战略及目标，从而化风险为机遇，创造企业价值。战略风险管理主要关注机会风险。一流企业在战略讨论中主要会关注以下要点：

- 企业经营的是什么行业，如何保持行业竞争力？
- 如何为顾客和股东创造价值？
- 如何优化通过顾客及其他关系传递和获取的价值？
- 面对机会风险我们采取怎样的总体姿态？
- 企业的风险偏好是怎样的？
- 哪些风险是企业愿意承担的，哪些是不愿意承担的？
- 企业愿意承担多少风险？企业愿意承担多少损失？
- 企业最多能承担多少损失？

但多数企业的致命缺陷有两个：①未能挑战战略假设：不能准确预测经济行业周期性及技术变迁对企业战略假设带来的影响；②未能在战略制定中做出情景规划和敏感性分析：不知道可承担的合理风险。

（1）挑战战略假设。很多企业的战略未能预见转变的到来，未能抓住转变的影响，未能预测转变的路径，原因总结无外乎五点，即超载的信息和任务、缺乏共同的战略分析中枢、组之间的架构壁垒、兼并收购中的整合不足，及感知盲点。在战略制定中，一流企业更为关注战略假设本身，例如：

- 是否已明确行业和企业的基本转变方向及转变路径（正论）？
- 是否已识别出这些假设的对立面（反论）？
- 对企业的业务模式来说，假设对立面的影响是什么？
- 如何合成假设及假设的对立面？
- 有假设对立面发生的信号或迹象吗？
- 能否通过假设对立面及结合的方法来获得竞争优势？有哪些选项？
- 能否成功挑战传统，还是允许竞争对手抢先一步？

这些国际企业的董事会和高管层会要求团队明确战略假设的要点，包括但不限于对产业结构、企业战略、细分市场、产品定位、客户的价值主张、竞争力、成长潜力和驱动因素、价值链，资源需求，成本和投资结构、人才的评估，留任和管理、投资者的价值主张、企业特有的其他假设领域的分析。之后，他们会要求团队挑战每个重要的假设，尤其关注与经济行业周期性及技术变迁相关的领域。最后，请团队进一步优化战略方案，对成本、资源、时间和实施难度所产生的挑战进行排序，并最终针对几个主要假设进行情景规划和敏感性分析。

（2）情景规划和敏感性分析。情景规划最初被用于军事目的，现在经常被用来模拟未来的可能情形，以便企业建立足够的灵果形来谋取生存和壮大。常见的情景分析因素包括，汇率变化影响竞争格局、天然气价格上涨、原油价格上涨、技术变迁、对手降价、供应链中断等。以一家中型公司举例，可能发生的情景及影响的幅度和持续时间如下表所示。

表 5-4-5　情景分析

情景描述	具体的假设
1. 汇率变化影响竞争格局	销售额减少 15% 价格降低 20% 持续 9 个月 还需要 9 个月才能复原
2. 天然气价格上涨	上涨 5 美元/百万英热单位 持续 12 个月 无法将价格上涨传递下游企业
3. 原油价格上涨	涨价 100% 持续 3 个月 25%的成本增加能够传递给下游
4. 技术变迁	销售额每年减少 15% 价格每年下降 15% 减少 200 万美元研发支出
5. 对手降价	价格降低 10% 持续 24 个月
6. 供应链中断	销售额减少 10% 持续 6 个月

资料来源：同表 5-4-2。

对上述情况中影响收益的因素的敏感性进行测试。下表中显示了销售额和价格每变化 5%对税前利润的潜在不利影响。若该公司价格下降 5%，则销售额将减少 200 万美元；若该公司价格下降 20%，销售额将减少 500 万美元。当然，价格和销售额进一步减小的分析可以外拓取得，但仅仅根据这些推断，公司已经面临巨大风险敞口。敏感性分析引发了对两种提高弹性和灵活性的方法的分析。首先是识别成本降低的可能性，包括销售费用、一半费用及行政费用。其次是提高收入的质量，即找出最有可能挺过经济衰退的客户和供货商，并评估他们的信誉，与最理想的客户合作。

表 5-4-6　敏感性分析

敏感性分析：情景 1（货币的变化）息税前利润的影响（百万美元）		销售额减少		
		5%	10%	15%
价格下降	5%	200	225	250
	10%	250	275	300
	15%	325	350	400
	20%	400	450	500

资料来源：同表 5-4-2。

用这种方法管理层需要倒逼团队思考由于外界因素的变化，最差的假设情景是怎样的，从而迫使团队找到进一步降低成本和提高收入质量的方法。同时，这也是最好的让管理层“算了再明确投资决策”的方法。

我们再举一个战略模拟的例子：如图 5-4-7 展示，某国际知名银行和信托公司每年会在战略制定期间会对战略假设相关的主要风险在不同情境下的变量做关联性分析，使管理层明确其风险偏好及可承受的最大风险与回报。

企业战略规划的最后工作应明确关于承担足够的合理风险的问题，在此过程中企业需要考虑：

- 是否已妥善考虑失败的成本？
- 根据潜在收益，是否值得承担某一风险？
- 风险是否在企业偏好之内？
- 如何应对风险敞口进行积极管理？有无替代办法？
- 风险的损益平衡和互动关联是怎样的？
- 实际与预期表现之间可坚守的差距是多少？
- 是否已明确可接受的最大损失？
- 如何知道已经接近了可容忍的极限？
- 止损和推出策略是什么？

技术手段	增加	减少	计算	排序①	排序②
单位成本指数	1.增加商业客户能力《与零售相比） 2.加快预提利息支付 3.增加固定资产	1.对零售客户能力增加的关注 2.加快应收利息回收 3.固定资产最小化	净非收益资产权益资本（注：净非收益资产扣除现金和其生房地产）	3	
风险vs能力	1.减少流动性 2.增加商业贷款vs零售贷款 3.减少权益资本 4.增加投资组合到期期限	1.增加流动性 2.增加零售贷款vs.商业贷款 3.增加权控资本 4.限制投资组合风险	基于要素的方程，包括单位成本，实际内部收益率，投资组合市场风险、价值/投资，根据权益和流动性调整的比率	2	
流动性	1.增加贷款利率 2.增加存款利率 3.借款购买流动性资产	1.减少贷款利率 2.减少存款利率 3.使用流动资金清偿高利率负债	流动性资产/总资产	1	
会计利率风险	1.增加浮动利率资产 2.速长负错到期期限 3.减少权益资本 4.增加零售存款	1.延长资产到期期限 2.增加浮动存款vs核心负债 3.增加权益资本 4.对冲利润波动	模拟美联储利率每上升2%造或的相对于权益资本的净利息变动百分比	4	
投资组合市场风险	1.增加投资组合到期期限 2.由于内继或外附权证投资导致负凸性增加 3.慎用质量降低	1.采用止损策略 2.缩短投资组合到期期限 3.减少凸性 4.信用质量增强	美联储利率每上升2%造成根对于权益资本的基干久期的投资组合市场价值变化百分比	8	
相对负债成本	1.相对市场降低核心负债利率 2.降低核心存款跟务容量 3.为增长国情贷	1.增加核心存款服务容量 2.相对市场增加核心负债利率	存款和借贷瓷金来源混合，作为全国不均负债水平的面分比（根据总资产调整）	6	
负赞成本波动性	1.相对有场降能核心负债利率 2.在零售存款产品上加货币市场定价	1.相对市场增加核心负债利率 2.复核核心贷款定价基础 3.混长负馈到规期限	模拟美联储剥本每上升2%造成的相对于总资产的利息费用变动百分比	5	
波动资产/投资	1.减少流动性 2.增加通过被动负情融资的贷款 3.增加价值vs.核心负债	1.相对市场增加核心负债利本 2.增加流动性vs.贷款 3.持有流动的贷款	总非核心、非权益融资/总投资组合《注：这里某些敏被视为“投资”）	7	

图 5-4-7 战略模拟分析

资料来源：同表 5-4-2。

2. 合规风险管理。

商业贿赂、舞弊、洗钱等腐败犯罪行为正逐渐成为全球性问题。各国监管机构及国际机构为维护市场公平竞争秩序、建设廉洁的营商环境，进一步提高了企业的合规经营管理要求和执法力度。美国、英国、法国、联合国、经合组织、世界经济论坛、国际商会、世界银行等各个国家及组织密集出台反腐败、诚信合规等法规及指引，执法力度加大。伴随着中国企业走出去的浪潮，国有企业海外经营风险频发，其中合规风险较为突出。中兴通讯的合规事件也给其他企业敲响了合规的警钟。

近年来中国政府也不断提高依法治国、依法治企、合规监管的力度。2016 年，国务院针对国有企业发布了《关于全面推进法治央企建设的意见》《关于建立国有企业违规经营投资责任追究制度的意见》等政策；2018 年 7 月国资委发布《中央企业违规经营投资责任追究实施办法（试行）》；国务院国资委经过广泛调研和深入研究，于 2018 年 11 月印发了《中央企合规管理指引（试行）》，要求中央企业应当按照全面覆盖、强化责任、协同联动、客观独立的原则加快建立健全合规管理体系。上述指导文件旨在推进国企改革的过程中，不断加大依法治企的力度，不断提高合规经营的水平。

中国企业在合规管理方面开展了多项实践，但不可否认仍处于起步阶段，尤其是与合规管理体系已较为完善的跨国企业相比，存在缺乏系统性、组织性、有效性等问题。相较于跨国企业，中国企业在开展合规管理工作时，缺少统一规划，合规职能散布于内审、财务、人事、监察等部门，重复建设和工作真空并存，合规管理体系不完整；绝大部分国内企业尚没有建立合规管理组织架构，未明确合规管理机构、配备专业合规人员；对于已探索开展合规管理的企业，管理手段匮乏、针对性和实效性不强，也是企业常常面临的难题。

表 5-4-7　合规风险管理法律、指导文件

法律、指导文件名	特点
英国《2010 年反贿赂法案》	“防止贿赂失职罪”：员工、子公司、其他第三方出于公司利益而实施贿赂，无论发生在英国还是国外，公司都会受到指控，只能借助“充足程序”抗辩 充足程序：证明具有充足的合规程序，能够有效预防贿赂发生
美国《海外反腐败法》	1977 年制定，1988 年修订，禁止商业机构或个人（不限于美国企业）为获得或保留业务向外国官员行贿 降低处罚方式：证明企业存在有效的合规制度；自愿披露、积极合作与认罪
ISO19600	为组织建立、发展、运行、评估、维护、改进一个有效的合规管理体系提供指南，遵循持续改进原则，实现对合规风险的预防、发现和回应
世界银行黑名单制度与《诚信合规指南》	不给任何涉嫌贪污受贿的国际公司投标资格，禁止其参与由该行自主的所有项目 制定并实施符合世界银行要求的合规诚信体系是提前终止、终止或有条件免于制裁的主要条件
经合组织《税基侵蚀和利润转移计划（BEPS）》	根据“利润在经济活动发生地和价值创造地征税”这一总的原则，将对跨国企业海外业务整体组织架构和商业模式产生重大影响 以往，跨国企业常常在投资母国和被投资国之间安排一家或多家设立在低税率或零税率地区中间控股公司，跨国公司将大量的利润转移至这些低税率的地区，这一做法将不再行得通
《关于全面推进法治央企建设的意见》	要求按照全面依法治国的战略部署，全面建设法治央企的工作 强化依法合规经营，健全依法决策机制，依法参与市场竞争，依法开展国际化经营，严格按照国际规则、所在国法律和我国法律法规开展境外业务
《关于建立国有企业违规经营投资责任追究制度的意见》	第一次提出建立重大决策终身责任追究制度及责任倒查机制，明确了违规经营投资责任追究工作的 9 大方面 54 个雷区 国有企业经营管理有关人员违反国家法律法规和企业内部管理规定，未履行或未正确履行职责造成国有资产损失以及其他严重不良后果的，应当追究责任

德勤认为，合规管理是企业可持续发展的基石。企业应建立切合经营实际、行之有效的合规管理体系。

结合相关监管档及推荐的合规管理体系要素，总体来说企业应实施尽职调查以预防和监测犯罪行为，并促进鼓励道德行为和依法合规的企业文化，合规和道德程序需要合理设计、实施、执行，以保证程序可以有效地预防和监测犯罪行为。

我们总结完善的合规管理体系具体特征如下：

（1）公司需建立规范的流程以预防和监测犯罪行为。

（2）公司应当明确在合规管理中的管理者责任，特别是决策层与高级管理人员：

· 公司管理层（董事会或高管）需了解关于合规和道德程序的内容及操作，并应对程序的实施和有效性进行合理监管；

· 公司高层人员应确保公司拥有有效的合规和道德程序。高层中的特定个人应对程序负有完全责任；

· 公司中的特定个人应被授权处理合规和到的程序的日常运营责任。负有程序日常运营责任的个人应定期向高层人员报告程序的有效性，在适当情况下应向管理层，或管理层的部分人员，进行汇报。为保证责任的实施，该负责人应被给予充足的资源、适当的授权、以及直接接触管理层的权利。

（3）公司应采取具体的合理措施来落实合规管理体系运行的职责：

· 努力避免拥有实权的人员、或了解尽职调查实施的人员，参与非法或与合规道德程序不一致的行为；

· 对合规道德程序的标准流程及其他相关方面进行定期沟通；

· 对相关人员（公司管理层、高层人员、实权人员、公司员工，在恰当时可包括公司代理机构）进行符合其角色和责任的有效培训；

· 确保公司合规道德程序有效执行，包括对监测违法行为的监控和审计；

· 周期性评估公司合规道德程序的有效性；

· 建立并公示确保匿名和保密性的机制，以保证公司员工和代理在上报潜在或实际犯罪行为时不必惧怕报复。

（4）公司合规道德程序需在全公司内推广并实施，并制定适当的奖惩措施：

· 对符合合规道德程序的表现进行适当的奖励；

· 对参与犯罪行为或未能采取合理手段预防或监测犯罪行为，进行适当的惩戒措施。

（5）在犯罪行为被监测后，公司需采取合理手段以适当应对犯罪行为，并预防未来类似的犯罪行为，包括对公司合规道德程序进行必要调整。

在实施以上具体要求时，公司需定期评估风险，并采取适当手段设计、实施或修改以上要求，以期通过该程序识别并降低违规行为风险。

国有企业虽然已经开展了全面风险管理、内控体系建设、社会责任等与合规管理密切相关的工作，也有不少企业已经探索开展了合规管理，例如中国海油、中国移动、中国中铁等企业明确了法律部门的合规管理职能，但从整体上看仍处于起步阶段，与世界一流企业的合规管理水平相比还存在一定差距。

主要问题表现为“三个缺乏”：一是缺乏系统性。世界一流企业开展合规管理具有很强的计划性和全面性，覆盖经营管理的各领域和各层级。但目前国有企业开展合规管理工作没有统一规划，有关内容散布于内审、财务、人事、监察等部门，重复建设和工作真空并存，合规管理体系不完整；二是缺乏有效性。世界一流企业开展合规管理手段内容丰富多样，包括强制性全员合规预防教育、举报系统、案件调查，同时将合规评估纳入对员工业绩考核，以确保其合规管理的有效性。而多数国有企业的合规管理工作往往集中于流程控制，缺乏综合性管理手段，也无法通过绩效评估推进合规工作落实；三是缺乏组织性。世界一流企业都明确了合规管理机构来确保合规管理的深入推进，在重要区域和子企业相应地设置机构或人员甚至是开展独立工作，从而保证合规管理工作自上而下、全面贯通。而绝大部分国有企业尚没有建立合规管理组织架构，没有明确合规管理机构，也未配备专业合规人员，导致合规管理工作缺乏人力资源支持，难以落地。

企业如期望建立一流的合规管理体系，可参考德勤合规管理模型开展体系建设工作。该模型以合规文化为核心，由人员、技术、程序支撑，分为治理与领导力、风险评估与尽职调查、标准政策与程序、培训与沟通、员工报告、案件管理与调查、测试与监控、第三方合规、持续改进九个要素，通过体系设计、运行、评估实现合规管理。如图 5-4-8 所示。

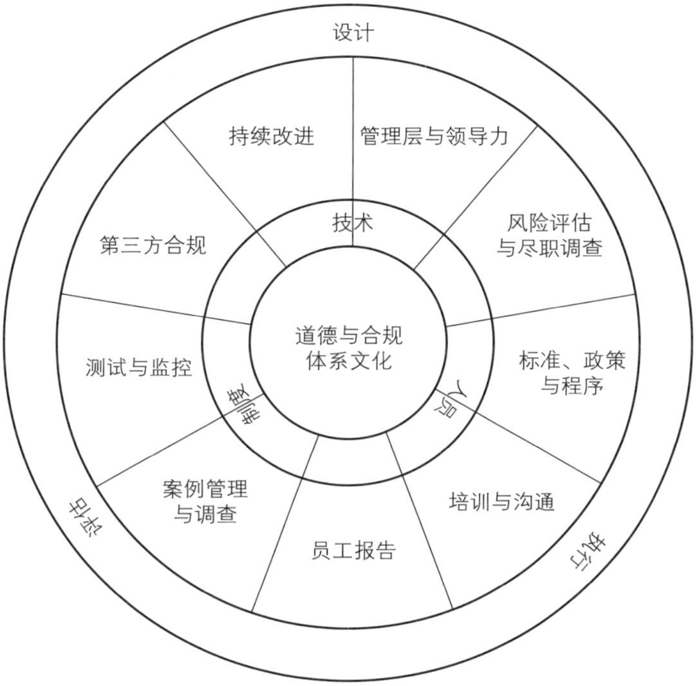

图 5-4-8　道德与合规体系框架

（1）合规管理体系核心——道德与合规文化。有效的合规管理体系核心在于建立一套得到企业内部广泛认可与支持的合规文化，包括企业合规价值观以及来自高层领导的积极支持和承诺。企业要想发展合规文化，治理机构、最高管理层和其他管理层应在整个组织范围内的各个层面推行一套公开发布的共同行为准则，率先垂范，为发展合规文化做出积极、显著的努力，并始终如一持续进行。所以，一个组织是否真正地看重合规，不能仅仅把合规的关注目光停留在完备的书面文件上，更重要的是最高管理层在鼓励合规的过程中所扮演的角色，是否能把合规文化的建设落到实处，是否确保将合规融入更广泛的组织文化以及文化变革的计划中。

（2）合规管理体系三项关键支柱。合规管理的有效运行有赖于人员、技术和制度三项关键支柱。企业应安排具备合规经验的人员设计、运营和维护合规管理体系，并依据该体系框架管理法律、政策、道德风险。并信赖先进的技术工具促进合规管理体系的设计、运营，有效整合各类风险，帮助企业预防、监测道德合规风险，实现事后快速响应。对于既定的合规管理工作内容，企业应制定适当的制度保证合规管理体系以合规风险为导向，通过固化管理流程提高合规管理效率，降低管理成本。

（3）合规管理体系九要素。具体而言，健全的合规管理体系至少应当包含以下九项主要工作内容：

1）治理与领导力。合规管理需要治理层、管理层、合规专业人员的设计、运行、维护和监督，并通过组织结构的合理设置确保合规体系的独立性和权威性；

2）风险评估与尽职调查。风险评估是合规管理的基础，有助于企业明确合规管理和尽职调查的重点；

3）标准、政策与程序。合规管理标准、政策、流程应清晰可执行，能有效控制企业的关键合规风险；

4）培训与沟通。为增强员工合规意识，提高员工履行合规义务的能力，企业应制定系统的、以风险为导向的培训沟通制度，并向各层级人员宣传合规要求；

5）员工报告。员工报告制度应为员工提出合规问题、报告潜在合规事项提供安全、顺畅的渠道，提高合规管理的效果；

6）案件管理与调查。企业应明确各类合规案件的分类、优先级、管理职责和调查程序；

7）测试与监控。企业应定期测试合规管理体系的设计有效性和控制执行有效性，并持续监控关键合规风险，在风险暴露初期采取相应行动；

8）第三方合规。企业的合规管理应延伸至第三方合作伙伴的合规管理，实现合作伙伴关键风险领域全流程风险筛查；

9）持续改进。为保证合规风险死循环管理，企业应明确合规管理改进政策，定期评估合规管理体系的有效性，并将测试监控的成果纳入改进工作。

3. 网络风险管理。

2017 年 6 月 1 日开始施行的《中华人民共和国网络安全法》[①]（以下简称《网络安全法》）从加强战略部署、构建网络安全综合治理体系以有

---

① 《中华人民共和国网络安全法》。

效应对攻击、构建关键信息基础设施安全保障体系等方面做了描述，并提出规范网络运行安全，强调要保障关键信息基础设施的运行安全。

《网络安全法》明确提出了关键信息基础设施概念和范围，并对关键信息基础设施保护提出具体要求，从国家、行业、运营者三个层面明确规定了关键信息基础设施相关主体的安全保护义务，力求系统全面的构建关键信息基础设施安全保障体系，以基础设施牢筑强国战略。规定国家网信部门统筹协调有关部门采取相应措施，加强国家的网络安全监测预警和应急制度建设，提高网络安全保障能力；负责关键信息基础设施安全保护工作的部门分别编制并组织实施本行业、本领域的关键信息基础设施安全规划，指导和监督关键信息基础设施运行安全保护工作，建立、健全本行业的网络安全监测、预警和信息通报制度，并按照规定报送网络安全监测预警信息，制定本行业、本领域的网络安全事件应急预案，并定期组织演练；运营者应当履行的安全保护义务，主要包括设置专职人员，定期进行网络安全教育、培训和考核，对重要系统和数据库进行容灾备份，制定应急预案并组织演练等。

网络安全法对网络诈骗、在关键信息基础设施的运行安全、建立网络安全监测预警与应急处置制度等方面同样作出了明确规定。我国终端安全管理和漏洞补丁运行能力仍有待加强，内网隔离程度仍需深思熟虑，内网也需要建立纵深防护体系。实施安全可信系统的架构，进行可信度量、识别和控制，确保体系结构、资源分配、操作行为、数据存储和策略管理均可信。

目前网络安全防御技术相对比较传统，智慧化设备发展滞后，网络安全与大数据真正的融合还未完全实现，关键信息基础设施保护等一系列瓶颈问题也亟待解决。

中央网信办于 2017 年 6 月 27 日依据《网络安全法》，发布了《国家网络安全事件应急预案》的通知。其中特别强调了监测与预警，并指出各单位按照“谁主管谁负责、谁运行谁负责”的要求，组织对本单位建设运行的网络和信息系统开展网络安全监测工作。重点行业主管或监管部门组织指导做好本行业网络安全监测工作。各省（区、市）网信部门结合本地区实际，统筹组织开展对本地区网络和信息系统的安全监测工作。各省

（区、市）、各部门将重要监测信息报应急办，应急办组织开展跨省（区、市）、跨部门的网络安全信息共享，并在红色预警响应中，提出有关省（区、市）、部门网络安全事件应急指挥机构在特别重大网络事件发生后实行24小时值班，相关人员保持通信联络畅通。加强网络安全事件监测和事态发展信息搜集工作，组织指导应急支撑队伍、相关运行单位开展应急处置或准备、风险评估和控制工作，重要情况报应急办。

不同行业在网络风险管理上也有着不同的要求规范。

（1）金融行业。银行业是我国金融行业信息化和数字化的领导者，随着云计算、大数据、人工智能等信息科技技术的快速发展与应用，银行业务系统逐渐趋于复杂化、联动化，一方面数据的价值逐步凸显，另一方面网络和数据等领域的安全问题也日益严重，在法律法规和行业标准的双重监管之下，银行业网络安全管理成了新的难点，亟待解决。

由安全局发布的2018年第一季度《中国银行业网络风险报告》[①] 显示，目前国内各类银行机构网络风险主要集中在国有商业银行及股份制银行，67%的国有商业银行和58%的股份制商业银行出现安全漏洞，存在互联网应用系统日常更新维护不全面不及时的情况；庞大的业务量导致银行业成为DDOS攻击的目标，极易造成业务中断；同时，17%的股份制商业银行和7%的城市商业银行的IP地址已被列入国际黑名单中，可能会导致企业通信被阻断，对银行在线业务开展造成严重不良影响。

（2）制造业。国务院《关于深化“互联网+先进制造业”发展工业互联网的指导意见》[②] 指出，工业互联网作为新一代信息技术与制造业深度融合的产物，日益成为新工业革命的关键支撑和深化“互联网+先进制造业”的重要基石，对未来工业发展产生全方位、深层次、革命性影响。近年来，随着工业领域数字化、网络化不断推进，制造业内部网络与互联网逐步打通，网络安全威胁向工业领域蔓延渗透，工业互联网安全已成为网络安全的重要组成部分。

目前全球工业互联网网络发展处于起步阶段。在工业企业内网方面，

---

① 《中国银行业网络风险报告》。

② 国务院．关于深化“互联网+先进制造业”发展工业互联网的指导意见，2017.

传统工业现场总线、工业以太网等网络技术、标准和产品主要集中于少数发达国家。近年来，我国提出了工厂自动化以太网（EPA）、工业过程/工厂自动化无线网络（WIA-PA/FA）等技术，但产业化和商用水平低。目前，时间敏感网络（TSN）、工业软件定义网络（SDN）等新技术研究和产业化成为国际产业界关注的新热点。在工业企业外网方面，国内外都高度重视新技术新网络的研究与应用部署，积极探索利用 IPv6、窄带物联网（NB-IoT）、软件定义网络（SDN）、5G 等技术构建满足高可靠、低时延、广覆盖、可定制等要求的企业外网络。

我国工业互联网平台建设起步相对较晚、产业基础还有待夯实，与国际领先企业的平台相比还有一定差距，主要表现在：一是工业控制系统、高端工业软件、云计算平台等产业基础薄弱，平台数据采集、开发工具、应用服务等核心技术存在不足，自动控制与感知、云计算平台等制造业新基础有待进一步夯实。二是平台应用领域相对单一，与实际业务需求结合不够紧密，同时第三方开发者小区建设和运营还不成熟，工业 APP 数量与工业用户数量的双向迭代和良性发展尚需时日。三是缺乏具有产业链集成整合能力的龙头企业，难以形成资源汇聚效应。

（3）交通运输业。交通运输是国民经济基础性、先导性、战略性产业，涉及覆盖公路、水运、民航、铁路、城市轨道等多重领域。随着交通运输对于网络信息化依赖程度逐渐增强，大数据和人工智能等新技术在交通运输行业内迅速推广运用，互联网深入渗透到交通行业内。而交通运输作为关键基础设施行业、重要服务性行业，深受不断加剧的网络威胁影响，网络安全形势异常严峻。

随着汽车行业智慧化需求增加，智慧网联汽车成为新时期汽车行业更新转型的重要突破口。而目前传统的基于“人—车”二元独立系统的汽车安全与综合性能测试方法，已经无法满足基于“人—车—环境—任务”强耦合系统的智能网联汽车测试的复杂需求。2018 年 8 月，汽车制造商联盟和全球汽车厂商协会宣布的信息共享计划试图通过汽车信息共享分析中心建立一个车载电子设备以实现车内数据网络信息共享机制。这一机制旨于在汽车制造商，零件制造业以及政府机构之间共享车辆相关的网络安全信息，进而在不断提高驾驶体验的同时保证系统的安全。

航运业是涵盖商流、物流、信息流、资金流于一体的复杂供应链体系，整个供应链涉及大量数据传输和交互。目前有85%的货物通过海上运输完成。供应链的全流程周期长、环节多，这些特征也间接导致了航运企业信息网络安全的复杂性。船舶远程控制和自主航行技术使用率的不断增加在提高效率的同时也带来了更多危险因素。近年来，大多数的船舶网络安全问题集中在电子海图导航系统、传播负载平衡系统以及航行日志上。技术人员、船舶管控手段和业务系统安全的缺乏成为近年来航运企业网络安全事件频发的主要原因。许多船只出现“扁平化”的网络结构，管理层次少但管理幅度大。在这种结构中，用于导航和通信的新增联网系统被放置在与老旧的控制硬件相同的网络上，这一操作导致漏洞被引入到不具备足够内置保护的系统中，触发安全危机民航企业的网络数据安全直接关系到航班数据和旅客信息安全，所以民航企业为稳定安全状态应提升业务系统安全防护和监测预警能力，建立联动安全防护体系，实现信息安全的自主可控。2017年至今，国内破获多起黑客入侵国内航空公司案件。超过50家航空类公司网站被非法侵入，超过30万条民航旅客信息以及最新公民航空机票票务信息被盗取。由于各公司对于网络安全的重视程度不同，国内民航公司整体发展不平衡，较其他行业整体落后。多数民航业公司对信息安全投入不足，信息安全专业人员储备不足，缺少信息安全管理体系城市轨道交通作为我国各城市关键的市内交通出行工具直接影响人民的公共利益。城市轨道交通目前均建立在计算机网络、通信网络和信息网络的基础上，其技术装备都具有数字化、网络化和智能化的特点。随着运行线路包含的信息点增多，各业务系统交互的范围扩宽、传输的数据内容增多，网络安全管理也面临更大威胁。

在城市轨道交通网络中，随着基于移动闭塞的CBTC、全自动运行、移动支付、综合云平台等新技术的发展与应用，传统安全防护体系中的静态检测、被动防御等技术手段已无法适应新技术的使用。轨道交通部分无线通信使用ISM频段，采用开放频段和标准协议，部分车站提供无线局域网便民服务，这些操作都引致网络整体易受攻击。2018年7月1日起开始施行的《城市轨道交通运营管理规定》① 中指出，城市轨道交通运营主管部门和运营单位应当建立城市轨道交通智能管理系统，实现运营单位和各级交通运输主管部门之间的信息共享，建立网络安全管理制度，严格落实网络安全有关规定，加强轨道运行控制等关键系统信息安全保护，提升网络安全水平。

我们分析，是世界一流企业的网络风险管理具有以下共性。

表 5-4-8　网络风险管理共性内容

序号	共性	具体内容
1	将网络风险纳入现有风险管理和治理流程中	网络安全对于企业来说不单单是实施一系列检查列表，而是通过有效管控将网络风险维持在一个持续的管理的、可接受的水平上
2	持续关注网络安全管理	有效的网络安全管理依托于领导团队对于网络安全的重视程度。定期与负责管理网络风险的沟通，提高企业对影响组织和相关业务的风险的意识
3	实施行业标准和最佳实践	利用行业标准和最佳实践来保证企业建立全面的网络安全规划，部署安全有效的网络安全管理实施方案
4	评估及管理特定网络安全风险	通过网络风险来识别重要资产及其影响，从而理解企业存在的风险敞口。基于风险评估结果来确定具体的网络安全防范措施、确定优先级、资源分配策略及制度管理政策和战略，对于提高企业的风险管理能力十分重要
5	设立监督和审查机制	企业管理层有责任对网络安全进行监督和管理，可采用包括网络安全预算评估、IT 采购计划、云服务、事故报告、风险评估等手段实施监督
6	开发和测试网络安全事件响应计划和流程	全面识别预测可能的网络威胁，并制定相关响应计划和措施，以保证企业可以有序处理突发应急事件。整合企业现有业务联系性计划和灾难恢复计划，建立企业级的全面网络安全事件响应计划
7	时刻对网络安全风险保持警惕	时刻监控企业自身网络风险环境，识别企业自身存在的网络管理漏洞，分析、改进、总结网络管理流程，同时加强行业合作，提高员工安全意识

随着互联网技术的不断普及，网络化的速度遥遥领先于网络安全部署。依赖于网络空间的任何事物都可能面临风险。蓄意的网络攻击、无意的安全疏漏、以及互联网本身尚不成熟和缺乏监管等弱点，都可能对隐私

① 《城市轨道交通运营管理规定》。

数据、知识产权、网络基础设施乃至军事和国家安全造成损害。

在当前的网络安全环境下，高效的网络安全和合规风险管理要求企业在具备制定有效的战略规划的同时，能够结合业务要求、监管要求和IT技术实现对网络安全合规风险进行有效管理。

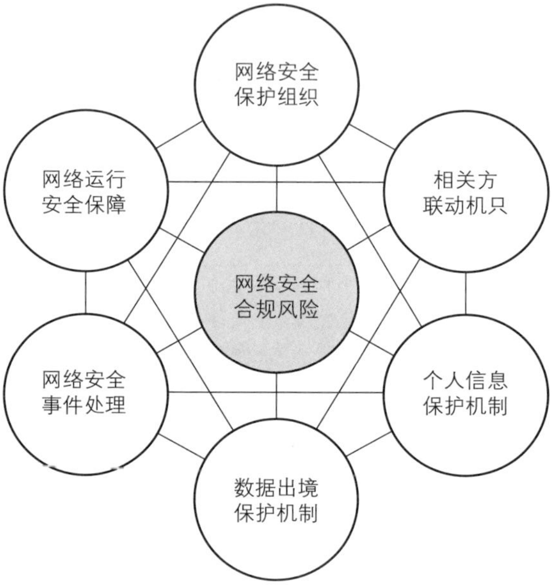

图5-4-9　网络安全和合规风险管理框架

实现最佳网络安全和合规风险管控模式，企业应解决网络安全组织架构相关问题，明确各部门在企业中的定位；企业应当在组织架构、角色和责任、网络安全部门内部互动、与各相关部门互动、技术能力、问责等方面进行完善。此外，企业应完善网络运行安全与合规风险管理管理体系，包括相关方联动机制、个人信息保护机制、数据出境保护机制、信息泄露事件处理、网络运行安全保障等，具体如下：

（1）网络安全保护组织：企业应建立网络安全保护组织，清晰定义各方职责，完善内外部沟通机制，构建网络安全保护管理制度体系，全面提升网络安全和合规风险管理能力。

（2）相关方联动机制：企业应建立与网信办、公安部、工信部、行业主管部门之间的联动机制，加强各方合作，共同管理网络安全。

（3）个人信息保护机制：企业应根据识别自身角色，确认企业所持有和使用的个人信息，建立基于互联网和大数据时代的新型数据保护机制，形成具有回馈机制的动态生态型闭合环，有效提升个人信息全过程中的数据保护力度。

（4）数据出境保护机制：企业应全面识别数据出境场景，建立数据出境合规管理机制，在数据合规方向，特别是跨国企业，应当逐渐筹划与组建属于自己的资料合规团队。企业应该根据国内外相关法律法规及要求，结合企业自身技术条件、业务需求等内容，系统化、全面化地对企业数据及数据资源进行管理。

（5）网络安全事件处理机制：企业应当设计实现出主要利益相关者认可的跨部门事件响应计划，提升在遭遇安全事件时增强其公共信任和品牌信誉，化危机为机遇的网络安全事件处理水平。

（6）网络运行安全保障：企业应当建立健全的网络运行安全管理机制、采取安全技术措施，保障网络免受干扰、破坏或者未经授权的访问，防止网络数据泄露或者被窃取、篡改，全面防范网络攻击、检测网络运行状态并留存日志、采取数据分类、备份及加密等措施以确保网络的安全运行。

随着大数据、云计算、移动互联网、物联网等新一代信息技术的普及应用，当前网络大环境下国家各个行业领域的网络化和信息化发展正在受到持续不断的网络安全威胁和挑战，新形势下的网络化和信息化发展对企业的网络安全保护体系提出了更高的要求，企业应结合自身的网络资源优势，支持网络空间结构创新，致力打造智慧高效、安全可靠的网络运行体系。具体来讲，企业要实现网络安全和合规风险管控的高效管理，在履行网络安全保护管理职责的过程中，应建立由上而下的执行蓝图。

构建网络安全和合规风险管理体系，企业的核心目标是紧跟国家网络空间发展趋势，立足于国家安全、社会稳定和人民利益，力求在总体战略下从各个重要行业和关键技术落实实施，进而保障网络运行安全、数据安全、信息内容安全等，大力提升全员网络安全意识、全面保障各行各业网络安全。在此过程中，企业首要回答的几个问题如下：

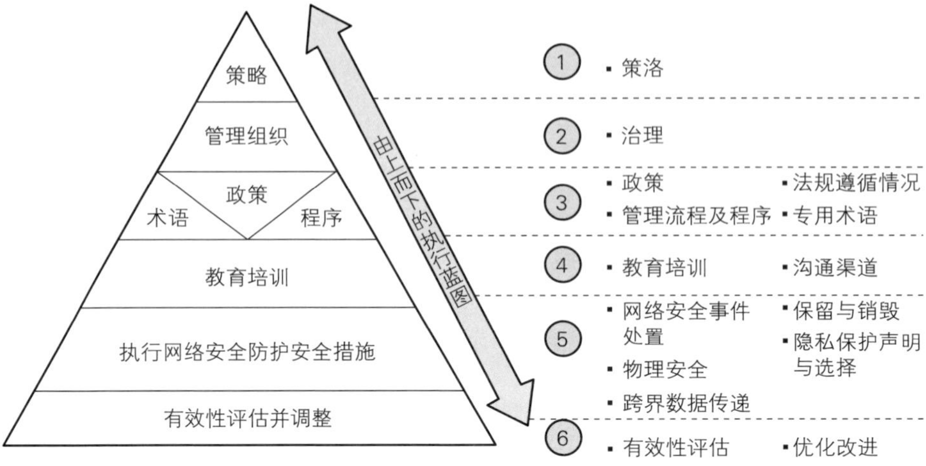

图 5-4-10　由上而下的执行蓝图

（1）在既定网络安全保障能力前提下，为实现相关方价值目标、保障网络空间安全，应如何构建网络安全和合规风险管理体系？

（2）在相关法规、标准的不断完善和指引下，为满足国家、各个行业领域的网络空间安全防护和保障、以及企业自身的安全要求，如何开展网络安全和合规风险处置？

（3）人是网络安全保障体系的重要一环，提升人们网络安全意识至关重要。企业应如何明确社会网络安全意识的举措，增强风险意识、全局意识、责任意识的提升？

自《网络安全法》之后，国家发布的一系列网络空间安全政策法规，紧跟国家网络空间发展趋势，立足于国家安全、社会稳定和人民利益，力求在总体战略下从各个重要行业和关键技术落实实施，是保障网络运行安全、数据安全、信息内容安全的有效参考，更是大力提升全民网络安全意识、全面保障各行各业网络安全、加速推进网络空间法治化建设的强心剂。今后一段时间内，我国各个行业领域的网络空间安全防护与保障工作必将在相关法规、标准的不断完善和指引下迅速步入正轨。

构建网络安全和合规风险管理体系

企业应采用 PDCA 过程方法，充分识别内外部环境，识别企业内外部环境对网络安全和合规风险管理体系的关键因素及其影响、开展对企业内外部环境及其因素的持续监视和评审。明确相关方对网络安全和合风险管理体系的要求，充分发挥领导力与全员作用，通过明确网络安全方针、目标、管理职责、夯实基础保障、明确网络安全和合规管理要求、开展风险评估、实施绩效评价，通过推动网络安全管理各个领域的联动及其持续改进，实现网络安全和合规管理的螺旋式提升，应对内外部条件的动态变化。

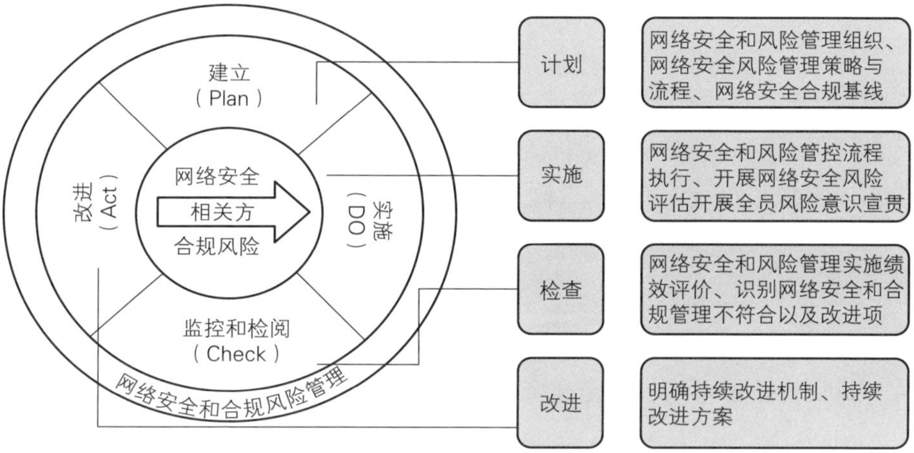

图 5-4-11　构建基于 PDCA 的网络安全和合规管理风险体系

处置网络安全与合规风险

企业应加强对网络安全风险的把控，全面提升网络安全保障水平，“没有绝对的安全”是网络安全从业人员的共识，实施网络安全风险管理，将安全风险控制在可接受的水平是网络安全工作的基本方法论。企业实施网络安全和合规风险管理，在法律的基础上，还应依赖科学先进的网络安全标准。2018 年 8 月，中央网信办、国家市场监督管理总局、国家标准委联合印发《关于加强国家网络安全标准化工作的若干意见》，意见明确要求，推动网络安全标准与国家相关法律法规的配套衔接。企业应以法律法规为基，以安全标准为纲，只有“立得稳，行得正”的网络安全风险管理措施才能真正发挥其效用。企业应加强对网络安全和合规风险的把控，应全面识别网络安全风险，应在传统网络信息系统基础上，进一步扩展到国家关键信息基础设施、公民个人信息保护、数据出境、网络产品和服务、内容数据安全等多个方面，采用科学方法论进行风险评价以及处置，加强网络安全技术手段的应用水平，将网络安全风险管理的落地将会更加扎实。

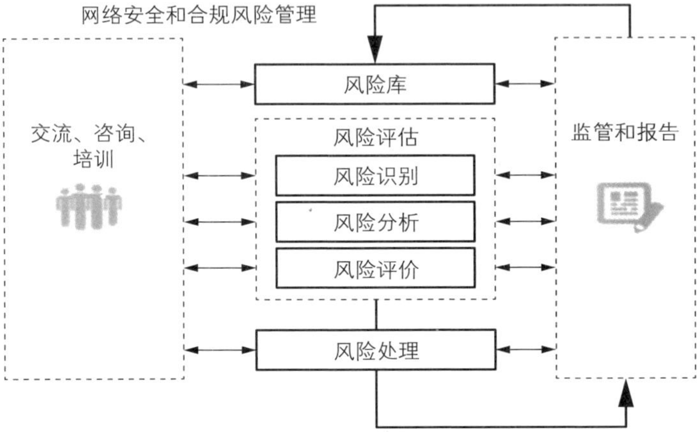

图 5-4-12　处置网络安全和合规风险

开展网络安全与合规风险意识宣贯

网络空间正在深刻影响人类社会历史发展的进程，网络安全形势也日益严峻，全力保障网络安全是建设网络强国的核心任务。人是网络安全保障体系的重要一环，提升人们网络安全意识至关重要。《网络安全法》明确要求采取措施增强全社会网络安全意识，《国家网络空间安全战略》进一步明确增强全社会网络安全意识的举措，企业应特别重视风险意识、全局意识、责任意识的提升。《网络安全法》规定，网络运营者应当制定网络安全事件应急预案，及时处置安全风险；关键信息基础设施运营者每年至少开展一次风险评估。通过全天候全方位感知网络安全态势，让网络安全保障人员知道风险在哪里，什么时候会发生，发生后怎么办。具有很强的网络安全风险意识、全局意识、责任意识，保障网络安全就有了最坚实的基石。

综上所述，在不确定和动荡环境中生存和发展需要打破传统的思考方式以及有计划的风险承担。应该整体地、有机地理解企业组织。风险应当被视为可以优化和利用的机会，而非仅仅是成本。必须明白风险是相互联系的。像野火一样，风险会越过人为边界，必须设法防止这样的蔓延。如果某个风险与企业相关联并可能引起重大损失，那企业必须做足准备。世界一流企业在五大风险管理领域总结了十条金律，这些才是实现“风险管理助力绩效实现”的精髓。

- 预先检验你的假设。
- 承担足够的合理风险。
- 维持安全边际。
- 设定企业的时间窗口。
- 时刻保持警惕。
- 进度和动量因素。
- 管理关键因素。
- 预测失败的原因。
- 保持操作纪律。
- 验证信息及其来源。

（四）参考对标体系

以下为德勤风险智能诊断工具。

<table>
<tr><th>类别</th><th>负责人</th><th colspan="2">职责</th></tr>
<tr><td rowspan="4">风险治理</td><td rowspan="4">董事会</td><td>建立治理架构</td><td>· 重视风险智能文化建设
· 制定统一的风险管理标准和清晰的风险管理战略
· 批准建立风险管理准则
· 明确风险管理角色、职责和授权的定义与描述
· 定期接受风险管理培训</td></tr>
<tr><td>建立风险框架</td><td>· 完善风险框架，满足客户化、合规化、标准化的要求</td></tr>
<tr><td>发展并部署战略</td><td>· 风险因素纳入企业战略决策
· 建立风险清单，必要时评估风险事项影响广度与深度</td></tr>
<tr><td>分配风险管理职责</td><td>· 授权组建风险管理委员会，加强风险管理透明度
· 定期风险容忍度及现行风险管理适当性测评
· 定期进行公司的风险偏好及道德文化评估
· 积极与执行管理层沟通风险期望</td></tr>
</table>

续表

类别	负责人	职责	
风险架构及监督	执行管理层	建立风险管理基础	· 使用风险信息系统，推动数字化风险管理 · 数字化持续监控及预警风险 · 设立并鼓励使用匿名风险举报热线 · 运用大数据提高报告准确性与可靠性
		实施监督	· 收集、分析、汇总、沟通并向董事会报告风险管理的进程 · 整体分析各项关键要素，全面考虑应对风险 · 复核并加强风险管理的战略、政策、框架、模型和流程 · 确保风险管理战略与公司的整体战略相一致，并在公司范围内统一推行 · 明确风险管理指标和模型的局限性，并通过定性方法来弥补该局限性，包括引入专家的判断 · 多维度持续评估风险战略执行有效性 · 建立风险综合考虑机制，包括舞弊风险管理、安全和保密风险、环境风险、业务持续风险和税务计划风险等领域
		维护并持续改善	· 具备统一、详细的程序来根据内部复核、内部或外部评估、用户反馈、投诉和其他问题进行持续改进 · 对各渠道反馈的风险及时与相关的人员沟通 · 准确记录人员、流程和技术变革 · 建立风险管理考核措施 · 定期风险沟通与总结、及时纠偏
	内部审计、合规、风险管理等职能部门	确认	· 识别并评估所面临的重大风险 · 积极、主动、客观评价风险管理程序落地性与有效性 · 风险评估结果中风险语言、框架和方法具备统一性 · 风险沟通渠道明晰开放 · 风险管理目标执行过程工具、流程和其他资源具备前瞻性 · 建立权责分离机制，防范利益合谋
		监督	· 风险监控具备独立性、持续性 · 风险应对的资源投入不局限于高影响性和高脆弱性的风险事项

续表

类别	负责人	职责	
风险归属	业务单位	建立并培养对风险的认知以及相关知识	· 数据捕获时间与深度符合公司对于识别、评估、回应风险的需要并维持在公司风险容忍度范围内 · 信息系统融入公司运营的绝大多数方面 · 具备公司层面的数据管理程序，包括相关信息的取得、维护和分发 · 具备可靠的内部培训机制 · 企业内外沟通畅通有效 · 推进员工遵守诚信文化 · 适当部门与管理层保持风险管理事项沟通
		识别事件与风险	· 风险有效识别 · 所有重大风险均被识别并定义 · 将风险与价值驱动、财务和非财务等因素相结合 · 关联风险识别与分析 · 多渠道风险应对能力测试 · 多场景关联风险应对分析
		评估与衡量	· 风险评估涵盖已发生和未发生事件 · 风险评估具备统一对固有风险（未考虑风险应对措施）和剩余风险（考虑风险应对措施后的脆弱程度）标准 · 风险评估具备可持续性，且包含对公司价值的财务的和非财务的影响程度和其他因素，例如：风险的种类、动荡性、复杂性、关联性以及风险发生和蔓延的速度 · 风险评估的过程有内部和外部的专业人士参与
		风险应对	· 公司有充分的能力识别潜在的可能发生的事件并建立应对机制（措施）来降低其带来的影响和损失 · 风险按照其影响和脆弱程度进行评级，并且按此制定应对计划 · 公司建立并测试了针对重大风险而设立的第一应对计划（比如：业务中断、名誉受损；相应计划应包含应急机制和恢复计划等等） · 风险应对计划包括具体工作任务、需要的资源、人员的职责以及时间要求等 · 基于公司的风险容忍度形成并评估备用风险应对计划 · 对于重大灾难事件，公司制定并测试了其灾难恢复计划 · 财务报告包括公司重大风险及相应应对措施的披露
		设计针对风险的控制	· 建立重大风险管控机制，例如最高管理层的复核、直接的职能和行为管理、信息处理、实物管理、绩效指标和职责分工等 · 持续跟踪并及时通知各业务部门相关政策变化，各业务部门及时修订相关制度以保证合规

续表

类别	负责人	职责	
风险归属	业务单位	执行针对风险的控制	· 风险相关的控制活动有效执行，确保重大风险的风险应对及时进行
		测试针对风险的控制	· 适当测试各个流程、系统和职能的风险相关的控制活动，避免控制活动失效或冗余
		监督风险	· 对各项风险指标，设立早期预警系统来通知董事会和管理层 · 风险管理的监控和报告的频率恰当，能够保证及时发现重大的问题 · 管理层跟踪并监控任何针对控制活动失效而实施的整改活动
		风险上报	· 风险相关问题以及风险应对分析被有效地递承至管理层和董事会
	风险管理的支持部门	支持业务单位的风险管理	· 风险责任承担 · 风险定期评估、更新与加强 · 风险宣贯

成功案例　杜邦公司

杜邦公司概况

杜邦公司（DuPont）始创于1802年，是一家基于全球研究和技术的科技公司，凭借创新的产品、材料和服务，为全球市场提供世界级的科学和工程能力，协助应对各种全球性挑战，包括为全球各地的人们提供充足健康的食物、减少对化石燃料的依赖，以及保护生命与环境，让全球各地的人们生活得更美好、更安全和更健康。

杜邦公司的业务遍及全球90多个国家和地区，在全球有150多个研发中心和70,000多名员工，以广泛的创新产品和服务涉及农业与食品、楼宇与建筑、通信和交通、能源与生物应用科技等众多领域。公司致力于创造可持续解决方案，以帮助世界各地的人过上更美好、更安全、更健康的生活。2017年，杜邦公司与陶氏化学公司成功完成对等合并。合并后的实体为一家控股公司，并更名为“陶氏杜邦”。2018年，陶氏杜邦以627亿美元的营业收入排名全球化工行业第二名。

杜邦公司的风险智能举措

· 风险管理的综合视角

风险管理其实是整个企业尝试通过最优化在正面的机会、消除或者最小化负面的风险来对自身进行转变以产生好的商业效益。杜邦使用了一系列风险管理工具，调整传统风险管理的方法以更多地关注企业。风险并不是独立的危机，而是一种整体的战略，因此，杜邦确保公司里的每个人都理解风险管理不仅仅是高层办公室或内部控制、财务、安全部门的责任，更是每个人的责任。

· 处理复杂性与杜邦的风险领域地图

说到复杂性，像杜邦这样的主流、上市公司之复杂程度超出你的想象。这并不是因为管理层有意这样做，而是因为它在一个充满各种需求和限制的环境中运作。因为很难事先知道某件事会产生积极还是消极的影响，高度的复杂性又会与不确定性叠加。杜邦建立了风险地图来识别所有可能会受影响的领域。该地图永远不会完整，因为风险是由无数互相作用的变量组成，需要持续的动态分析才能确保实现真正基于风险的决策。这些变数往往都是关联的。杜邦的地图对公司必须应对的风险类型及范围进行了直观的展示。该图识别并排列了公司运营和风险的复杂程度。吉姆-波特说：“我们的风险地图试图展示所有的风险领域，从而使我们能够设置工作流程和系统进行早期预警。一旦被警示，你就可以采取最好的应对。我们尝试变得更积极主动，而非被动，并且利用我们的学习成果。

· 安全和操作纪律

安全是风险管理的一个方面，而综合的安全不仅仅是实物安全。安全并不只是扎紧篱笆，装上摄像头；而是从信息、人员、知识产权等各个角度形成全面的概念。杜邦的安保实践基于一个安全模型，从而使它在整个企业中贯穿始终，各业务部门负责安保事务，因为他们必须管理企业和风险。操作纪律是一种防止意外事件的基本安全保障的组成部分。对于杜邦来说，操作纪律就是帮助公司理解各部门想要建立什么资产，想在什么地方建立这样的资产，以及可以为这样的资产投入多少。一旦做出这些决策，杜邦就全力以赴执行有关工作流程。杜邦的操作纪律是基于数十年经验所累积的工程原则和最佳实践而形成的。在这一意义上，操作纪律是杜邦开展工作最有效、最具效率的方式。

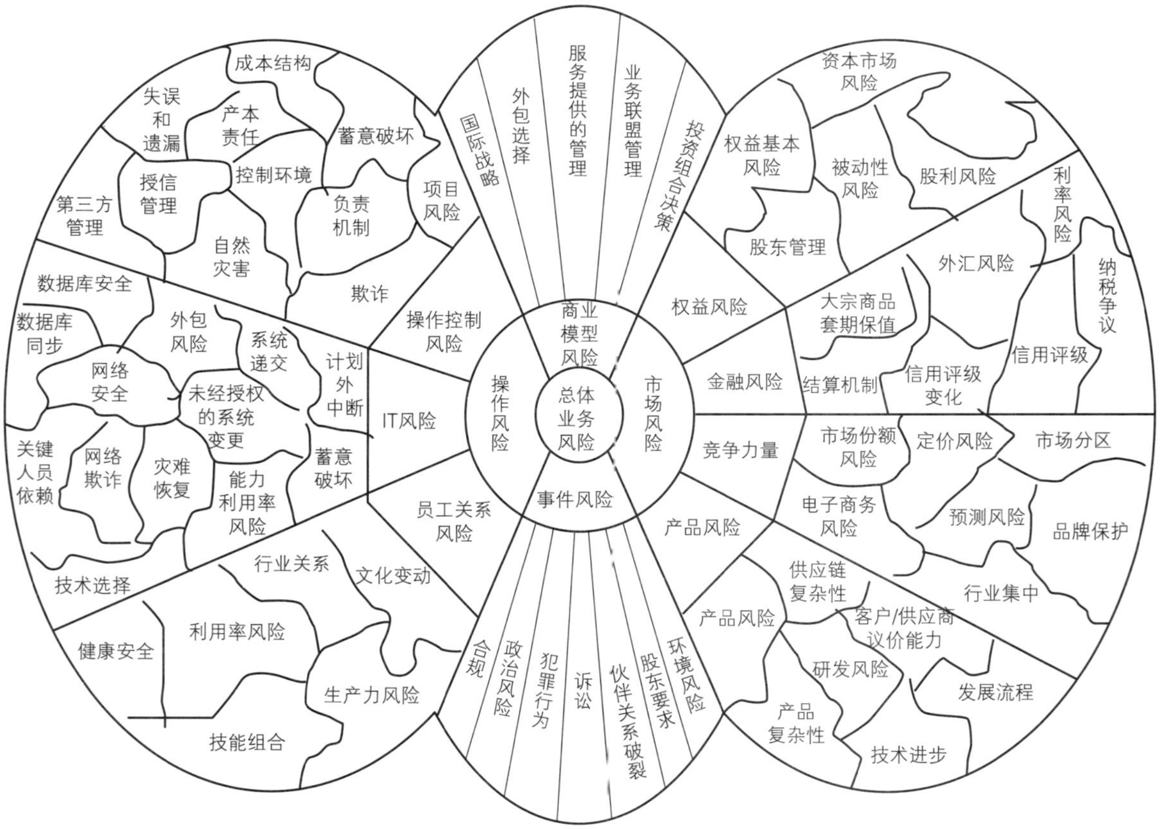

图5-4-13　杜邦风险地图

资料来源：德勤. 风险智能，2015.

· 弹性的优点

操作纪律一直是商业成功的关键，但弹性也是必需的。如果所有工作从研发、供应链管理到客户管理都通过有纪律、有秩序的方式去做，就更能确保企业的可持续发展。最终，弹性就是成功地应对预料之外的事件，它也要求用可持续的方式去做正确的事。

· 价值观是基石

企业需要建立核心价值观，也就是建立去做正确事情的文化。在杜邦的案例中，价值观围绕安全，全力实现“零受伤”的目标。除此之外，杜邦的价值观围绕保护环境、尊重个人、维持最高的职业道德标准。杜邦的目标是零伤害事故，针对环境负面影响、职业道德、对待员工的方式也是如此。这一目标是杜邦管理企业、协同工作的基础。如果每个人都有一样的价值观，操作纪律的确立就会容易得多。显然，一家公司很难创新中也零错误，但杜邦使用严格的流程去管理创新，对创新采用“门坎”的管理方式。这一方式不会对怎么工作、在哪个领域工作设定限制，但必须事先取得批准才能执行。强大的操作纪律能够防止开支过大的研发项目，或者后期无法产生实际效益的试运行。杜邦常常引入拥有专业知识，而不是直接参与项目的专家来评估项目，目的是获得额外的观点。真正的更关键是谨慎开始而非迅速扩张。

· 危机管理：你的后盾

即使做出了最好的努力，还是会有事情无法按计划进行。这时该怎么处理？杜邦建立了由首席执行官领导的完善的危机管理流程。假设在墨西哥湾发生了一起飓风，而杜邦的某家工厂可能会受其影响，就会启动危机管理流程。飓风登陆前 5 天公司就会开始跟踪，如果飓风登陆地点在工厂附近，公司不会让它在飓风来袭时还维持运转，但也不会在不必要的情况下关闭工厂，让生产遭受损失。

危机管理会成为公司的后盾。当然，公司应该通过建立正确的目标、妥善管理信息、严守操作纪律、建立完善的流程，从经验中学习等方式来避免危机。但还有很多事情在预期控制之外，无法被防止。这就是为什么需要完善的、基于操作纪律的危机管理流程。

第五节　国际化

具有全球竞争力的世界一流企业要素五：以全球视野及双赢的开放合作心态，立足全球配置资本、人才、技术和市场等各类资源。国际影响力强，准确定位适合自身发展的国际化模式，在快速发展的新兴市场占有先机。海外战略一体化管控措施强，包括组织、运营、研发、人才管理、风险控制和企业文化管理等。

一、一流特征

国际大型集团在全球化与新兴市场发展中经常碰到的问题可从客户与市场、政府关系及运营管理三个方面总结，主要包括以下十个要点：

客户与市场

1. 高速发展：发展速度过快，可变因素过多，企业不能快速满足市场需求。

2. 需求满足：渠道建设不能满足各种类型客户需求。

3. 客户支付能力：主要业务成长还主要来源于中低端需求，难以在短期内增加产品附加值。

政府关系

4. 政治经济稳定性：销售增长直接受这些宏观经济波动影响，项目风险会随政局突变而随时升高，且不可控制。

5. 地方保护主义：地方政府政策不利于公平竞争，没有当地政府关系资源去化解冲突与危机。

6. 知识产权保护：制约新产品、新应用开发。

7. 腐败：企业声誉会有意无意卷入这些丑闻事件中，使全球企业品牌受到影响。

运营管理

8. 基础设施：基础设施缺乏，造成后期运营费用激增。

9. 合作伙伴/分销商：太少关于当地合作伙伴的透明、准确信息，不易找到可信任的长期合作伙伴。

10. 人才管理：运营成本由于不能利用及留用当地人才而激增，甚至面临业务中断的情况。

对标世界一流企业，他们往往都制定了完整的1～10年的国际化战略，以世界市场为目标，对生产周期的各个环节实行全球化安排。他们在国际化的思维方式与布局上领先一筹，思维方式及其战略制定、运营决策和企业文化不仅以本土市场为限，而是以全球市场为参照背景，建立真正意义上有着国际化文化、国际化思路和工作方法，真正实现互联互通的国际化的企业。

国际化不仅仅是指出口产品至海外市场，或是在发达市场设立海外分支机构，而应逐步实现全球协同。**世界一流企业的特征为：**

1. 组织架构国际化。有效的本土、区域、全球组织架构及能力和总部的控制协调能力。

2. 资源配置国际化。系统地运用和调动全球资源，解决资源短缺问题，将价值链要素以最有效、最经济的方式进行配置。

3. 产品及品牌国际化。开发适合当地客户的不同产品，放眼并开拓未来新兴快速发展市场，构建完善、先进的品牌管理系统，将品牌运营为全球知名品牌。

4. 技术国际化。共享各地研发与产品应用经验，在优化本地技术应用的同时，掌握行业全球最前沿技术，掌握行业技术话语权，拓宽未来发展空间；利用当地应用开发，提供适合当地客户需求的创新性产品和服务。

5. 人才国际化。领导人拥有国际视野、丰富国际企业管理经验，充分利用当地人力资源与社会关系，不仅在当地稳健经营，而且可以把知识、经验、技能与人才在全球共享。

6. 企业文化国际化。本土文化与全球化文化相融合，有效地把企业的核心价值观复制到各地下级子企业。

二、国企现状

总结中国大型企业在走出国门的过程中一般会面临三种外部环境挑战及四种内部挑战。

（一）外部环境挑战①

1. 文化及法律差异。

由于企业对东道国的企业竞争环境、制度和企业经营环境不够熟悉，且面临语言障碍、文化冲突和管理理念差异等问题，大多数中国企业感到投资并购后的整合更加困难，而决定并购成功的关键恰恰在于整合。国有企业受传统计划体制影响深，对西方市场经济理念、经商规则及商业惯例缺乏深入了解，在投资后对业务和管理流程和组织架构的整合往往不到位，语言文化的差异使企业文化融合更加困难，导致有的企业在并购后重组形式上实现了联合而不是实质性的融合。

2. 反托拉斯和安全审查。

反托拉斯和安全审查应特别关注，确保交易顺利成功。随着国有企业对外投资的增加，加上各国贸易保护主义的抬头，使一些国家对中国海外投资疑虑重重，通过各种措施对中国国有企业进行遏制，动辄以国家安全为名对中国国有企业海外投资并购实施严格的个案审查，甚至政治干预。由于国有企业往往被认为是贯彻国家战略的主体，企业目标多元，经济利益可能不是最主要的目标，这不仅使国外政府从国家经济安全角度提高警惕，国外商业合作伙伴也感到中国企业行为方式独特且难以捉摸，合作前景具有不确定性。尤其是中国对外投资高度集中在金融、采矿等比较敏感的领域，而且过于强调战略投资，更加剧了国际社会的担忧。中国铝业公司并购力拓的失败以及五矿集团在澳大利亚并购受阻的深层次原因就在于此。

3. 贸易保护主义及地区政治风险。

金融危机后，贸易投资保护主义有所抬头，发达国家投资壁垒增加阻

---

① 曲风杰．中央企业国际化之路，2017.

碍我国企业对外投资，发展中国家则更加注重资源、环境和市场的保护，从生态环保、就业和税收贡献等方面对企业投资提出更加严厉的要求。国际金融市场也更加复杂多变，加上主要国际货币汇率大幅震荡，跨国企业经营一旦在结算币种选择和汇率走势判断上出现失误，企业境外经营都会蒙受巨额损失。复杂的国际政治和经济形势导致国别风险加大，一些国家和地区尤其是资源丰富地区往往内在矛盾复杂、治安较差、甚至出现武装冲突，有的地区还是大国角力和政治风潮涌动的敏感地区。这些因素均使国有企业存在对外投资安全风险和社会风险。

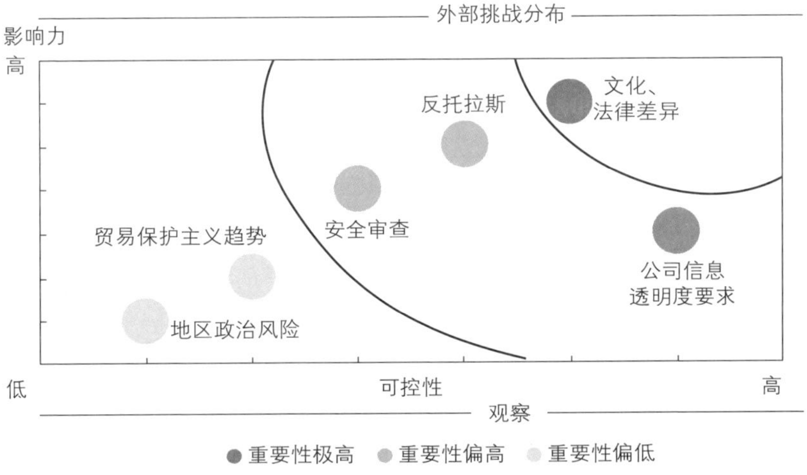

图 5-5-1 企业海外投资面临的外部挑战

资料来源：德勤．中国在北美和欧洲地区海外 M&A 项目，2017.

注：“可控性”指企业管控各科风险的能力。

“影响力”指风险对整体并购的影响程度。

（二）企业内部挑战

1. 管控与组织能力不强。

目前我国国有企业的组织结构仍不合理，大而不强的问题比较突出。许多行业还处于国际产业链低端，一些企业仍然延续高投入、高消耗的发展模式。一些中国企业管理链条过长，集团管控能力弱，缺乏对重要子公司和境外资产的有效监控和管理，重大资产损失时有发生。另一些企业盲目扩张经营范围，主业不够突出，主营业务盈利能力较弱或盈利基础不牢固，财务和经营风险大。

2. 风险应对能力弱。

大量事实证明，事先对风险准备不足、事中对风险不善应对、事后对风险不予总结改进是许多企业海外投资失败的主要原因。在复杂的国际政治经济和安全形势下，国有企业国际化经营在获得新的发展机遇同时也面临着更多的不确定性。在此情况下，单纯将风险作为遭受损失的可能性来理解已无法适应现在企业风险管理需要。因此，对于国企而言，应对风险需要建立一个良好的风险管理体系，来识别、分析和控制风险，为企业目标的实现提供保证。

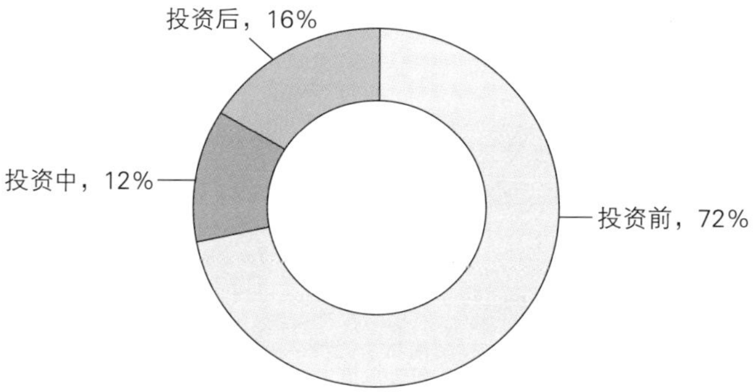

图 5-5-2　投资过程中最具挑战性的阶段

资料来源：同图 5-5-1。

3. 投资周期管理能力仍需提升。

完整的海外投资过程主要分为三个阶段：投资前——投资策划；投资中——市场进入；投资后——整合发展和退出市场阶段。德勤近年来的一项调查显示，在对外投资过程中，72%的参与调查的企业认为投资前是企业海外投资最具挑战性的阶段，这正是反应了大家对后期整合挑战的估计不足。

三、最佳实践

国际化是所有讨论的要素中最综合化的一个管理要点，需要全盘规划。同时国际化的第一步就是做好本地化，这里有两层意思：第一，只有强大的总部，在战略、领导力、组织、管控、风险管理、信息化建设、人才、创新、品牌与客户、资源配置、供应链管理等等各个方面都达到了一流水平，企业在多地区复制成功模式的进程才自然可以加快。第二，“民族的就是世界的，世界的就是民族的。”真正的国际化企业，会深挖地区性市场的需求，才能真正在各地市场有效扩张①。在完成海外并购之后，国际一流企业在海外资产管控中关注如何通过有效的管控，有效管理海外资产、提升投资回报。通常他们注重以下问题。

1. 目前是否具有面向所有海外资产及业务的统一的管控模式，同时能适应今后规模的继续扩张？

2. 在公司总体管控模式之下，针对不同的模块、区域，应如何切分总部与分子公司之间的权责和组织架构，来促进各项业务的发展？

3. 如何设置总部与分子公司之间的考核激励机制及相应的 KPI 指标？

4. 如何在总部层面建立统一的海外资产管理机构，来面向全体境外业务进行管控、跟踪、监测，以及进行必要的决策？怎样的决策流程是合理的？

下面我们将详细介绍完整的海外资产管控步骤。

维度一：管控模式设计

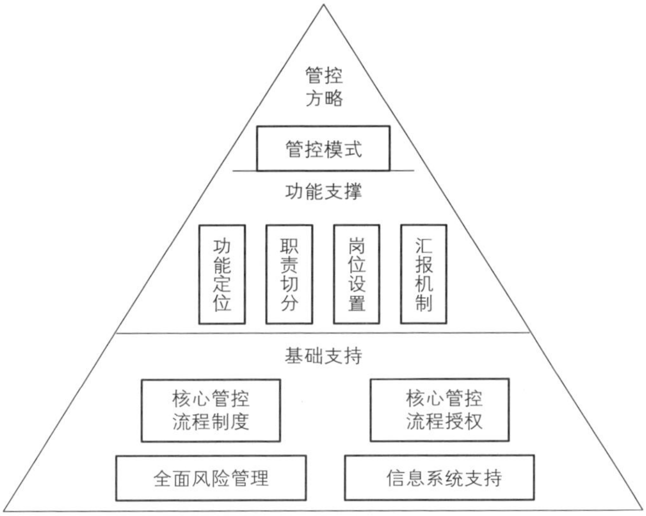

图 5-5-3 海外企业管控步骤

资料来源：同图 5-5-1。

① 李伟杰．中国企业如何通过有效的海外资产管控提升并购价值．2014 年．

想要取得成功的海外资产管控，企业的首要工作就是设计完整的海外资产管控模式。企业需要从管控方略、功能支撑及基础支持方面入手，构建多维度的海外资产管控模式。

公司战略制定是管控模式的基础，首先应当根据战略与业务发展确定管控原则，厘清如何强化总部管控，如何精益化海外公司职能，如何实现管理差异化。管控模式并不是单一存在应用的，通常是结合海外资产的运营及管理现状，在不同层级的部门形成“财务+战略”“战略+运营”等不同的综合管控模式。

维度二：职能定位与职责划分

在确立了总部与海外控股公司的管控关系之后，企业需要进一步确定总部与海外公司在管理方面的职能定位与职责划分。基于所采取的不同管控模式，对总部、各海外全资控股公司相关的功能进行定位。

1. 总部职能：投资支持中心或决策中心或是指挥中心。
2. 海外公司的定位：作业中心或兼顾自主投资的职能。
3. 对投资决策管理、资产管理所涉及的所有职能进行梳理。
4. 规范董事会管理与公司治理结构。

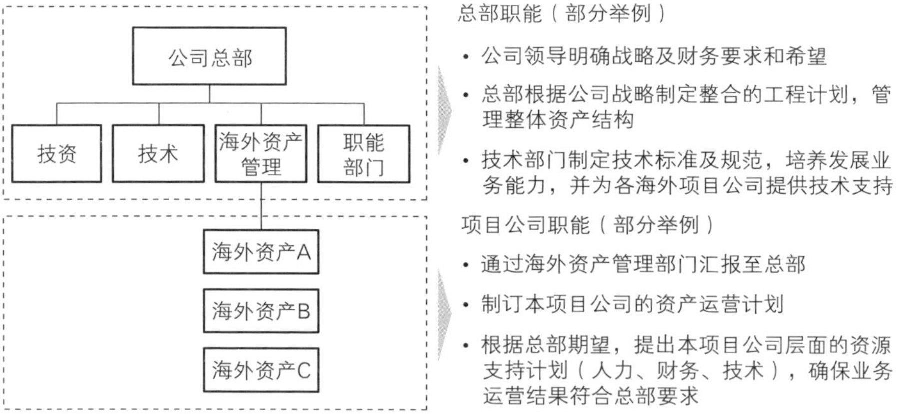

图 5-5-4　某工程公司海外资产三级管理架构

资料来源：同图 5-5-1。

基于总部和下属海外全资控股公司的管控关系以及各自的功能定位，对相关职能和权责在集团总部以及下属公司之间进行划分和分配。

维度三：岗位设置与汇报机制

基于总部与海外控股公司的管控关系，进一步确定总部与海外公司的岗位设置与汇报机制。完整的基于管控模式的组织架构优化方法如下：

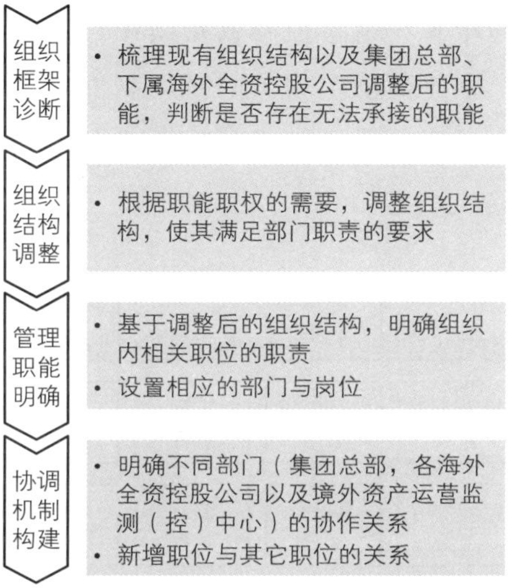

图 5-5-5　岗位设置与汇报机制

资料来源：同图 5-5-1。

目前海外资产管控通常采取三级组织的方式。即总部 —“海外资产管理部”— 海外公司三级组织。即在总部层面成立专门的部门，如“海外资产管理部”或“海外资产运营监控中心”等二级部门，专职管理海外资产。二级部门对于海外资产的管控又可分为两种模式。

1. 实际控制型。二级部门承接总部之外的所有管控职能，海外资产实体只负责日常运营及执行。这种模式通常适用于项目制的海外资产；

2. 虚线管理型。二级部门没有或较少实际权力，作为归口部门上下传达，海外资产实体有较大的自主职权。

职责划分需要依据管控模式，按照管理架构对二级与三级部门进行量化职责划分，实现权责对等，提高决策效率。

维度四：核心业务流程优化

管控流程的确定与优化可以提高企业对海外资产的管控质量。在确定了管控模式、组织架构与职责划分之后，企业还需要对核心业务流程及管控流程进行必要调整，以确保个关键职能的落实以及管控模式的固化。流程和制度是企业内部管理的核心，企业规范化、流程化管理离不开流程与制度的有力支撑。二者共同作用，方能形成对中国企业及其海外资产、员工及管理者的有效约束。在此阶段，流程调整应遵循战略导向、效率提升、协同增效、风险控制以及操作自动化的原则。在确定了核心业务流程之后，企业需制定相关的管理制度与规范，使集团总部对海外资产的管控有据可依，并确保“管控模式”实施的可实施性、可复制型及规范性。

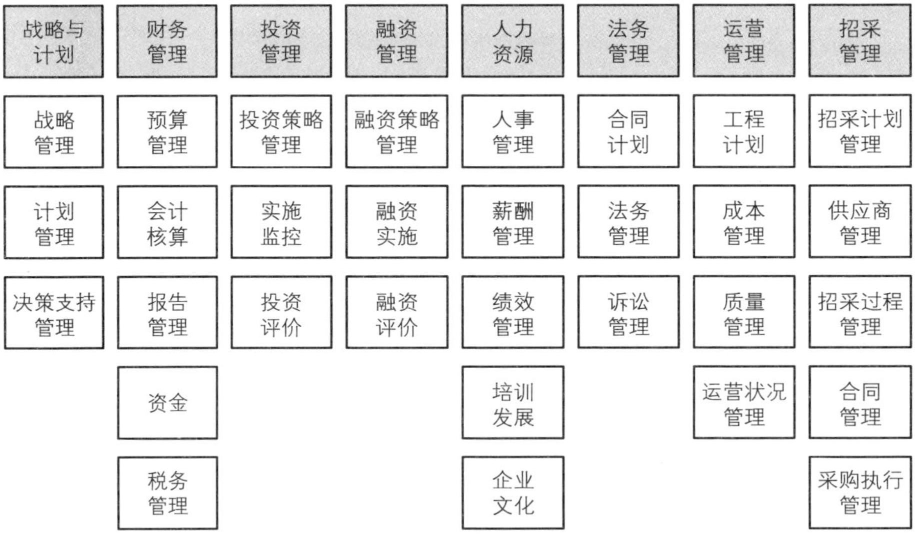

图 5-5-6 岗位设置与汇报机制

资料来源：同图 5-5-1。

维度五：绩效考核与激励

绩效考核与激励是企业价值的主要驱动来源，中国企业在对海外分支机构的管控过程中，应以评价考核为手段，建立合理的奖惩激励机制。公司总部应根据不同管理层级设计合理的绩效考核标准，定期实施评价考核、根据考核评选结果进行奖励惩罚，实现企业的闭环管理，推动整个公司对海外分支机构管控体系的有效持续运转。

德勤企业价值地图从四个方面，分四个价值动因层级协助客户分解公司价值。每一个级价值动因，都对应一系列的绩效考核指标作为支撑，企业价值、关键业务行动及 KPI 之间从上至下有紧密的相互连接关系。

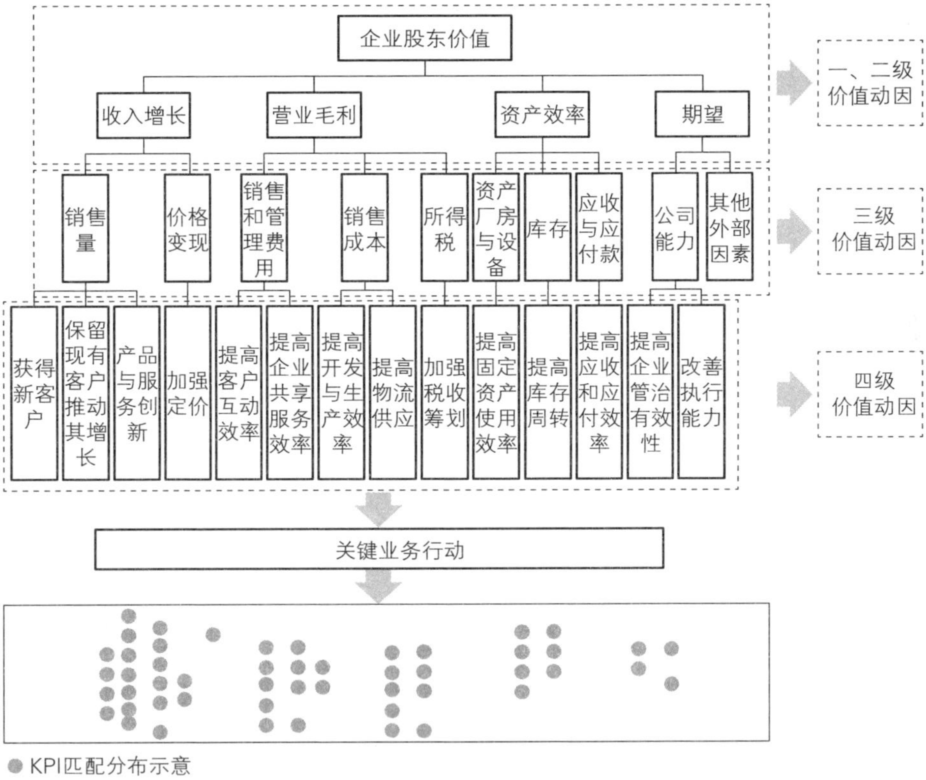

图 5-5-7 企业价值驱动分解

维度六：全面风险管理

企业海外管控由于地域、文化、政治制度等差异，存在巨大风险。在国际化过程中，企业应关注以下风险类型，有效保护企业价值。

1. 政治风险。境外投资政治风险是指因投资者所在国与东道国政治环境发生变化、东道国政局不稳定、政策法规发生变化给投资企业带来经济损失的风险。政治风险类型：国家征收、东道国违约、汇兑限制、罢工、战争、政治暴乱、保险理赔等。

2. 商业风险。境外投资商业风险是由于商业经营活动天然具有的风险。商业风险类型：合同条款约定不明的风险、合同相对人资信瑕疵引致风险、见索即付保函独立性的风险等。

3. 税收/外汇风险。境外投资税收/外汇风险是指收购海外目标企业时可能面临的目标企业有应尽而未尽的纳税义务导致收购后企业税务负担变相增加的风险，及收购过程中外汇汇率、利率波动等情况带来的资金损失等风险。税收/外汇法律风险防范措施：进行税务尽职调查、充分考量东道国的具体税收协定及收购资产折旧方法、重视运用金融工具、积极防范利率、汇率波动等情况带来的金融风险、在条件允许的情况下使用人民币进行海外并购等。

4. 劳动法律风险。境外投资劳动法律风险主要是指投资者在海外经营雇佣当地劳工时所需要注意的风险，主要包括：劳工工资/补偿/调整/解聘等问题，并且各国对劳动用工标准（如最低工资，集体合同等）规定的不同导致对劳动关系处理的不同。劳动法律风险防范措施：

（1）应全面了解被并购企业所在地劳动关系的相关法律、法规以及劳资纠纷的争议解决程序。

（2）还应对各国劳工关系的文化背景进行深入了解，在对上述背景、法律全面掌握的基础上，对并购涉及的相关劳工风险进行全面评估和预判。

（3）在并购完成后的整合过程中，中国投资者还应依据当地法律及文化逐步清理原有劳动关系，在纠纷发生后依据当地有效法律和争端解决机制合理解决劳动纠纷。

5. 知识产权法律风险。境外投资知识产权法律风险，是指在海外收购项目中涉及知识产权所有权归属等相关纠纷。知识产权法律风险防范措施：进行知识产权尽职调查、侵犯第三人知识产权风险分析、收购协议中的知识产权保护、项目交割后的知识产权管理等措施。

在总结了解了世界一流企业国际化进程推进的重点之后，我们还需注意以下中国企业跨境投资的申报备案。

（1）国家发展改革委员会：实行核准管理的范围是投资主体直接或通过其控制的境外企业开展的敏感类项目。核准机关是国家发展改革委。敏感类项目包括：涉及敏感国家和地区的项目，以及涉及敏感行业的项目。中方投资额 10 亿美元及以上的境外投资项目，由国家发展改革委核准。涉及敏感国家和地区、敏感行业的境外投资项目不分限额，由国家发展改革委核准。其中，中方投资额20亿美元及以上，并涉及敏感国家和地区、敏感行业的境外投资项目，由国家发展改革委提出审核意见报国务院核准。

投资主体直接开展的非敏感类项目实行备案管理，即涉及投资主体直接投入资产、权益或提供融资、担保的非敏感类项目。实行备案管理的项目中，投资主体是中央管理企业（含中央管理金融企业、国务院或国务院所属机构直接管理的企业，下同）的，备案机关是国家发展改革委；投资主体是地方企业，且中方投资额3亿美元及以上的，备案机关是国家发展改革委；投资主体是地方企业，且中方投资额3亿美元以下的，备案机关是投资主体注册地的省级政府发展改革部门。

（2）国家商务部：商务部和省级商务主管部门按照企业境外投资的不同情形，分别实行备案和核准管理。

1）企业境外投资涉及敏感国家和地区、敏感行业的，实行核准管理。

2）企业其他情形的境外投资，实行备案管理。

3）实行核准管理的国家是指与中华人民共和国未建交的国家、受联合国制裁的国家。必要时，商务部可另行公布其他实行核准管理的国家和地区的名单。

4）实行核准管理的行业是指涉及出口中华人民共和国限制出口的产品和技术的行业、影响一国（地区）以上利益的行业。

（3）国家外汇管理局：根据《国家外汇管理局关于进一步简化和改进直接投资外汇管理政策的通知》，境内投资者可自行选择注册地银行办理境外直接投资外汇登记，完成直接投资外汇登记后，方可办理后续直接投资相关账户开立、资金汇兑等业务（含利润、红利汇出或汇回）。

（4）国资委：国有独资企业、国有独资公司、国有控股或参股的公司（统称国有企业）进行境外投资，根据不同情况，首先需要得到国资委的批准、核准或备案。

1）中央国有企业应向国资委提交年度境外投资计划，并获得批准。

2）中央国有企业未列入年度投资计划的投资项目，应备案，并获得国资委的批准。

3）地方国有企业投资核准程序应当遵守地方国资委的具体规定。

（5）商务部反垄断部门：中国企业收购境外企业部分或全部股权或资产的情况下，有可能触发中国反垄断法下的经营者集中申报的要求。经营者集中的情形："经营者合并；经营者通过取得股权或者资产的方式取得对其他经营者的控制权"等，即经营者通过合同等方式取得对其他经营者的控制权或者能够对其他经营者施加决定性影响。但实践中，是否构成经营者集中需要视具体情况而定。

（6）其他相关部门：对于境外投资项目，除了上述审批程序外，还可能涉及国土资源部门、财政部门、税收部门、海关部门、外事部门的批准或支持措施。

国企的国际化是国企做大做强、转型升级的必经之路。"一带一路"给今后几十年国企的国际化带来的前所未有的机遇，同时也带来前所未有的挑战。展望未来，我们有如下建议：

（1）优秀企业的标志是实现可持续的盈利性增长。国企在投资海外项目或开展国际化经营之前要做好全面的可行性研究和预测，关注长期的利润和资产回报率。

（2）不跟风，不做冲动型投资，坚持和总体战略的相关性，重视风险因素，做好尽职调查，敢于否定项目。

（3）"一带一路"项目所在的各国，政治、经济体制机制千差万别，文化背景迥异、各种法律、税务和其他风险无处不在。企业所需做的不是回避风险、视而不见，也不是夸大风险、裹足不前，而是正确动态地识别风险、主动管理风险，规划好应对机制和措施。

（4）组织架构上，企业集团的海外投资或国际化经营需要有一个专职的部门总体规划、统一管理，各部门各岗位权责分明。

在"一带一路"倡议引领下，国企应抓住机遇，练好内功，在国际化过程中做大做强，转型为真正有国际竞争力、品牌影响力的世界一流企业。

四、参考对标体系

根据曲凤杰在《中央企业国际化之路》中的研究，构建我国中央企业国际化指标体系应采取“双向、四级、多指标”的方式构建企业国际化指标体系。“双向”是指输入要素和输出要素，“四级”则是指商品和服务、资本、人才和品牌以及规划四个层级。我们将“双向”描述为“走出去”及“引进来”国际化指标。

（一）“引进来”国际化指标

层级	对标要点
贸易层级	·海外营业收入占总经营收入的比重
	·海外经营业务种类和企业总业务种类的比重
	·或：企业业务海外经营分散度
	·海外业务的国家分散度
	·或：涉及发达国家业务规模占海外业务总规模的比重
	·或：发达国家数目占海外业务国家总数的
资本层次	·海外资产规模占总资产的规模比重
	·企业投资方式折算系数（有并购为1，无并购为0）
	·海外投资的国家分散度
	·或：涉及发达国家数目占海外投资国家总数的比重
	·或：涉及发达国家数目（非自由港）占海外投资国家总数的比重
	·海外分支机构数量和总分支机构数量比重
无形资产层次	·收取海外专利费用规模占营业收入比重
	·或：涉及技术出口的营业项目规模占总项目规模比重
	·或：是否存在涉及技术出口的营业项目
	·向其他跨国公司输出人才数量与离职总人数的比重（可使用简化指标）
	·拥有全球品牌排名前500位的品牌（自身成长为1，收购而来为0.5）
规划层级	·是否在商业规则制定中拥有制定权
	·是否在国际经贸合作中遵循国际规则
	·是否引进现代化的经营管理理念

（二）“走出去”国际化指标

层级	对标要点
贸易层级	·进口原材料和中间产品占消耗量的比重
	·进口原材料和中间产品的国家分散程度
资本层级	·境外法人投资规模占总资本的比重
	·资本股权结构的国家分散度
	·企业海外融资占总融资的比重
无形资产层级	·进口先进设备投资占新增投资额的比重（可简化）
	·技术引进支出占总支出的比重（可简化）
	·有过海外就职经验人才占总职工人数比重
	·有过海外就职经验人才占总职工人数比重
	·有过海外培训和教育经历人才占总职工人数比重

成功案例　雀巢国际化之路

创建于1866年的雀巢公司是全球最大的食品饮料公司，仅2016年销售额便达895亿瑞郎。雀巢公司在85个国家生产，189个国家销售，共计164个工厂。雀巢经历了两次世界大战和数次席卷全球的经济危机，但在多数有据可考的年份，雀巢财务状况都很稳健。更难以想象的是，这样稳健的企业，它的悠久历史却是无数次跨国并购写就的。

雀巢始终保持可持续稳健增长、发展国际化的“秘诀”在于其公司理念，但关键是它如何确保那些理念在全球拥有业务的近200个国家和地区落地呢？目前，中国企业正在以巨大的热情和速度投入全球化进程，进行跨国收购与兼并，雀巢在150年的国际化进程中的成功与失败的经验教训，值得中国企业借鉴。

国际化价值理念

2008年雀巢正式、清晰的向外界传递出了企业发展将要遵循“创造共享价值”这一核心理念。之后，随着雀巢国际化业务的发展，人们越来越清晰地意识到，雀巢这是为未来制定国际化中长期业务发展战略寻找到了一个坚实的理论基础。

“创造价值”意味着通过不断的创新增加利益、财富、与自我实现，“共享”则意味着平等的交流、沟通和多赢。“创造共享价值”所代表的核心观点，即企业的竞争力与社区的健康发展是息息相关的。企业的成功离不开社区的繁荣，因为社区不仅是产品需求的来源，而且提供了关键的公共资产和有利的经营环境。与此同时，雀巢相信负责任的企业着眼社会福祉未必会增加其经营成本。企业应该通过采用开发技术产品、优化管理体系来不断推动商业模式的创新，从而做到自身经营与所在社区等各利益相关方的多赢。

雀巢用了十年的时间，已经很顺利地将“创造共享价值”融入自己的企业价值观，并将其一步步发展为集团业务拓展的驱动力。随着雀巢开拓新“社区”、共享新价值，其本身也在与各个社区所进行的价值交换与文化交流中视野不断开阔、能力不断升级、成本不断优化，最终走向全面国际化。

“集中—分散性”管理方式助力国际化

任何企业进行国际化的核心难点都可以被归纳为一组简单的矛盾：企业既想最大程度上驾驭当地成本优势与市场优势、充分融入本地商业体系；又希望牢牢把控当地公司的业务战略、品牌导向与产品质量、不使“分权”变为“分家”。针对这组矛盾，雀巢采用的“集中—分散型”管理模式，其实与瑞士政府采用的联邦制十分相似：总部具有开放性与服务精神；除了制定统一标准和管理原则外，较少对各地进行管制，尊重各个区域市场的差异化选择与独创的商业模式；并致力于推动公司内部跨越国界和区域的交流。事实证明，只有这种管理制度，才能让雀巢在保持全球最大的食品企业规模的同时，不失去灵活机动的反应能力。

雀巢在公司内部刻意营造了与瑞士国内存在多元文化群体类似的气氛——这一做法让拥有截然不同的知识，经验和思维方式的员工有了双向流动、相互理解学习的机会。这种“类瑞士”的文化氛围，带来的最直接的好处就是激活了分公司与区域市场的创新能力，最终给各地消费者提供了最贴心的服务。

在对价值观和长期战略达成共识的基础上，雀巢总部会尽量减少对地方公司的干涉。总部会制定行事的原则与规则，并且推动整个集团的合规。但是，在面对当地复杂多变的市场环境时，各地雀巢分公司都有直接根据消费者的口味和饮食习惯做出反应的权限。

拿日本市场举例来说，雀巢培养起来的第一位日本籍 CEO 高冈浩三，他和他的团队一直以善于创新闻名。他们创造性的采用了雀巢“咖啡大使”这一独特方式，让雀巢咖啡在日本企业中实现了 B2C 的增量销售。其销售原理非常简单，在企业招募义务的“咖啡大使”，然后免费将雀巢特意为之开发的冲泡“雀巢金牌速溶咖啡”的咖啡机送入“大使”所在企业，放置在办公室的一角。大使从雀巢公司购买咖啡粉，再从喝咖啡的同事那里收取费用。这样购得的咖啡不但便宜还方便员工，激活了企业内部的社交气氛，还会让大师们因此获得“为他人服务”的成就感。这种销售方式几乎在日本之外的其他亚洲国家无法推行因为它是根植于日本极特殊的地域文化之上的：首先，日本公司员工的流动性很小；其次，日本人非常提倡讲秩序和“为他人服务”，绝大部分人都会自觉缴纳费用；最后，日本社会中的咖啡文化盛行，咖啡早已成为像茶一样普及的饮品。

高质量的收并购助力国际化

在过去 150 年的历史里，雀巢在收购、并购上一直表现出众，这也是雀巢践行国际化战略的必要手段之一。雀巢很重视产品，希望通过收购使自己成为某些目标领域的领导者。为此，他进行的是以价值观为导向、协同性为依据的高效收购。总体来看，雀巢对收购对象有两个核心要求：首先强调价值观的充分耦合；此外雀巢与对象间必须通过互补来提高彼此的能力，“创造共享价值”。

展开来讲，雀巢看中的合资或收购必须同时满足两个条件：

1. 对方必须财务状况健康，有长远发展目标，且与雀巢一样，对产品品质、客户体验有着严格地把控与要求；

2. 双方都要有意愿而且能够相互从对方身上学到新东西，这就意味着参与合资的企业必须拥有自己的核心技术、产品或市场优势。

在执行层面，雀巢的三大经验可被概括为能力开放、灵活并购与谨慎调研。

1. 雀巢习惯把自己的优势能力带入合资公司，以更好的驱动国际收购项目平稳落地。在初期，雀巢开放自身财务、市场、人力资源管理等能力给合资公司推动企业文化、管理规范与盈利能力的快速成型；随着时间的推移，雀巢更希望向合资公司开放更多自身在产品、渠道上的核心能力，让后者在未来增强创新能力和竞争力。

2. 雀巢对国际化要求的核心是全球一致的产品概念，如品质、营养与健康——并且可以利用全球渠道来满足消费者的需求。但是全球消费者的需求本身并不会变得统一，因此一个规模庞大的组织必须在收购策略上表现出一定的灵活性，才能应对各地市场的需求。

3. 为了有效避免国际并购中的风险，雀巢在合资的尽职调查中，对知识产权的审核就是一个非常细致和需要责任心的工作。雀巢很重视知识产权，一旦合资成功，瑞士总部、雀巢中国、合资企业这三方在知识产权方面还有一个协调适应的过程。

第六节　人才管理

具有全球竞争力的世界一流企业要素六：关键人才队伍规划聚焦企业战略性增长点及产业链核心价值创造环节，占据制高点。人才开发注重与外部专业机构密切合作，科学测评、加速成长、高效赋能。人才管理注重量才适用、人才沟通协作及提供更多跨界工作经验与机会。以富使命感的文化和事业平台吸引、激发人才，实现人企一体、人企共进，相互成就。

一、一流特征

逐鹿全球，得人才者得天下。全球化浪潮中，合作与竞争并存。这是一场自然、人力资源的争夺战。而企业若想在这样一个创新和技术进步至上的竞赛中独占鳌头长足发展，必须掌握人才，并想方设法让人才尽情施展才华；同样，也只有那些深得人才认同和鼎力相助的公司，才能基业长青。

全球人才市场供需结构性矛盾日益突出，要重视统筹全球性、跨文化人力资源分配。在西方，婴儿潮一代的退休以及出生率和移民率的逐年减低，意味着各企业将出现大量的职位空缺；而中国的计划生育政策也导致了技术工人的匮乏。此外，职场人群的巨大变迁还将因各国教育问题而加剧。例如美国、日本和德国的理工科毕业生的数目普遍较少，而印度、中国的则要多得多。这样的趋势意味着我们不能局限于国内资源展开人力资源争夺战，更要纵览国际形势，关注国际人才市场的变化。

技术革新日新月异，数字化转型浪潮向纵深发展，数字化人才、敏捷型组织等新课题进入企业决策议程甚至成为领先企业战略实施重要基点。首先，国际技术革新速度和复杂程度不断提高。公司如果要跟上技术革新的速度和复杂程度，就必须不断培训、发展员工。其次，员工的职业生涯需要更大的灵活性，组织也要求员工随机应变，所以员工必须广泛涉猎各个行业、部门和地区，以求能更好、更快地作出决策。最后，基于企业战略实施基点，充分利用最新技术赋能员工，加速信息、观点和创意共享与流动速度，促进组织自我更新、有机进化。

21 世纪初，面对劳动市场的变化，具有全球竞争力的世界一流企业纷纷发动了“人才战争”。虽然这些企业通过“人才战争”确实获得了一些有能力的员工，但是从长远角度来讲，高薪策略和对关键员工额外提供的津贴等策略很容易被竞争对手复制。所以，当今企业更加注重以富使命感的文化和事业平台吸引、激发他们，人企一体、人企共进，相互成就。

在人才素质培养与人才管理体系，世界一流企业的特征包括：

1. 人才规划紧贴战略情境与业务场景，人才管理嵌入业务发展。

2. 人才队伍结构合理，各层次各类人才齐全，协调发展，知识和能力有效互补。

3. 有快速打造适应全球化业务的人才队伍的能力。

4. 人才管理注重量才适用、人才沟通协作及提供更多跨界工作经验与机会。

5. 使人才、时间、与机遇同步，可快速培养、复制相应技能，以适应新的商业机会。

6. 个人创造性和团队协作有机统一，重视高绩效团队打造。

7. 利用最新技术赋能人才，数字化人才与敏捷型团队成为趋势。

二、国企现状

（一）主要工作成果

1. 开展国企改革“十项改革试点”。

2015 年 9 月，中共中央、国务院印发《关于深化国有企业改革的指导意见》[①]（以下简称 22 号文），在这份国企改革中央层面顶层设计的文件中，首次明确提出“人才资本”的概念，表明中央对于人才在推动国企改革中的重要地位有了突破性的认识。2016 年 2 月，国务院国资委、国家发改委、人社部联合召开发布会披露，经国务院国企改革领导小组研究决定，开展国企改革“十项改革试点”，其中超过一半的试点内容与人才体系的转型升级有关，再次凸显人才问题在国企改革中的重要程度。

2. 深化人才发展体制机制改革。

2014 年《关于加快发展人力资源服务业的意见》[②] 首次对发展人力资源服务业作出全面部署，2016 年《关于深化人才发展体制机制改革的意见》进一步突出了人力资源服务业在人才市场化配置中的地位和作用。随着《人力资源市场条例（征求意见稿）》面向社会公开征求意见，各地也纷纷在制度建设上发力，贵州、湖南、山东等地出台地方人力资源市场条例，北京、上海等地颁布实施人力资源服务业地方标准。随着制度日趋完善，产业集聚规模、功能多元健全、运行有序规范的人力资源市场体系基本形成。

3. 关于加快推进人力资源市场整合。

党的十八大以来，特别是随着 2013 年《人力资源社会保障部关于加

① 国务院 . 关于深化国有企业改革的指导意见，2015.

② 《关于加快发展人力资源服务业的意见》。

快推进人力资源市场整合的意见》① 的出台，人力资源市场整合改革工作加快了步伐。全国各级人社系统以整合资源、提高效率、深化改革、促进发展为重点，以为方便用人主体和求职者为目标，推动人力资源市场实现从物理整合到化学融合。目前，统一规范的人力资源市场基本形成，人力资源市场整合改革目标基本实现。

（二）挑战

未来企业的竞争就是人才的竞争。企业在战略性人才队伍建设与完善人才管理体系两方面做出不懈的努力。两者紧密结合可帮助企业正确实现“人才强企”，在人才培养与发展全生命周期中，最大化开发、利用、保留优秀人才，增加企业竞争力，提高经营绩效。

国资委为加快培育具有全球竞争力的世界一流企业而制定的指导意见中也提出企业需着重加强“建设高素质技能人才队伍”“重点建设优秀经营管理人才队伍”“重点培育科技人才队伍”，以及如何建立健全关键人才评价激励机制。

1. 建设高素质技能人才队伍。全面提升劳动者素质，建设知识型、技能型、创新型劳动者大军，培育高技能劳动者队伍是提高全要素生产率、适应经济高质量发展、推进制造强国建设的必然要求。建立健全技能人才培养、评价、使用、待遇相统一的激励机制，逐步提高技术工人待遇。建立基于岗位价值、能力素质、业绩贡献的工资分配机制，强化技能价值激励导向。制定企业技术工人技能要素和创新成果按贡献参与分配的办法，推动技术工人享受促进科技成果转化的有关政策，鼓励企业对高技能人才实行技术创新成果入股、岗位分红和股权期权等激励方式，鼓励凭技能创造财富、增加收入。大力弘扬和培育工匠精神，坚持工学结合、知行合一、德技并修，增强劳动者对职业理念、职业责任和职业使命的认识与理解，提高劳动者践行工匠精神的自觉性和主动性。

2. 重点建设优秀经营管理人才队伍。实行经理层市场化选聘，着力破除束缚国有企业用人的体制机制障碍。通过市场发现决策、执行、组织和

---

① 人社部. 人力资源社会保障部关于加快推进人力资源市场整合的意见，2013.

协调能力强，职业素养、文化水平高的一批优秀经营管理人才，建立以职业素养、职业能力为主体内容的国有企业管理者资质评价制度，探索建立市场化退出机制。切实落实企业经营管理人才素质提升工程，培养造就一批高水平经营管理人才，提高现代经营管理水平和企业核心竞争力。

3. 重点培育科技人才队伍。科技人才是国家人才资源的重要组成部分，是科技创新的关键因素，是推动国家经济社会发展的重要力量。完善科技人才评价激励机制，确立用人单位在科技人才评价中的主体地位，建立分类评价体系。根据科技人才所从事的工作性质和岗位，确定相应的评价标准和方式。健全科技人才流动和配置机制，确立市场在科技人才流动和配置中的决定性作用，健全科技人才流动和利益保障机制。完善领衔或参与国家科技重大专项、重大工程的科技领军人才培养、选拔和使用制度，重点培养重要行业和关键领域的中青年科研骨干、急需紧缺人才，造就和发现一批产业技术研发人才、工程技术人才、复合型科技人才和高级科技管理专家。加大对关键骨干人才的激励力度，在科技型企业、重大研发项目中，推动实施股权、期权、分红权等激励机制，建立健全有利于科技创新的中长期激励机制，探索建立规范地跟投制度。

综合来看，企业在人才管理方面主要面临的挑战可以归纳为如下 6 点：

1. 国际化人才队伍建设的挑战：缺乏全球视野经略人才。
2. 科研人才队伍建设的挑战：抢占人才制高点。
3. 打造大国工匠级人才的挑战。
4. 以客户为中心，锤炼市场开拓队伍的挑战。
5. 建设创新机制与文化，鼓励人才创业创新的挑战。
6. 前瞻行业数字化转型趋势，培养数字化人才的挑战。

（三）全球发展趋势

1. 趋势一：新的奖酬机制——个性化、灵活性和全局性。

员工利用自己作为个体的权力，要求企业提供更加个性化、更加敏捷和全面的奖酬机制，其中包括注重公平和公开的薪酬。尽管企业认识到这一整体转变，但只有 8% 的人表示他们的奖酬计划对建立个性化、灵活的解决方案来说“非常有效”。早期的实验正在探索如何持续制定适应多元化人才的统筹性的、多样化的奖酬机制并将其与个人偏好进行匹配。

2. 趋势二：福利——既是一种策略，也是一种责任。

随着工作与生活之间的界限进一步变得模糊，员工要求组织扩展其福利范围，纳入广泛的身体、心理、财务和精神健康计划。因此，雇主正在投资福利计划，这既是一个社会责任也是一种人才战略。超过 50%的受访者认为一系列的此类计划对员工而言“有价值”或“非常有价值”，但员工所看重的与公司所提供的福利计划之间仍然存在巨大差距。

3. 趋势三：人工智能、机器人技术和自动化——让人类一起加入。

过去一年，人工智能、机器人技术和自动化涌入工作场所，大大加速了组织内部和外部所需角色和技能的转变。也许令人惊讶的是，这些角色和技能关注的是“独一无二的人”，而非纯粹的技术。根据《2018 全球人力资本趋势报告》，调查受访者预测未来对解决复杂问题的能力（63%）、认知能力（55%）和社交能力（52%）等技能会有巨大需求。为了能够最大限度地发挥当今这些技术的潜在价值，并最大限度地减少未来对员工队伍潜在的不利影响，组织必须使人们加入进来，重新构建工作，重新培训人员以及重新安排组织。最大的机会不仅是重新设计工作或使日常工作自动化，还要从根本上重新思考“工作架构”，以使组织、团队和个人受益。

4. 趋势四：超连通的工作场所——工作效率是主导吗？

新的通信工具正在迅速进入工作场所。70%的受访者认为未来员工将花更多时间在协作平台上，67%的人认为“基于工作的社交媒体”会增长，62%的受访者预测实时消息会增加。但是，随着这些工具从个人生活迁移到工作场所，组织必须让这些技术应用于团队管理、目标设定和员工发展，以确保他们切实提高组织、团队和个人绩效，并促进必要的协作以真正成为一家社会企业。像外部世界一样，组织正在变得超连通，他们是否也能够拥有超高的工作效率？

5. 趋势五：太远是多远？

数据可用性的迅速增加以及强大的人员分析工具的出现为人力资源和组织带来了丰富的机会，但他们现在也在产生各种潜在风险。虽然超过一半的受访者正在积极管理员工对个人资料使用看法的风险，同时类似比例的受访者正在管理法律责任风险，但只有四分之一正在管理对其消费品牌的影响。组织面临一个临界点：制定一套明确的政策、安全保障措施、透明度措施，以及围绕人力资源数据的使用进行持续沟通，否则便有受到员工、客户和社会抵制的风险。

在这个新时代，人力资本与社会资本密不可分。这一现实要求组织在如何于当今时代开展业务，以及如何为未来的人力资本挑战做好准备两方面中找到一个基本支点。

三、最佳实践

（一）建设坚强的国际化人才队伍

国际化人才培养开发方面，要内部选拔培养与社会招聘相结合，以内部培养为主，社会招聘为辅。要加大国际化人才培养力度，围绕“国际化”主题，开展高层管理干部系统培训，确保高管建立国际化战略认知。要通过组织国际化人才培养储备班、定向班、实战班、语言班等一系列人才培养项目，快速打造一支国际化人才梯队。同时，在海外项目地开展属地化招聘，引进本地化人才，实现多样化人才供给。

海外业务人力资源管理体系方面，要从海外业务相关负责人面临的管理挑战与难点入手，共同合作、共同决策变革内容，建立标准化的海外经营单元人力资源相关管理制度与清晰的职责分工，加强总部对海外机构人力资源工作的指导，为海外经营单元提供有效的可复制的管理依据，进而提高海外业务负责人的管理效率。同时，在标准化制度框架下，保留海外业务负责人相关决策权。提升国企总部与海外经营单元双方人力资源管理水平，为今后开展海外人力资源管理工作打下了扎实的基础。修订境外派遣政策，保证人才选得出、派得动、用得好、回得来，推动企业外派的国际化人才建功立业。

课程开发方面，建立国际化人才发展课程库。要紧紧围绕企业国际化发展所需要的核心能力，开发课程，重点加强在投资运作、商务技能、国际化专业管理及跨文化管理等方面的能力提升。采用主题研讨、行动学习、团队拓展与海外实践等丰富多样的学习方式，全面提升人才队伍的国际化视野与国际化领导力软能力、国际市场规则与国际商务语言硬能力。

文化价值理念传承方面，对于符合企业国际化发展要求的人才，包括海外招聘人才，都要接受系统化的企业文化培训，使之融入企业的团队。要容忍失败，鼓励员工在陌生的环境中积极探索。要推动经验共享，将国际化发展过程中成功与失败的案例总结后进行培训、共享，加速组织学习曲线成熟与人才进化，促使国内人才源源不断地进入国际市场。

（二）打造世界一流的科研队伍

加强科研人才队伍建设理应成为战略性人才工程。以双通道建设为抓手，以机制建设为牵引，聚焦重点领域、前沿技术、技术引领，加强科研及专业骨干人才队伍建设。立足企业战略，结合不同产业特点和实际工作需要，分类分层建立公司科研人才配置目录，盘点配置现状，分层统筹做好人才的引进、选拔、使用、培养的全流程管理，注重统筹配置、共享使用、精准培养，实现人才使用效益最大化，形成梯次衔接、滚动培养的良性循环。

系统梳理科研目标、能力建设及承载项目三层科研架构体系，基于目标层—能力层—项目层整体布局，系统优化科研体系架构。建立以项目为主体的研发项目团队制，确保研发团队的精干、专业、专注、前瞻，同时要让研发团队更好地融入产业、对接市场。也可依托各产业平台公司作为管理主体，整合现有科研力量，设立相应研发中心，实现研发与产业、市场的直接对接。同时注重紧密联系政府、大学及外部科研机构，积极探索用合作共享模式整合社会科研力量更好地为企业所用。

针对这支队伍实施适度领先的薪酬策略并充分体现价值创造，配套两个机制：一是各项资源直接下沉到项目；二是建立与研发成果、市场转换效果有关的市场化分成机制，对于有重大贡献、突出成果的科研团队和优秀人才，要敢于重奖，给予表彰。要重视物质激励的相关机制建设，更要重视内部研发创新的运营体制机制建设，形成一个能更好地助力科研人才干成事、出成果的氛围与高效的管理体系。要让科研领军人才在专业领域发挥决策作用，制定专业技术标准与技术规范，让他们充分参与国际国内前沿交流、研讨。

（三）打造大国工匠级技能人才队伍

战略性产业工匠级人才的培养，全然不同于以往的传统产业，是一个全球性难题。这类人才具有高度稀缺、培养周期长的特点，需要前瞻性布局，系统性培养，人才发展与业务紧密结合，花大气力培养一支技艺精湛、作风严谨的工匠级人才梯队。同时，形成各岗位严格的操作规程与行为规范，将精益求精的追求落实于工作的每个阶段、每个环节、每个步骤，形成文化自觉，薪火传承，满足后续全球大规模推广生产运维需要，为企业的可持续发展及“走出去”重大战略实施做出贡献。

“虚实结合”设立各种专业研究平台。以高阶专业技术专家、技能大师为统领设立“专家工作室”“大师工作站”等相对松散的“虚”的平台，定期、不定期地组织有关学习、研讨、会诊；“专家工作室”“大师工作站”所在单位优先应用相应专业领域的新设备、新技术、新工艺，给予他们更多的技术改造、新项目开发的机会，让专家、大师们始终最先掌握最新、最前沿的技术，也有利于促进梯队建设。对于一些技术研究与日常工作深度融合或有一定固定的业务量的专业领域，可以直接组建实体研发中心、技术中心、工作站等，也可以建设技术、装备广泛领先的示范厂站，通过这些方式组成“实”的研究平台。

（四）锤炼强大的市场开拓队伍

富有进攻性的全球一体化市场营销体系是世界一流企业的重要组织优势之一。要围绕落实高质量发展思路，建立企业一体化的市场营销体系，整合总部—产业板块—一线单元三方面市场拓展团队力量与政府关系、客户资源优势，打造企业组织体系新的竞争优势。

产业板块及一线单元层面要加大市场营销队伍配置力度，积极抢占市场份额，同时这也有利于盘活消化冗员，优化人才队伍结构。要全力抓好市场营销，大力开拓有效益的市场，提高市场占有率。面向企业业务战略布局方向，树立以客户为中心的价值理念，加强市场营销队伍培训，建立市场拓展—方案设计—项目交付铁三角复合型营销团队，提供集成式一体化解决方案，抢占新兴业务市场。

（五）建设支持创新的机制与文化

建设世界一流企业、实现高质量发展要求我国企业建立支持创新的机制与文化，通过创新驱动、技术引领实现发展动力的变革。

建设促进研发创新、成果转化的激励机制。总部要牵头建立协同机制，对于重大项目科研与产业协同，要通过战略协同加分项等考评手段，肯定相关协作单位价值贡献。要建立科研项目分类定级管理机制，按项目战略度、项目难度、项目规模等指针设定权重进行综合评价，按项目分类定级结果匹配薪酬绩效资源包，基于项目整体质量、进度、成本、安全等考评，以及项目团队成员角色及价值贡献，差异化激励项目成员。学习借鉴一流企业科研成果转化促进机制，结合各类科研项目实际情况，对研发成果转化产生的外部市场价值与内部降本提效价值，探索建立市场化提成激励机制，从而加速科研成果转化，也有利于牵引科研人员树立市场化理念。

培育创新文化，建立容错试错机制。数字化时代已经到来，各产业与互联网、大数据、人工智能深度融和，这就需要大力培育创新文化，在一定范围内建立容错试错机制，在一定程度上允许失败，认识到失败的快、失败的早才能学得更快，建立敏捷创新、迭代开发理念，降低试错成本，加速技术成熟与人才成长。

探索建立敏捷开发团队，迭代开发。全球技术革命不断加速，多领域技术创新方兴未艾，企业应加大创新力度、打造先进技术开发商。为激发创新，加速成果转化，要借鉴移动互联网组织研发团队运作经验，探索建立敏捷开发团队，研发与用户一体，快速建立原型，不断迭代开发，大幅缩短研发周期，快速抢占市场。

（六）前瞻行业数字化转型趋势，培养数字化人才

应对数字化时代挑战，世界一流企业制定了积极甚至激进的数字化转型战略，以充分挖掘用户大数据、设备网络大数据以及组织人才发展大数据资源潜力。与业务战略相匹配，全方位推动组织、文化与人才的

数字化转型成为必需，具体措施包括组织数字化文化大讨论大调研、工作模式大重组、数字化领导力开发、全员数字化技能培训、数字化人才招募等。

当下我国国企数字化转型准备度整体较低，但普遍拥有海量的数字化资源宝藏，要基于集团未来新业态发展和技术转型需要，前瞻性建立数字化人才储备，形成各层面、各产业、各专业数字化人才储备地图。待组织的数字化战略路径清晰与确定后，有助于顺利启动战略，并进一步加大数字化人才招募配置与培养。

四、参考对标体系

德勤全球人才管理研究中心有着完整一套人才管理成熟度模型体系，供参考。

主要方面	对标要点
人才战略	· 共享价值观 · 与战略有机结合 · 人才计划统一性 · 人才发展负责人与业务负责人是战略合作伙伴 · 与文化建设有机结合 · 多元化人才 · 跨文化管理
人才管理技术和流程	· 人才管理系统自动化 · 人才管理报表完善 · 人才管理数据准确，系统化 · 人才服务共享化、网络化
关键岗位人才计划	· 关键岗位人才计划完备 · 未来领导选拔与培养制度完善
招聘与派遣	· 内部人才举荐机制存在 · 利用外部合作伙伴提高招聘质量 · 招聘管理与业务部门紧密配合

续表

主要方面	对标要点
培训与发展	· 培训战略完备 · 自助网络课程个性化、 · “一带一”培训持续开展 · 知识管理系统完备 · 入职教育常态化
绩效考核	· 绩效评估系统完备 · 人才素质与能力要求清晰 · 岗位职责与能力说明清晰
激励	· 认可员工贡献 · 员工保留计划完备 · 员工意见回馈工作持续进行 · 员工福利计划与绩效结果紧密结合 · 员工收入与绩效结果紧密挂钩 · 强调非物质奖励 · 员工福利系统完备 · 提供弹性工作机会
职业发展指导	· 鼓励员工沟通分享 · 职业发展指导正规化

成功案例　意大利国家电力公司（ENEL）

意大利国家电力公司（ENEL）是一家跨国能源公司，也是世界领先的综合电力和天然气运营商之一，2018 年财富世界 500 强排名第 83 位。ENEL 业务遍及五大洲的 34 个国家工作，年发电能力超过 86GW，燃气及输电线路超过 220 万千米，拥有终端使用者近 7300 万，全球员工人数近 63000 人。

“开放力量”（Open Power）战略构想与数字化转型

能源电力行业在数字化与聚焦客户这两个相互补充、相互加强的要素驱动之下正在发生深远的变化。数字化，以技术赋能富有创新性的流程和服务，对客户反应更快、成本更低；聚焦客户，使其更积极地参与到产业生态体系中。在这一背景下，ENEL 提出“开放力量”（OpenPower）战略构想，对外角度要求开放拥抱世界、开放拥抱技术，对内倡导员工之间相互开放。在将“一个新的富有革新和开放精神的 ENEL”的战略理念传递给客户和利益相关者之前，ENEl 首先在公司内部大力践行开放理念。为了在集团上下中创造一种倡导共享的文化，ENEL 发展出“星系”模型，包括公司使命（Open Power to solve the greatest challenges facing our world）、2025 愿景、四项核心价值观以及十大行为准则。在整个战略实施计划中，数字化和聚焦客户成为 ENEL 集团战略的关键使能者。

ALL IN 数字化组织、数字化人才与数字化文化实践

以文化变革为先导，开发数字化领导力：数字化转型不仅仅是新技术的引入，更是组织文化的切实变革，这涉及每一位员工。为了加速整个组织的数字化转型，ENEl 启动了一项变革管理计划，该计划始于三次活动（分别在罗马、马德里和波哥大发起），以提升数字化转型的领导驱动力。

打造参与型、敏捷型组织：2017 年 9 月，ENEL 发起一项全员参与问卷大调研，有超过 25000 人参与。他们提供了大约 4 万条建议、评论和想法。就三类优先事项（“与公司一体成为愿景的一部分”“了解我的同事、组织和公司程序”“我的培训计划”），提出了具体的行动细则，包括跨专业组织工作，实时沟通和常态化的跨部门互动。这种新的敏捷组织的文化以人为中心，鼓励员工参与其中，让员工以更加高效的协作协同快速创造价值。

为员工数字化技能培训和工作环境加强投资：在新的战略计划中，未来三年数字化投资已从前一计划设想的 47 亿欧元增加到 53 亿欧元。特别是，投资计划的重点不仅在于数字化电网资产（智慧电表，远程控制和系统连接），还包括数字化客户关系，特别是面向 ENEL 全体员工更为强化的数字化培训以及打造数字化工作环境。ENEL 原有的网络层次复杂、延迟大、网速慢，不仅无法满足 ENEL 新业务的需求，还影响了 ENEL 员工的办公效率。为此，ENEL 在全球采用桌面云、移动办公、视频会议等工具，在提高了员工的办公效率的同时也提供了卓越的用户体验。

战略性关键岗位继任者画像，建强梯队：为战略性关键岗位开展继任者计划，对标国际最佳实践，采取多变量建模为人才画像，识别后备人才的岗位准备度，同时这也有利于对继任者开展个性化的、富有针对性的能力发展项目。

招募数字化人才：基于公司数字化转型需要，ENEL 招聘重点是寻找具有高水平数字化技能的专家人才。招聘岗位主要关注 ICT、市场营销、通信、基础设施和网络等领域。

第七节 创新管理

具有全球竞争力的世界一流企业要素七：掌握具有自主知识产权的关键核心技术，突破制约行业发展的技术瓶颈，引领行业技术进步。高效的科技创新成果商业化转换能力可显著增加企业价值。有完善的内部创新管理流程与机制，且能实现多维度创新，增强企业竞争壁垒。

一、一流特征

后金融危机时代，全世界一流企业都把目光更多的聚焦于创新管理，以期望通过创新带动新的需求、市场及生产力。我们谈到“真正的一流企业归根结底就是能够产生领先的业绩，并且对其行业会产生巨大的影响的企业。一旦这家企业不在了，它将留下一个无法填补的空缺，其他任何企业都无法填补。因为企业超凡脱俗的表现，它建立起了真正与众不同的、特殊的价值。”这种特殊价值，无一例外来自于创新，无论是企业商业模式创新、技术创新、制度创新或组织管理创新。

国有企业对比国外一流企业所面临的独特挑战其中之一就包括如何往产业链或创新价值链的上端移动，扭转低成本供应、劳动力密集型、出口导向型、低附加值、缺乏品牌的局面。国资委在 2018 年出台了《关于进一步推进中央企业创新发展的意见》，对于贯彻党中央国务院对科技创新工作的要求，加强中央企业的科技创新工作做出了系统的安排和部署。

由于创新的成熟度不同，我们在高端访谈中发现，世界一流企业与国有企业面临的主要挑战略有不同，主要表现为世界一流企业更注重创新的市场化速度及回报，创新项目的舍取与平衡及产业链成员的参与性。中国企业则面临更多挑战，尤其是创新的理念和意识不强，部分产业缺乏关键核心技术，科技进步贡献率及研发投入不足，缺乏高效的创新过程管理与控制，知识产权管理等等。因此，我们要在“补课”基础学科、科技创新制度与完善管理方法的同时，紧密关注世界一流企业面临的新挑战，避免一些弯路，及时追赶并超越创新的领军者们。

表 5-7-1　企业面临的主要挑战

世界一流企业	国有企业
· 创新及经费，保证商业回报高；项目的筛选与平衡，控制总投入时间； · 创新过程中实现客户互动最大化，坚持市场导向和客户导向； · 缩短实验到市场化的时间； · 在全球各地分享研究成果，灵活、快速在各地实现本地化应用改进； · 缺乏统一化的流程来协调不同地区的研发与创新； · 科研人员的培养与激励。	· 科技创新体制障碍，创新的理念和意识不强； · 科技资源不足、分散，利用效率低下，重复研发、重复投入； · 缺乏系统集成能力； · 科技进步贡献率及研发投入不足； · 部分产业缺乏关键核心技术，没有能力参与国际标准的制定，缺乏行业话语权； · 基础研究相对薄弱，科研成果转化为生产力和产业化的有效机制尚未形成； · 科技人才队伍建设任重道远； · 不善于利用外界合作伙伴及开放平台； · 知识产权保护意识薄弱，管理有待加强。

“只有客户愿意掏出腰包付钱，我们公司的创新成果才会产生效益。”这就是世界一流企业看待创新的态度。几乎所有世界一流企业都在过去的五十年甚至一百年的发展过程中，利用创新的技术与商业模式，创造了令竞争对手望尘莫及的领先优势。这看似神秘的“创新能力”，实际是企业按部就班，在执行创新战略时点点滴滴的积累而形成的科学的、大胆的、为企业实现高附加值的工作成就，而并不是仅靠一些科学家或工程师，或偶然的智能灵光闪现就可以实现的。**世界一流企业概括他们在创新工作上的共性，无外乎于以下五点：**

1. 产品组织者：创新战略可根据市场需要，灵活实现从低端产品到高端产品的延展，或从高端到新的高价格竞争力产品的转换；

2. 研发流程与工具：多层次交互式流程实现企业内部及与外部合作创新；

3. 研发绩效管理与投资：按照战略发展目标优化对创新项目的选择及资金支持；

4. 领导力支持：高层领导全程参与创新的计划与实施；

5. 组织与文化：鼓励在合理风险缓解措施下，大胆追求变革的文化。企业里有许多令人称道的“创新典型”事例。

二、国企现状

（一）趋势

科技部、国资委在2018年5月28日印发了《关于进一步推进中央企业创新发展的意见》，明确了中央企业在创新方面的基本原则。

坚持科技创新与体制机制创新双轮驱动。加强科技发展规划和创新政策引领，支持创新要素向中央企业集聚，不断增强科技创新能力。通过体制机制创新，突破瓶颈障碍，提高资源分配效率，激发创新要素活力。

坚持政府引导和市场配置资源相结合。发挥市场配置资源的决定性作用，运用市场的手段，充分调动中央企业创新发展内生动力，更好发挥政府引导作用，创新国家重大科技任务组织方式，建立健全有利于中央企业创新发展的科研管理服务机制。

坚持聚焦国家发展战略布局创新资源。着眼国家战略需求和部署，强化中央企业在国家创新体系中的重要作用，在国家重大科技项目实施、创新人才培养、创新创业基地建设方面统筹考虑，整体布局，协同推进，促进科技重点领域取得重大突破和中央企业科技创新能力全面提升。

坚持基础研究、应用研究和技术创新融通发展。把握科技发展趋势，完善创新生态，把原始创新摆在更加突出位置，引导中央企业围绕基础研究、应用研究和技术创新全链条部署，增加成果供给，促进成果转化，培育发展新兴产业。

以上四条基本原则阐明在经济新常态下央企创新应以科技创新为主，加强自主创新能力，并聚焦国家发展战略。在此，我们将主要讨论中国企业在科技创新过程中所面临的挑战及可借鉴的实施步骤。

（二）挑战

从国家角度来看，中国经济的持续增长为科技创新提供了充分的资金保障。2017 年，中国在研发领域的投入达 1.75 万亿元，稳居世界第二位。其中，源于企业的研发投入已占比八成。这说明随着社会主义市场经济体制的逐步确立和改革开放的不断深化，我国企业为了生存和发展，加大了对科技研发的投入，不断引入新观念、新技术、新产品，积极开展创新活动。

对科技研发的投入只是科技创新的首要环节。企业想要有持续的科技创新产出，还需要注重建立创新平台、进行科技人才培养以及促进成果转化应用。以上三点恰恰是中国企业在创新过程中所面临的普遍挑战。

缺乏建立创新平台的意识。创新平台的建设有利于推动创新成果的产出。科技创新顶层设计过程中，推动创新平台能力建设是最为重要的环节之一。创新平台如国家级重点实验室、国家级工程中心、产学研平台及国际研发中心可以为企业带来更多的创新成果及专利数量。然而，大部分国企在创新平台的搭建上还处于初期阶段，在搭建目的上还处于政策引导阶段。

缺乏科技创新人才。科技创新人才的匮乏制约了企业的创新发展。目前，国企普遍缺乏高层次的领军型科技人才，特别是掌握核心技术，对未来技术发展方向和市场前景有清晰认识的创新型领军人才。其主要原因可概括为两点。其一，缺乏科学的人才评价体系。许多企业对科技人才的能力和水平评价仍依赖职称；在部分企业中，“大锅饭”、论资排辈等现象依然严重。其二，缺乏科学化的人才激励机制。相比欧美发达国家一流企业及外资企业，国企的科技人才薪资待遇水平较低，由此影响了对人才的中长期激励。

创新成果转化应用过程缓慢。目前，创新成果转化难已成为国企面临的普遍问题之一。由于国企传统的所有制概念，导致科技创新成果扩散至整个行业缓慢，从而科技转换水平低及应用效率不高。

三、最佳实践

（一）创新十型

创新需要辨识关键性问题，并系统性深入理解问题来提供简明的解决方案。纵观具有国际竞争力的世界一流企业，他们都是按照三个大类，以十种基本创新类型进行组合，形成独有的创新策略。**“创新十型”的三个大类分别是：内部配置、产品和外部体验。**其中，框架左边的类型最专注于内部且远离客户，右边的类型对客户的作用更加明显。

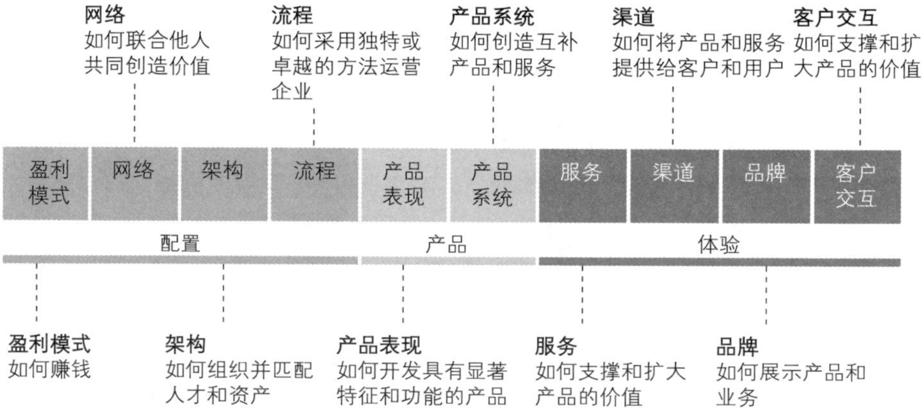

图 5-7-1　创新十型

资料来源：德勤．创新十型，2011 年．

配置类专注于企业最核心的内部运营和业务系统。

1. 盈利模式创新：如何盈利。
2. 网络创新：如何联合他人共同创造价值。
3. 架构创新：如何组织并匹配人才和资产。
4. 流程创新：如何采用独特或卓越的方法运营企业。

产品类关注企业核心产品或服务，或者是产品与服务组合。

5. 产品表现：如何开发具有显著特征和功能的产品。

6. 产品系统：如何创造互补产品和服务。

体验类更加关注企业及业务系统中面向客户的元素。

7. 服务：如何支撑和扩大产品的价值。

8. 渠道：如何将产品和服务提供给客户和用户。

9. 品牌：如何展示产品和业务。

10. 客户交互：如何支撑和扩大产品的价值。

在调研中，我们发现采用"创新十型"中 5 种以上的创新类型的企业占不到 1%，可被称之为"顶尖创新者"。相比而言，顶尖创新者曾多次成功推出新产品，这些公司使用的创新类型是一般创新者的两倍。创造出了更强大更难超越的产品。

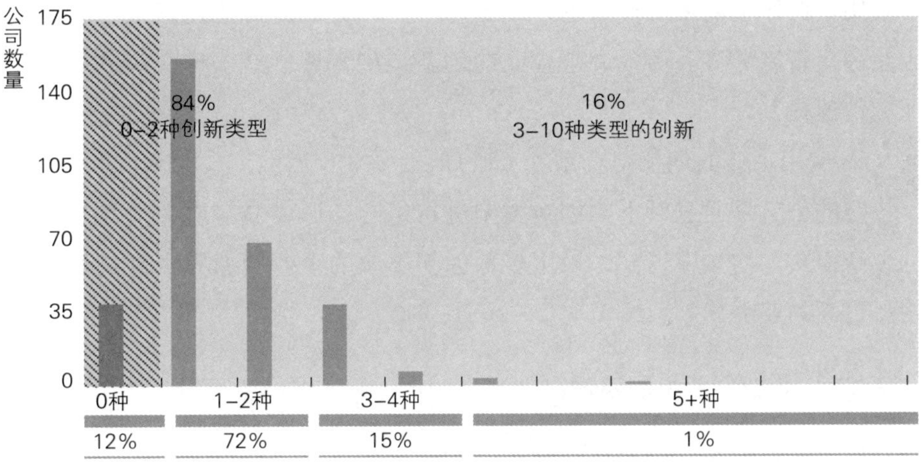

图 5-7-2 调研企业所采用的创新类型数量

资料来源：德勤．创新十型，2011 年．

在创新过程中，"顶尖创新者"会仔细分析行业内创新的各种模式，经过深思熟虑后，理性地选择不同的创新形式。通常，他们在选择创新形式的过程中会注重以下六点。

1. 理解十种创新类型。

顶尖创新者会知晓并深刻理解十种创新类型的价值和微妙的差异，并应用到项目中，使企业的创新能力得到提升。

2. 降低对产品和技术的依赖。

产品和技术是最容易被竞争对手复制的。顶尖创新者会考虑多种创新类型，兼顾产品和技术的创新，形成独有的、不容易被复制的创新模式。

3. 同时考虑十种创新类别和三大创新类型。

在创新过程中，一流的创新企业会有意识地试着用新的方式来配置资产、搭建平台和培育新鲜的体验。

4. 使用最重要的类型。

运用诊断的方式去了解哪些创新类型是你所在的行业容易忽略的。把它结合到整体创新规划中，提升企业的行业地位。

5. 了解你的用户的真实需求。

用户调研可以帮助你了解什么是与客户相关的，哪些创新类型将有助于给客户带来惊喜。由此调整企业的创新类型，让创新工作更高的服务企业的价值提升。

6. 使用足够的创新组合来夺人眼球。

好的创新是通过对不同创新类型进行组合，形成最适应企业自身发展的创新模式。前文中提到，采用多种创新类型的企业会拥有更高的股票价格，更高的业绩。

（二）企业创新机制建设

促进整个集团有机创新，需要健全的创新机制。世界一流企业的创新机制可用下图概括：

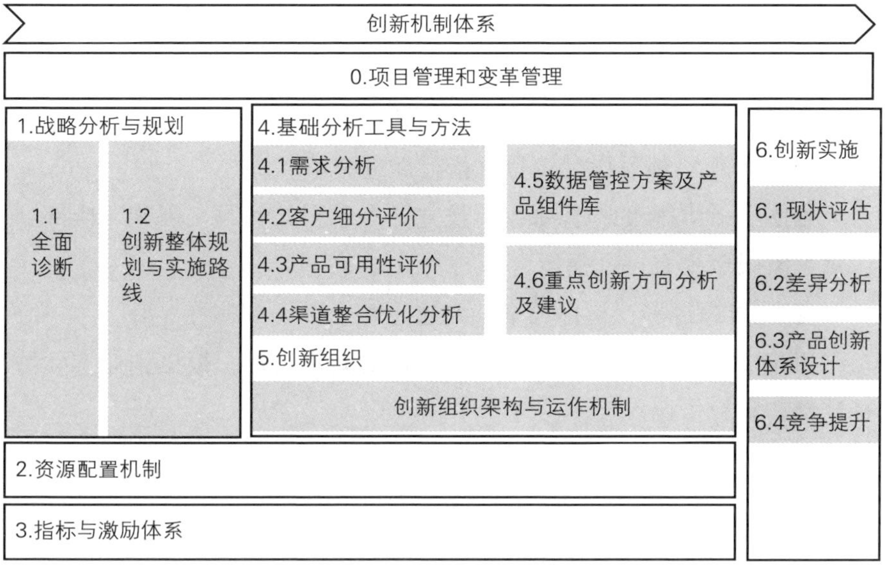

图 5-7-3　企业创新机制建设体系

下文将聚焦：**创新战略分析与规划、资源配置机制、指标与激励体系、创新组织、创新实施** 5 个关键环节分别介绍。

1. 创新战略分析与规划：找准定位。

使用“创新十型”来诊断、筛选，帮助企业搭建分析框架。

· 定义边界。

· 精确定义你所说的“创新”。

· 扫描多种信息源。

· 可视化及评估结果。

· 辨识关键的变革之力。

2. 资源配置机制设计：高效执行。

为适时把创新推向市场并有效控制预算，企业在管理创新项目时，要牢记以下原则：

· 为创新建立愿景——切勿随意而行。

· 设置约束，保证团队走正轨。

· 专注解决最困难的部分。

· 大胆地解决两难问题并保持耐心。

· 绝不要在真空中创新。

· 端到端的可视化体验。

· 与客户、供应商甚至是竞争对手协同创新。

3. 指标与激励体系设计：量化指标促进变革。

· 创建一个均衡的指标系统，设立四个象限：回顾、展望、内部、外部，每个象限至少有一个指标。

· 避免指标过多，指标数量不要超过 6 个。

· 指标必须有意义，选择企业代表性的衡量指标，根据企业实际情况选择定性、定量指标。

指标实例

	短期回报	长期回报
外部	· 创新项目的命中率 · 创新项目的经济价值 · 公司的净值 · 顾客满意度 · 品牌感知度提升指数	· 单独项目和整体组合的价值估计（EVA） · 由供应商、顾客和合作伙伴共同创造的创新项目在整体组合中的占比 · 企业和协作创新者承担成本的比例
内部	· 创新创造的净现值（NPV） · 创新组合的净现值增长 · 投入市场的创新项目百分比 · 创新项目的收益	· 创新项目与创新组合的预计净现值 · 创新组合预计净现值增长 · 备选创新项目的数量、速度与效率 · 创新组合与其他战略增长平台的锯合性

图 5-7-4　创新评价指标实例

资料来源：德勤．创新十型，2011 年．

4. 创新组织设计：需求出发、支撑创新。

我国企业在创新组织设计方面的短板值得被着重强调。目前，多数国有企业的创新机构即为分散在各业务条线的产业研发部门，而没有进行集团层面一体化的创新组织规划。这种情况往往会导致各创新机构之间各自为政，难以形成研发合力，对于跨部门、跨产品线的创新产品研发协同能力不足。国有企业可以从自身需求出发，考虑以下三种的创新组织设计模式中的任意一种。

选择一：协同推进型的创新组织

创新组织负责协同推进各部门的创新研发工作，实现产品创新的全流程管理。此模式的主要优点是创新方向明确，通过创新委员会的统一管理，把控产品创新全局。但由于企业的产品研发收归创新管理委员会一个机构统一审批，对审批人员及审批机构的运作效率要求较高，如无法实现短期高效审批，容易影响产品研发和上市进度。

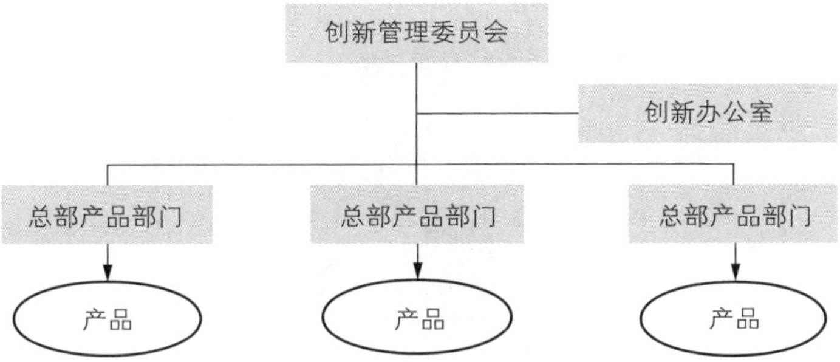

图 5-7-5　协同推进型创新组织

资料来源：德勤．突破创新窘境，2014 年．

选择二：单一创意直通型的创新组织

创新组织负责承担创新概念的前期实验室验证工作，通过流程解决从需求到创意，再到可行商业模式的转化。此模式的主要优点是创新机构通过收集和筛选，整合来自市场、客户、内部员工的产品创意，并对产品创新进行全流程管理。但局限性为创新机构的研究方向较单一，跨部门、跨产品线的项目管理能力有限。

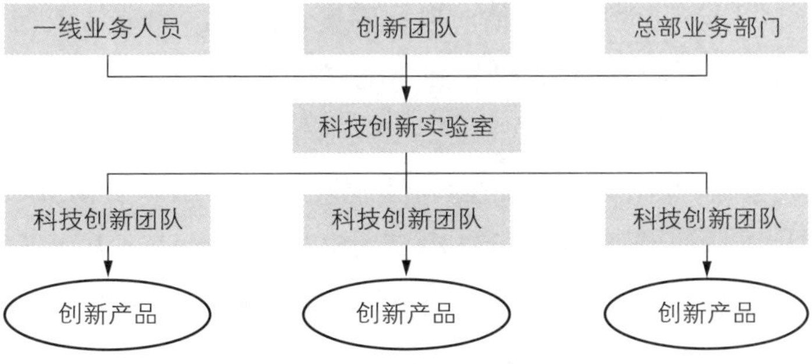

图 5-7-6　单一创意直通型创新组织

资料来源：德勤．突破创新窘境，2014 年．

选择三：区域客户主导型的创新组织

采用创新组织和科技服务中心合作的研发和销售模式，并通过区域性创新组织，为各区企业提供差异化的产品需求。此模式的主要优点是产品研发的针对性较强，如运作顺畅可大大提升产品研发效率。但考虑到创新机构的设置成本，实验室或创意团队的人员大多身兼数职或仅为短期参与，团队合作效率往往难以达到最佳效果。

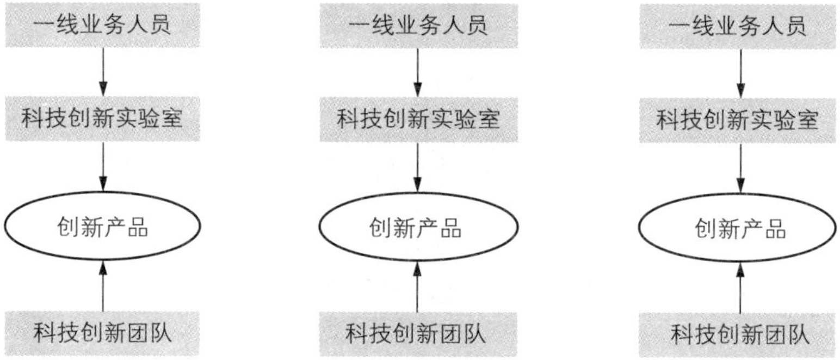

图 5-7-7　区域客户主导型创新组织

资料来源：德勤．突破创新窘境，2014 年．

5. 创新实施：确保创新有序开展。

前文中的几个要点侧重从集团层面梳理创新体系；而最后一点“创新实施”则从产品创新项目组的角度出发总结。一流企业的创新实施可分为以下四个步骤展开：评估产品创新管理现状、开展差距分析并提出发展建议、优化产品创新组合和提升新产品市场竞争力。

（1）产品创新管理现状评估。以成熟度评估标准为评估依据，对项目组现有创新能力积累与创新管理实际情况进行现状评估。

（2）差距分析及发展建议。主要由同业情况对比，差距分析和改进建议三个部分组成。核心是将产品创新管理现状评估结果与同业领先机构、同业竞争对手、行业平均等进行对比，从定量和定性两个方面开展差距分析，并提出有效可行的改进建议和业务线发展策略，指导产品创新方向。

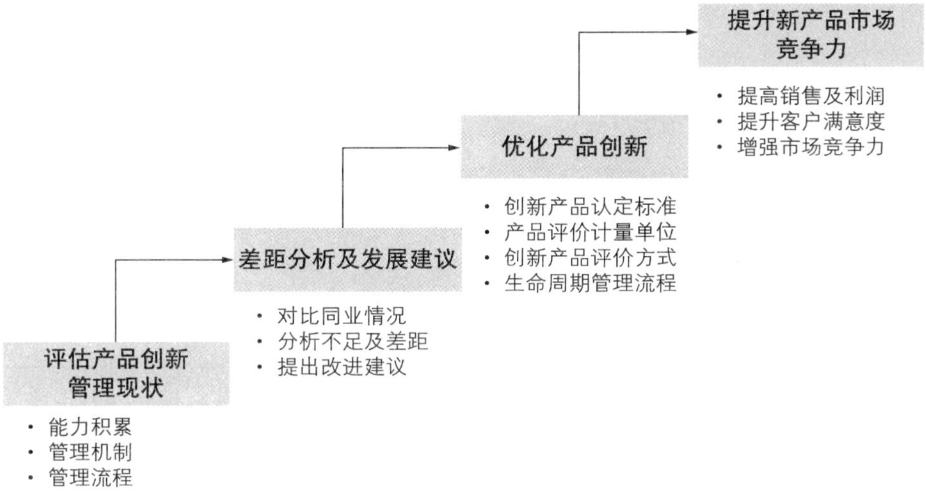

图 5-7-8　创新实施路径

资料来源：德勤．突破创新窘境，2014 年．

（3）优化产品创新组合。主要着力于四个方面，产品认定标准建设、产品评价计量单位建设、创新产品评价方式建设及创新产品生命周期管理流程建设。此实施步骤是综合创新能力建设和提升的重要环节，认定标准的有效性，评价单位及评价方式的客观性和准确性，产品生命周期管理的全面性将直接影响产品市场竞争力，机构盈利情况，创新战略实施及金融机构的整体发展。

（4）提升新产品市场竞争力。主要从三个方面入手，提高产品销量及利润、提升客户满意度及增强市场竞争力。创新机构通过建立以提升客户满意度为宗旨的产品体验中心及完善、有效的产品后评价体系，优化或淘汰现有产品，提高销量及利润，增强产品市场竞争力。

在创新过程中，应用适合的创新管理方式，并结合使用创新十型，会为企业带来更好的价值提升。企业创新能力建设和提升是一个循序渐进，逐步实现的过程。在创新的建设阶段，企业应首先做好创新顶层设计和总体谋划，选择符合其发展方向的创新平台运营模式，兼顾创新人才发掘及培养。企业在突破核心技术及成果转化方面，应在统一规范的认定标准、评价方式、管理流程基础上开展创新工作，通过建立一系列创新工具和创新机制，将创新战略和产品创新全流程运营紧密结合，最终实现全面提升企业创新能力的目标。

四、参考对标体系

以下我们提供了两套指标体系供企业参考定量与定性两个维度在创新与研发管理上的竞争力。

“研发与创新投入”定量参考对标指标：

主要方面	对标要点
研发投入	· 研发费用/年销售收入； · 专利申请数量；专利核准数量； · 研发人员总人数；高级职称人数；新人员加入比例； · 多长时间可投入试生产；多长时间可实现量产；与计划的差异；
财务指标	· 新产品占总销售收入百分比 · 产品生命周期
顾客指标	· 新产品顾客满意度
内部流程指针	· 本年度新产品开发数量 · 新产品平均开发周期 · 新产品平均开发成本 · 计划价格和利润率准确度 · 新产品事故率
学习与培训指标	· 研发能力和竞争者的对比 · 核心技能培训时间（小时） · 员工参与回馈率 · 员工参与回馈率

“研发与创新投入”定性参考对标指标：

主要方面	对标要点
开发计划及流程管理	· 研发和其他职能部门紧密配合、实时交流，开发流程中可吸取客户的回馈与要求； · 研发团队组织架构设计能有效、快速了解客户具体需求，可与客户合作开发订制化解决方案； · 邀请客户参与产品的优化流程讨论； · 产品开发有严格的评估程序，确保能够适应未来市场变化并满足研发及生产的资源供给； · 产品的信息应当持续更新，包括产品结构的变化；创新战略与企业愿景和战略选择紧密结合；通过培训不断获得创新管理技能；融合先进实践，不断改进流程；创新流程高效利用信息化管理； · 拥有创新流程工具来进行知识管理与回馈，利用既定的流程和工具追踪 IT 创新绩效；
新产品开发定向	· 开发战略应围绕四个关键点：准确定位客户、明确产品/服务选择、决定市场定位及确定如何创造共同价值； · 时时与多个部门交流，用一系列指标明确研发速度与市场推进计划是否同步；
开发和评估新产品创意	· 在研发构想阶段，采购部门提供可提供新产品和技术的新供货商；零部件及系统标准化纳入开发流程；开始考虑国际采购及后期设计；
完善现有产品理念	· 产品开发、测试、营销和运营团队保持工作同步，随时发现产品设计缺陷并加以改进； · 利用自动化的工具改进设计，各个部门实时交互掌握设计变更，并保证此改进流程融入了客户的回馈；
试生产	· 在严格挑选的市场，试生产及投放新产品。试生产与投放有自动化的工具自动跟踪分析投放效果；
大规模生产	· 运营与产品开发团队实时沟通，及时启动新产品生产计划，缩短新产品投放市场时间；
对现有产品影响的管理	· 推出新产品的同时，确保现有产品不会受到太大影响，或已安排新旧产品组合或接替，系统升级。

成功案例　谷歌的“颠覆式创新”管理体系

Google 公司（中文译名：谷歌），于 1998 年在美国成立，是一家跨国科技企业。它的业务范围涵盖从互联网搜索、云计算、广告技术到其他互联网衍生产品及服务。谷歌的广告服务为主要盈利业务且连续三年位列当年“BrandZ 全球最具价值品牌 100 强”榜首。

在谷歌公司，几乎每一天都会宣布一款新产品或者新思路，近些年来谷歌推出的一系列产品足可以证明谷歌的野心——谷歌眼镜、智慧隐形眼镜、体味探测器、机器人大军、仿真皮肤、带有麦克风的数字喉部刺青、月球漫步机器人等等，而在这背后，其独树一帜的创新管理理念与模式也值得大中型企业参考借鉴。

谷歌的颠覆式创新管理体系

不少成熟的企业对于渐进式创新研发项目的开展都有着标准化、成体系的管理范式。随着全球市场不确定程度的不断提升与应用技术迭代速度的不断加快，“颠覆式创新”作为一个新概念开始走进了越来越多企业家的视野，对外开启了以“黑科技”为旗帜的新一轮宣传攻势，对内也成了越来越多新锐企业开启探索未来增长路径的核心引擎。

然而，对于大型企业而言，孵化并管理高风险、高回报、长周期的“颠覆性创新”项目充满诱惑却又往往困难重重。就像Iphone之于苹果公司，一个成功的创造可以颠覆一个成熟市场、带领一个企业重返巅峰；同时，在研发成本投入期间，来自季度财报的挑战，来自股东大会的压力、项目员工积极性的逐渐褪却、从不间断的质疑与自我质疑等也往往会促使公司管理层忍痛断臂，切断对这类创新研发项目的财政支持。

谷歌公司对于颠覆式创新项目的管理模式可谓是独具心得。围绕颠覆式创新管理，谷歌在多年的实践中逐步完善了一整套组织机制、管理机制与文化环境，保障了“Moon Shooting”类项目也能在审计严苛的上市公司框架下发荣滋长。

理念：大处着眼、用户导向

“把你的想法放大10倍”是谷歌创始人拉里佩奇在谷歌内部产品评鉴会上的常用金句。谷歌认为，如果你企业只以想改进10%为目标，那么企业获得的也只会增量式的变化；而如果且你希望的是激进式的、革命性的创新，那就要想想以“10倍”为改进的方向，这会迫使团队跳出固有的思维定式，锐意进取。同时，因为创意越大，项目越大，投入的时间、精力、金钱也就越多，如果不成功，企业就会损失惨重。因此，即使是微小的创新，公司和员工都会去努力挖掘。相反，如果因为创新太小而选择忽略它，这样的公司最终会趋于平庸。

而在衡量创新项目的“大小”时，谷歌并不会优先考虑盈利因素，而是把精力聚焦在产品研发和用户体验上。谷歌有所谓的谷歌十诫——即最核心的十个价值观，其中第一诫就是“一切以用户为中心，其他一切纷至沓来”。谷歌秉承“先用户，后收益”的基本原则，在产品面向市场之前鼓励团队以用户需求的达成与用户体验的满足为核心导向开展研发，将创意发挥到极致；避免研究人员过早的为盈利模式分心，从而影响产品质量。

“谷歌地球”的问世就是一个很好的例子。“谷歌地球”结合了谷歌地图和3D图像技术，能够让地球上所有的事物以3D建模的形式呈现。其中的3D图像呈现技术来自一家“锁眼”的创业公司。收购之初，布尔并未想好盈利模式，只是认为该技术能方便用户。事实确实如此，这个新应用问世之后好评如潮，并被《PC世界杂志》评为年度全球100中最佳新产品之一，迅速为公司带来数百万美元的盈利。但该应用本身不产生收入，它何以盈利？原因在于该应用上线之前，研发员工为了让用户更方便的搜索信息，特意在此应用上搭载了谷歌工具栏入口。通过谷歌工具栏，广告点击率得以飙升，为谷歌创造了利润。

组织：区隔管理、扁平结构

通常来看，在大企业内推动“谷歌气球”一类高风险、高回报、长周期的颠覆性创新项目往往举步维艰，尤其是当公司上市后还要面对来自外部资本的审计与质询。为了保障谷歌始终具备锐利的创新动能，两位创始人采取“一国两制”的思路，在2015年股权改制时将原本的新锐研发实验室Google X独立出来进行公司化运作，使得Google X的项目得以长期在一个相当区隔化的管理环境中进行孵化与成长，免受过多的审计干扰与战略制约。

通过相对于谷歌主体业务的隔板化运营，Google X完好地继承了Google早期“研究实验室型”的精神与体制。类似于研制出首枚原子弹的“曼哈顿计划”，Google X力争尽可能地减少给予研究者的束缚，并营造一个松散、自发的工作氛围。

而在另一方面，对于谷歌这个庞然大物而言，Google X在组织与运营上的完整剥离也使其可以顺理成章地对已经步入成熟期的主营业务开展体制机制的规范化改革，以更好的讨得华尔街的欢心。

当然，通过“另起炉灶”开展隔板化的颠覆式创新管理是谷歌在华尔街审计的压力下相当决绝而极端的做法。一般企业可以借鉴的是其在创新管理上的基本理念：通过多种手段为颠覆式创新业务划分出一块“制度特区”，抓大放小、宽进严出，采用“一国两制”的治理思路设计公司流程制度与资源分配原则。

而在“特区”的内部组织结构上，参考谷歌模式，高度扁平化是一个显著的特征。在Google X，一位工程师经理手下平均30名直接下属。设计如此高的管理比例并不是为了强调大团队运作，而是恰恰为了防止过度管理，引导经理将管理边界局限在资源支撑而不是业务监管，尽量给工程师留出足够的自主空间。谷歌认为，那些逻辑思维与创新能力兼具的创新型人才往往具有独立做出决策的能力与欲望，这种自由氛围让技术专家感受到了更大程度上的尊重，进一步提升了解决问题的灵活性，从而更易激发创意的产生。而如果大事小情需要向上层汇报，那相当于让一个“能动的人”退化成“勤劳的手”。

制度：混沌管理、自发创新

拉里佩奇曾在他的书中将创新比喻作“构想的物竞天择”。他认为创意的出现应该像原子弹裂变那样，不断地在大脑迸发；也像是在“混沌”之中自发产生的基因突变，经过一个或快速或慢速额过程，最终破壳而出。以此为引领，谷歌公司管理颠覆式创新业务的核心抓手并不是自上而下的“课题绩效”与高度标准化、程序化的行为规范或考核体系，而是通过营造一个让各种创意因素以新奇的方式自由碰撞的自由环境，引导研究人员在不被设置特定路径的前提下去自发向感兴趣的方向开展探索。

拉里的混沌创新在实践上可以从两个维度来理解：通过鼓励跨行业人才的交流碰撞来营造创意交织的“丰饶之海”；通过支持“自下而上”的项目申报机制来保障创意的生存与进化空间。首先，在人员选拔制度上，Google X对人才的定义却与绝大多数实验室与研发机构大为不同。Google X要找的不是在某个领域的“专家”，而是有想法、有创见的“博学家”。在Google X的员工名单中，你能看到护林员、雕塑家、哲学家，而程序员和工程师反而在这里成了“异类”。他们只有一个共同特点：不达目的绝不善罢甘休。Google X的掌舵人认为，最能驱动颠覆性、破坏性创意产生的是探索的热情与触类旁通的能力。然而，所谓专家，“专”于一科的精力和时间，使得他的知识面越来越窄，专精越来越深，最后对于大部分人毫不在乎的东西无所不知。而当具备不同教育层次、资历背景的人为一个目标共同奋斗时，往往更能碰撞出更别出心裁的创意与另辟蹊径的方法。

此外，Google X 打通了创新项目“自下而上”的申报通道。研发人员可按照各自兴趣思考并探索创新，随后再将项目计划上报给公司高层以获得批准和资源。事实上，语音服务（Google Now）、谷歌新闻（Google Ne-ws）、谷歌地图（Google Map）等令人脑洞大开的产品都不是来自公司的顶层规划，而是来自基层员工灵光一现。这类自发式申报的创新项目不仅能够有效提高参与者对项目的接受程度和参与程度，也同时能使其拥有更强的责任感与成就感。

当然，对于颠覆式创新的“混沌管理”也不意味着无视规则、任性而为。为了在一定程度上把握创新方向、控制研发成本，谷歌公司一方面对于研发人员的精力分配有着明确的指导，控制投入自主创新的总精力不超过 20%；另一方面，也实施了依托基于 OKR 的团队管理体系，以工作成果为核心导向，鼓励员工进行自发的进度监督与研发协作。

平台：广域协同、开放创新

拉里佩奇曾在一次会议中被问其及谷歌应该招纳多少名工程师，他的回答是“100 万”。这句话并非玩笑。拉里所说的并不是说谷歌应该有 100 万名员工，而是应该以开放研发机制与能力共享平台为抓手，打造覆盖全球的“创新研发生态系统”。

在技术层面，谷歌不惜重金，已经在应用程序引擎（Google App Engine）、谷歌应用程序编程接口（Google API）、谷歌网页工具（Google Web Too1kit）等开源研发工具或研发平台上投入了数十亿美元，旨在打造一个产、研多方共建共享的开放式创新环境。借助平台接口，谷歌在开展内部创新研发时得以更便捷的接入外部低成本、离散化的创新资源，推动自身研发体系实现降本增效。与此同时，谷歌也积极面向外部合作伙伴广泛开放自身已经成熟的能力组件，使其能够站在“巨人肩膀”上更有效率的开展创新研发，并采用渠道共享、合作推广等方式让合作伙伴的新服务和新技术得以普及。

Google Map 的初期研发模式便是谷歌开展开放研发、广域协同的很好案例。在谷歌地理团队开始绘制世界地图时，发现世界上很多地区并没有完备的地图。于是，他们研发了一款叫作 Map Maker 的地图制作工具，让任何人都能够完善谷歌地图的信息。就算地图上没有用户所居住的街道，只要把地点标记出来，谷歌在核实信息后也把信息添加上去。以平台为依托，用户只需轻点鼠标，整个城区的地图就会跃然眼前，一个由分散在各地的普通用户组成的草根制图者团队也由此诞生。事实上，用户们不仅完成了工作，而且完成得非常出色。只用了短短两个月的时间，这些草根制图者就帮助谷歌绘制出了巴基斯坦境内长达 25000 公里的道路路线图。

总结起来，谷歌崇尚自由、崇尚创意、锐意进取的“工程师”文化早已深入人心，而企业文化在本质上实际是组织与制度的缩影。谷歌通过引导大处着眼、用户导向的创新理念，对内构建价值观、对外布局突破点；通过打造区隔管理、扁平结构的组织结构，更好的平衡了公司治理的标准化需要与催生创意的宽松自由氛围；通过建设混沌管理、自发创新的制度体系，在确保战略一致性的前提下最大限度给员工发挥创意的空间；通过开发广域协同、开放创新的平台赋能体系，面向社会打造创新生态，高效撬动离散化的优势创新资源，并在多年的探索与突破中把“颠覆式创新”牢牢固化在了谷歌的品牌中与血脉里。

第八节　品牌与客户

具有全球竞争力的世界一流企业要素八：品牌在全球范围内成为品质和价值的保证，品牌美誉度和客户忠诚度高，品牌价值位居国际同行业前列。在产品与服务生命周期各个阶段与客户持续互动，永远以客户为中心整合价值；同时具备完善的品牌保护能力，有效应对多维度冲击。

一、一流特征

品牌是企业进入市场、获取长久生命力的重要保障。英国品牌研究者莱斯利·德·彻纳东尼在其烛照中将品牌定义为：一个成功的品牌是一个可辨认的产品、服务、个人或场所，以某种方式增加自身的意义，使得买方或用户感受到相关的、独特的、可持续的附加价值，这些附加价值最有可能满足他们的需要。

对于品牌价值的论述在学术界层出不穷。NPD 新产品开发集团的布罗茨基（1991）认为，品牌价值是由于企业长期的营销努力而对其品牌以及相应的新品牌所产生的现有销售和利润。凯勒（1993）提出“基于顾客的品牌价值概念”，他主张品牌价值是指消费者基于自身的品牌知识，而对品牌营销活动的差异性反应。综合起来，我们认为品牌的价值既在于其各企业带来的差异性竞争优势，也在于品牌给客户带来的价值。在经济全球化不断深化的背景下，品牌价值更是已经远远超过其保证质量和服务，而成为推动经济发展和文化进步的无形力量。世界一流企业在开展品牌管理中除了在“建设”维度需要考虑如何更好地触达客户、打动客户，也需要在“保护”维度思考如何确保自身品牌在不确定性极高的市场竞争中免受损害。

世界一流企业品牌的建设与保护有以下几个特征：

1. 品牌建设永远以客户为中心整合价值，同时有效强调和展示企业的独特核心价值与成功之处，强调品牌生命周期管理。

2. 拥有成体系的跨渠道用户管理系统，在多渠道具备一致的客户体验。

3. 充分利用先进的客户分析来驱动品牌管理的投资回报率。

4. 对于品牌风险有系统的识别与预警体系。

5. 让品牌建设升级为每个员工的职责，而不仅限于市场营销范畴。

6. 应对品牌冲击有标准化、成体系的操作预案与弹性策略。

二、国企现状

2016 年 6 月，国务院办公厅发布的《关于发挥品牌引领作用推动供需结构升级的意见》（国办发〔2016〕44 号）明确提出：按照党中央、国务院关于推进供给侧结构性改革的总体要求，积极探索有效路径和方法，更好发挥品牌引领作用，加快推动供给结构优化升级，适应引领需求结构优化升级，为经济发展提供持续动力。以发挥品牌引领作用为切入点，充分发挥市场决定性作用，企业主体作用、政府推动作用和社会参与作用，围绕优化政策法规环境、提高企业综合竞争力、营造良好社会氛围，大力实施品牌基础建设工程、供给结构升级工程、需求结构升级工程，增品种、提品质、创品牌，提高供给体系的质量和效率，满足居民消费升级的需求，扩大国内消费需求，引领境外消费回流，推动供给总量、供给结构更好地适应需求总量，需求结构的发展变化。

在世界品牌实验室（World Brand Lab）发布的 2016 年“世界品牌 500 强排行榜中，美国占据 227 席，仍然是当之无愧的品牌强国，继续保持明显领先优势；英国、法国均以 41 个品牌入选，并列第二；日本、中国、德国、瑞士和意大利分别有 37 个、36 个、26 个、19 个和 17 个品牌入选，位列第三阵营。由此可以看出，中国在品牌建设与管理的道路上还有很长的路要走，有大量的工作要做。

品牌是企业生存和发展的灵魂，品牌建设是一个企业长期积淀、文化积累和品质提升的过程，一个成功的品牌需要经历品牌建设和管理，品牌建设包括品牌定位、品牌规划、品牌形象、品牌扩张等。

三、最佳实践

大量成功的案例可以证明，要保持品牌生命力，必须对品牌建设采取长期的视角，企业一方面要具备触达客户、提升客户品牌感知的能力；另一方面，企业在不确定性极高的市场环境下也需要具备完善的品牌保护能力。

（一）提升客户感知

信息时代，随着客户行为的不断变化，不少传统企业都开始难以跟上时代的步伐。企业在满足客户需求、提升客户体验的过程中主要面临以下四个关键挑战：

1. 难以真正以客户为中心。企业无法跟上客户偏好多变的步伐，并且在如何有效地开展以客户为中心的客户体验转型方面遇到困难。

2. 不同渠道的客户体验存在差异。缺乏跨渠道的规范化信息传递使顾客困惑和失望。

3. 顾客忠诚度计划缺乏战略和目标。尽管顾客忠诚度计划的数量激增，但真正能够有效地与客户沟通并实现预期投资回报率的很少。

4. 客户关系管理（CRM）的架构和分析工具无法提升客户体验。缺乏一个全面的 CRM 战略以及配套方法，会导致公司收集了大量数据，却无法对客户进行有效理解并提供个性化体验。

为了更好地应对上述调整，一流企业普遍通过以下两个步骤提升客户感知。

第一，通过结构化和定制化的方法，将组织转变为以客户为中心的组织。

为了克服客户体验转型的障碍，企业必须首先研究其现有的客户体验能力，以便找到合适的转型“路径”。客户体验能力的自我检查程序围绕着 7 个关键点——包括愿景和战略，客户洞察力，客户价值主张，业务运营能力，组织能力，技术能力和测评能力。

在对现有的客户体验能力有了充分了解后，企业应进行差距分析，并确定相关措施，以缩小当前状态与公司愿景之间的差距。

当自我检查流程顺利完成后，接下来的问题就在于，一家企业如何更有效地转变成以客户为中心的组织？一流企业通常会遵循以下七大步骤。

1）提供可见的和以客户为中心的领导力：拥有高度支持以顾客为中心，并且会努力推进其实现的领导人，这对创建一个以顾客为核心的组织机构至关重要。领导的重视是这一转化能够长久持续的有力保证。

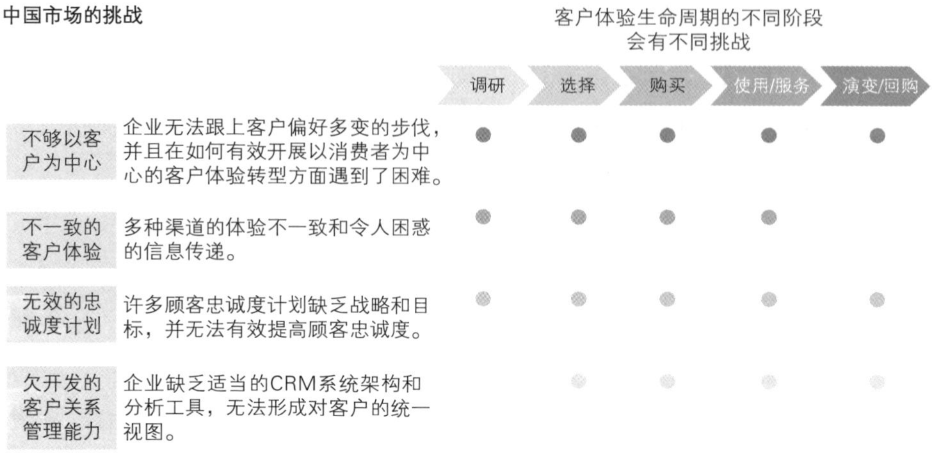

图 5-8-1　客户体验生命周期不同阶段的挑战

资料来源：德勤．在中国提供卓越的客户体验建立客户忠诚度的必要因素，2014.①

2）深刻理解你的客户：了解客户是谁以及他们的行为习惯以便为他们定制体验。

3）定义客户的体验：识别和理解每一个渠道的关键互动接触点。

4）赋予一线人员更大的权力：为营销和销售人员创造一个享有更多创造力和更大权力的环境，以达到更好的客户满意度。

5）调动后台的工作人员：利用客户体验过程中各关键接触点的位置作为框架来教育和帮助后台人员培养出以客户为核心的思想和行为。

6）建立重要衡量标准：建立可以影响每个业务单元运作方式的，以客户为中心的奖励衡量标准，使得每个以改善客户体验为目标的决定可以得到公平的回报。

7）通过及时的反馈推动持续的改进：利用传统的客户反馈活动和社交媒体来跟踪和改进流程。在一个同样复杂的组织变革中会涉及许多艰难的决定，这个过程可能是漫长而痛苦的，但执着与不愿妥协的精神将对组织的文化和客户的整体体验产生长远的影响。

---

① 德勤．在中国提供卓越的客户体验建立客户忠诚度的必要因素，2014.

客户体验（CE）能力

愿景和战略	能够创建客户体验愿景的发展蓝图，并且在组织内部交流沟通。在这一基础上，设立实现这一蓝图的工作计划和操作时间表。
客户洞察力	捕捉，储存，清理和分析客户数据，以便基于客户的价值、偏好、优先级和习惯做出商业决定和进行管理运营。
客户价值主张	基于明确的细分和客户生命周期价值，对公司客户进行区分的能力。同时校准品牌及其承诺，以符合客户体验的目标。
业务运营能力	通过充分利用客户与员工的建议和反馈。建立跨职能的业务流程。持续改进客户体验接触点的能力。
组织能力	指组织及其领导的客户体验战略制定和运营水平。反应在公司为了实现有效的客户体验而需要的组织协调能力，资源管理能力，推广以客户为中心文化的能力，以及设置专注于客户体验的个人或业务单位上。
技术能力	部署一个能跨触点形成客户偏好整体视图的强大IT架构。
测评能力	建立一套跨职能的，以客户体验为基础的绩效管理指标体系，包括开展定期客户体验指标评估的流程和政策支持，以及利用率规划，执行和绩效评估

图 5-8-2　如何转化成为一家以客户为中心的企业

资料来源：同图 5-8-1。

第二，充分利用先进的客户分析来驱动品牌的投资回报率。

理解你现有及潜在的客户仅仅是个开始。真正让领先企业与众不同的是专注于发展客户分析能力，这意味着从无具体客户分类的分析往以态度为基础的分析逐步前进。通过客户特性分析，公司仅仅是从特性的角度识别出谁是客户（如年龄，性别，收入，地域位置），对于这些客户如何看待品牌，产品和服务并且如何购买则大都是基于假设而非真实数据。而通过以态度为基础的分析，企业可以更深入的了解客户行为，例如客户通常在哪里购买，何种价位被消费者视为“过高”以及何种配件可以成为潜在的附加项目等更加具体的问题。因此，投资客户分析能力的企业能够对客户有更具体的了解，并且能通过更加个性化的定制来满足他们的需求。

领先企业通过执行以需求为基础，甚至以态度为基础的客户分析脱颖而出。有些企业甚至坚信这是他们的核心竞争力及竞争优势。大多数企业在收集客户数据时不会遇到困难，但如何运用这些数据深深地困扰着他们。在竞争日益激烈的环境中，愿意投资客户分析的企业更可能脱颖而出。

（二）提升品牌保护

对于世界一流企业而言，仅投资于改善客户认知、优化品牌体验是远远不够的。在一个充斥着有意和无意的品牌破坏的世界，企业需要对品牌建立起完善有效的保护体系。

品牌的价值本质上来自客户的信任。信息爆炸时代，企业塑造品牌的成本变得更高，同时品牌的价值也变得更高。一方面，客户注意力倾向于碎片化，获取信息渠道多样，品牌宣传更难打动用户；另一方面，客户的信息遴选成本过高成为主要矛盾，越来越依赖品牌进行消费判断。

与此同时，品牌价值越高，品牌脆弱性也会越高。因为品牌价值的本质来源是客户信任，客户与品牌的联系越强，在信任破灭时就越容易去寻找替代品。因此，对于世界一流企业而言，如何提升品牌保护能力是往往是其关注的焦点。

一流企业分为以下 7 个步骤构建品牌保护能力。

表 5-8-1　构建品牌保护能力步骤

行动支柱	步骤	解析
计划	1. 评估品牌风险	开始了解品牌面临的潜在威胁，包括风险的来源和潜在影响
准备	2. 擦亮品牌大军	确保我方雇员的执行能够积极地侦测、预防和减轻品牌风险
	3. 建立品牌风险早期预警系统	在计划、准备和执行循环中，建立功能和系统以早期侦测对手对品牌的攻击

续表

行动支柱	步骤	解析
执行	4. 击退对手对品牌的攻击	在适当的时间和以适当的水平，积极响应实际的攻击
	5. 学习和调整品牌防御	从每一次攻击中学习，并调整己方的行为和策略
	6. 度量并跟踪品牌弹性	度量并跟踪品牌风险管理绩效，建立品牌弹性
	7. 为品牌弹性活动产生广泛的支持	拓宽内外部的支持基础，包括“志愿者大军”

1. 计划阶段。

品牌风险是企业经营决策的自然结果。一流企业的目标不是为了避免品牌风险，而是意识到这一点，并积极整合品牌风险，把它纳入你的关键决策里。而开展品牌保护的第一步是全方位的考察品牌面临的潜在威胁与风险。

品牌风险可能有内部和外部两个来源：

表 5-8-2　品牌风险的来源

内部的敌人	外部的敌人
雇员 · 泄露有价值的和（或）令人尴尬的信息 · 恶劣地虐待客户 · 不专业或与品牌不一致的行为 · 对政策规则过于僵硬的解释 **高级管理人员** · 管理不恰当（与下属或第三者有不恰当的关系，不适当或不敏感的评论，不恰当或非法财物交易，对公司资产的不当使用，明目张胆的过度的报酬和福利，欠考虑的行为） **经营决策无法预见的后果** · 品牌授权 · 客户秘密信息的处理和使用 · 推迟新产品或推广品牌 · 外包以及供应商的合作伙伴的选择 · 环境和可持续发展的问题 · 劳工问题 · 产品安全 · 附属机构 **产品定价和折扣**	**客户愤怒** · 退/换货政策 · 察觉到虐待或者服务差 · 产品质量和安全问题 **评论** · 产品和服务的质量、安全问题 · 产品和服务的功能问题 · 产品和服务的定价问题 **无赖行为和意识形态问题** · 环境关切 · 过分贪婪 · 健康关切 · 劳动条件 · 产品安全 · 对政府官员和监管机构的不适当影响 **竞争对手** · 价格战或价值战 · 产品或服务的质量的攻击

资料来源：德勤．品牌弹性，2017.①

① 德勤．品牌弹性，2017.

评估内部和外部的威胁时，会主要考虑：

（1）是否积极识别和评估品牌风险，并将其作为我们的战略和经营决策的一部分？

（2）是否定期和系统地审查品牌风险的许多潜在的来源，识别和评估已经发生的和那些可能发生的、潜在的品牌破坏性活动？

（3）有没有对我们的员工进行品牌价值和风险概念方面的教育，并帮助他们评估其活动和决策对我们品牌的影响？我们的政策是否到位，以防止他们有意或无意地破坏我们的品牌？当他们观察到品牌破坏行为时，我们有没有训练他们去做什么？

（4）有没有职能来监视和跟踪潜在的品牌风险，包括了解竞争对手正在发生的事情，更广泛地说，了解整个行业正在发生的事情？

（5）有对品牌破坏行为做出反应的计划吗？

（6）品牌攻击发生时，有精心设计地、有目的地去总结经验教训吗？

（7）有没有积极地评估过品牌价值？

在企业需要关注可能产生品牌威胁的特定行为的同时，也应该从经营决策的角度考虑产生潜在品牌风险的政策、流程与程序。试想一下，如果每一个有重大意义的企业决策都需要品牌风险审查。何言灵敏度？反应灵敏度才是关键。

以下品牌风险审查供大家参考，可助力敏捷的应对：

（1）品牌许可。

（2）新产品的推出，包括品牌拓展。

（3）外包和选择供应商及合作伙伴。

（4）产品定价。

（5）使用保密的客户信息。

2. 准备阶段。

企业首先要做的是擦亮品牌大军，与员工分析品牌信息、品牌使命、培养主人翁精神。

一流企业中，每一位员工都是企业品牌的大使。同时，良好的企业品牌文化会对员工形成潜移默化的积极影响，促使企业凝聚力增强。因此，一流企业非常注重对员工的品牌培训，使他们有能力准确传递品牌非停留在纸面上的含义，使品牌真正“活起来”。他们认为品牌的情感联系，是需要潜移默化培养的，需要人们感同身受。而成功的品牌先要打动的不是客户，而首先应是企业和员工。一些企业还找出模范员工成为品牌的代言人，用他们的故事来讲述的品牌故事及其独特价值。

此外，企业在准备阶段还需建立品牌预警系统，构建内外部倾听能力。

一方面，企业可以借力社交媒体与品牌忠诚客群构成品牌预警的“外包”大军。他们出于兴趣会自发的品牌进行实时关注。当冲击发生时，往往他们也会是第一批了解相关信息的对象。企业需要的是建立便捷的沟通渠道（官网微博、微信等），与品牌忠诚客群实现双向的信息互动。

另一方面，企业自身也需具备品牌风险数据的清洗、可视化与预警能力。这类能力不一定要通过自建品牌预警中心的方式获得；与德勤、具备专业品牌舆情监控、分析能力的第三方咨询公司保持紧密的合作关系是快速获取能力的很好选择。

3. 执行阶段。

打造应对品牌冲击的能力是执行阶段的核心任务。首先，面对来自各种维度的可能的品牌攻击，企业应当事前制定冲击应对预案、明确危机处理流程，并让负责团队反复模拟与演练。当真正面对品牌冲击时，企业第一步应制定一张时间表系统的记录与评价冲击事件。

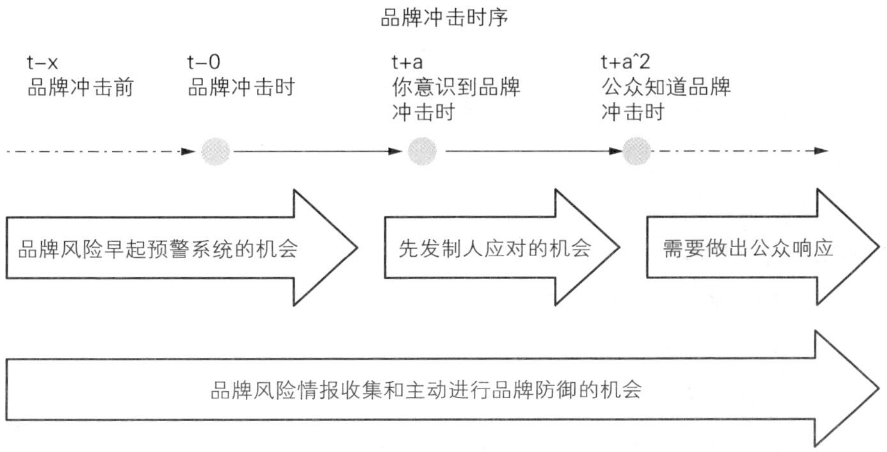

图 5-8-3　品牌冲击时序

资料来源：同图表 5-8-2

在时间表的基础上，企业可以第一时间正确地了解具体情况而不是急着去匆忙应对。随着时间的推移，建立在对问题有一个综合的评估上的正确应对，胜过需要重复修订的快速应对。

在品牌冲击事件后，企业也应建立冲击应对策略的学习与迭代机制，从危机中汲取养分、充实力量。品牌策略学习与调整可通过以下几个步骤展开：

（1）记录事件：每次当你意识到品牌冲击的时候，把它记录下来。

（2）描述所发生的事情：当它发生时，准确地确定并记录所发生的事情以及品牌冲击带来的一系列后果。随着时间的推移，组织将能够分辨品牌冲击产生的影响是在持续增加还是趋于稳定，以及品牌冲击的性质、强度和类型是否在发生变化。

（3）指派一个调查小组：为了更快地完成目标，调查小组应该是独立的，并且与受影响的关联方没有直接利益冲突。同时，一个适当的、独立的个人也可以有助于调查工作。

（4）重点应该是关注事情的起因并加以预防，而不是事后划分责任：调查的重点应该是确定可能的原因并从中吸取教训，以防止类似的事件在未来再次发生。

（5）制定建议：应该将制定出来的建议传递给一个权威人士，以确保该建议可以得到实施。

（6）分配实施责任：建议应该被重新评估并最终确定是否实施。

（7）跟踪执行进度：对建议的状态和执行情况进行跟踪。

（8）定期回顾所记录的事件：所记录的事件、跟踪的建议及其实施情况，应该定期地进行回顾和评估。

此外，作为日常性的监测与管理，一流企业还应建立品牌弹性的度量与追踪系统。通常的举措包括：

· 定期收集客户反馈数据。

· 采用“CompStat”等方法对品牌弹性进行系统化度量与分析。

· 输出可视化品牌价值报告。

· 通过员工敬业度调查确保员工对品牌有清晰理解。

四、参考对标体系

中国社会科学院与中国市场学会品牌管理专业委员会通过重点课题的形式，在研究国外相关指标体系后，根据中国国情构建了《中国企业品牌竞争力指数（CBI）》，旨在揭示企业在品牌运营方面的优势和劣势，引导企业加强对品牌资产的培育和利用，增强企业的品牌竞争力。可参考对标。

主要方面	一级指标	二级指标
1. 财务表现	1.1. 初始投入价值	·品牌开发购置成本
	1.2. 后续投入价值	·宣传维护费用 ·品牌保护成本 ·产品更新成本
	1.3. 企业规模	·总资产额 ·净资产额
	1.4. 获利能力	·销售利润率 ·毛利 ·净资产收益率 ·资产报酬率
	1.5. 发展能力	·销售增长力
	1.6. 行业利润水平	·行业平均利润率
2. 消费者	2.1. 消费者承认	·顾客满意度 ·品牌忠诚度 ·顾客认知质量 ·品牌知名度 ·特定人群对品牌的依赖度
	2.2. 消费者负面评价	·投诉率 ·退货率 ·维修率 ·消费者流失率 ·产品缺憾率
3. 企业市场力	3.1. 销售表现	·广告影响度 ·市场占有率 ·市场覆盖率 ·营销策略指标 ·品牌差异性
	3.2. 品牌质量	·产品质量合格率 ·产品质量执行等级标准

续表

主要方面	一级指标	二级指标
4. 企业市场力	4.1. 目标市场	·目标市场稳定性及有效性
	4.2. 品牌环境	·所处市场是否稳定 ·行业进入门槛的高低 ·行业竞争激烈程度
	4.3. 品牌韧性	·品牌危机处理能力
	4.4. 社会责任	·上缴税费 ·安置就业人数 ·出口总额 ·环境治理成本 ·绿色制造指标 ·公益捐款
	4.5. 品牌创新能力	·开发新产品能力 ·开拓新市场能力 ·采用新流程形成比较优势的能力 ·提高市场进入成本的能力 ·降低运营成本的能力 ·增加客户价值的能力
	4.6. 显著性	·商标显著性程度
	4.7. 品牌延伸	·延伸产品生产线与主营是否相关 ·延伸产品市场是发生改变 ·延伸产品销售额
	4.8. 品牌产品流通	·流通渠道指标
	4.9. 生命周期	·所处相关有形商品生命周期

成功案例 强生“泰诺危机”处理策略

强生公司“泰诺危机”的品牌冲击处理方式通常被认为是应对品牌攻击的黄金案例，被收纳入美国国防部危机公关课程，也是实践品牌冲击应对三步法“悔改”-“补救”-“纠正”的典范。

泰诺是由麦克尼尔公司的一个部门“麦克尼尔消费者医疗保健”(MeN-PPC) 生产和销售的一款止痛胶囊。当时，泰诺享有很高市场份额(37%)、强劲的增长和高盈利能力。泰诺也是其母公司强生公司财务上成功的一个主要贡献者。

1982 年，七个人在芝加哥西区离奇死亡。正如塔玛拉·卡普兰（Tamara Kaplan）在《泰诺危机：有效的公众关系如何解救强生公司》一文中写道："这些奇怪、突然的死亡原因不会一直都是个谜。这两个男子菲利普·卡皮泰利（Philip Capitelli）和理查德·凯沃斯（Richard Keyworth）发现泰诺在两篇关于死人的报道中都被提到。他们做出一些假设并且告诉他们的上司，（泰诺公司的）非处方药可能就是那个神秘杀手。"实际上的情况是，一些不明身份的人"用掺进了氰化物的胶囊替换了泰诺特效胶囊，重新密封包装，并且将其放入芝加哥地区至少六个药店和食品店的货架上"。导致了七个人的死亡。

当媒体的调查结果出来后，虽然强生公司不需要为死亡事件承担法律责任，可一旦在客户心目中"泰诺"品牌开始与"死亡"一词建立联系，品牌冲击就已经实际发生了。很快，强生公司董事长詹姆斯·伯克（James Burke）便亲自牵头，成立了一个旨在保护消费者第一、挽救产品第二的战略委员会，以应对品牌冲击。

1. 主动承认责任、强调品牌故事

首先，通过各大媒体主动道歉，要求消费者不要服用任何类型的泰诺胶囊。在道歉内容上强化"强生把服务人类的幸福和健康放在第一位"

2. 不惜成本、展示诚意

泰诺的生产和广告全部被停止，然后收回芝加哥地区商店的所有泰诺胶囊。更多被污染的胶囊被发现后，麦克尼尔消费品公司下令在全国范围内收回所有的胶囊并且销毁了3100多万颗胶囊，代价超过1亿美元。

不只将产品收回，麦克尼尔消费品公司还为消费者和媒体设立免费的电话，组织新闻发布会，并让董事长出现在各大新闻和谈话节目上。

3. 降低未来风险、提供宣传话题

基于产品被冒制的严重后果，麦克尼尔消费品公司为泰诺引进了防止仿制的包装。这种包装一直用到今天。新包装只是其中的一部分活动，新广告、大规模的促销活动、医疗专业人士的广泛介绍和主动沟通——这些都帮助麦克尼尔消费品公司的销售量在案发后的几个月内反弹至危机前的销售水平。

埃里克·德泽哈尔（Eric Dezenhall），是一家与他同名的通信公司的创始人兼CEO，在2004年出版的《今日美国》中发表观点，他认为在泰诺事件的处理中验证了'承认'是最好的危机处理方式。自此，强生公司

“泰诺事件”开始登上各大商学院教材，成为应对品牌冲击、挽回品牌形象的典范。

第九节　并购管理

具有全球竞争力的世界一流企业要素九：通过推行“百日计划”与中长期投后管理机制，保障并购活动的方向正确、推行整合有序，在战略互补、融资渠道、财务收益与运营协同多方面实现价值，促进并购多方业务协同增长、能力充分融合、管理持续改善。

一、一流特征

企业开展并购活动的生命周期可被分为以下四个主要阶段：

1. 设计并购战略。
2. 识别和筛选目标。
3. 准备和执行交易。
4. 计划及实施整合。

以上每一个阶段都需要管理层做出关键性判断，涉及的事项包括确定业务目标、开展尽职调查、展开谈判、交易交割及业务整合。取得被并购企业的经营权仅仅是并购的第一步，并购整合的成功与否更直接地影响并购后企业整体的经营状况，甚至生存。现实是几近一半的案例以失败告终，其中主要原因就是并购后未能实现有效、迅速地整合。

世界一流企业的成功并购整合应具备以下四个特点：

1. 对于并购战略与投资组合有着通盘考虑：在并购前评估投资项目的长期战略相关性，在企业文化、企业治理与能力互补等层面有着通盘考虑，确定投资项目在整体投资组合中的作用。

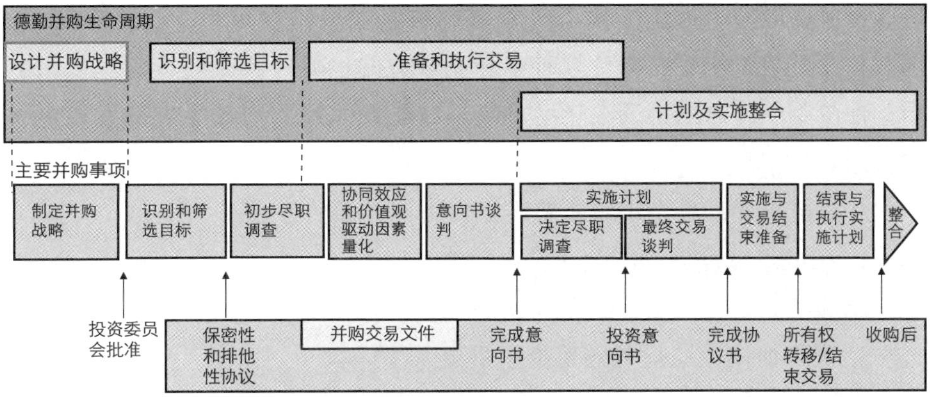

图 5-9-1　德勤并购生命周期

资料来源：德勤．投资与并购生命周期管理，2015.①

2. 具备科学手段遴选投资目标、有针对性地开展尽职调研：建立投资并购优选模型。同时，并购前聘请合格的专业机构，开展充分全面有针对性的尽职调查，尽量事前识别各类风险，搞清监管合规要求，做好应对预案。

3. 具备高效、专业的并购执行能力：基于优选模型量化并购的财务收益与协同价值，并在并购执行过程中动态进行投资效果分析，为并购谈判与方案调整提供依据。

4. 重视投资并购后的整合工作、提前落实整合所需资源：根据并购项目的属地情况建立包容性和多元化的管控模式，具备完善成熟的整合团队、整合流程与考核方法。

二、国企现状

（一）重组并购加快

国资委研究中心在第二届中国企业改革发展论坛中发布的《2018 中国国企国资改革发展报告》中指出②，2018 年中央企业将稳步推进装备制

① 德勤．投资与并购生命周期管理，2015.

② 国资委．2018 中国国企国资改革发展报告，2018.

造、煤炭、电力、通信、化工等领域中央企业战略性重组。在新形势下，国有企业重组工作要在培育具有全球竞争力的世界一流企业、落实供给侧结构性改革、产业结构调整转型升级、减肥健体提质增效等方面发挥更大的作用。

从目前来看，央企重组主要出于以下三方面的考虑：

1. 瞄准培育世界一流企业推进重组。

2. 助力产业发展转型升级推进重组。

3. 发挥协同效应提升效率推进重组。

本轮央企合并重组采取了以下三类方式：

1. 央企间的“强强联合”型的合并重组：诸如宝武合并、南北车合并等，其主要目的是推动央企间内部资产和业务深度整合，通过加强内部整合调整存量、优化增量，将更多的资源集中优先配置核心业务优化国有资本运营配置效率，进而更好地发挥协同效应和规模效益。

2. 央企针对自身能力需求开展的市场化并购：央企在关键技术、核心资源、知名品牌和市场渠道等方面，希望通过并购加速获取关键能力并深入开展管理、业务、技术、市场、文化和人力资源等方面的整合和融合，以期更好地建立企业核心竞争优势，推动向高质量发展转型。

3. 采取股权合作、战略联盟等多种方式开展产业链整合：灵活运用股权合作、战略联盟、联合开发等方式，以优势企业和龙头上市公司为主体积极实施产业链整合，促进同类业务资源在企业间的优化聚集，实现互利共赢，共同发展壮大。

（二）仍旧面临挑战

虽然整体而言，重组的央企竞争实力增强、重点改革任务不断深化，规模实力、经营业绩大幅增长，重组整合工作取得积极成效。但与此同时规模如此庞大的央企之间的深度、一体化融合，谈何容易；再加上所承载的职责，除了落实供给侧结构改革、产业结构调整转型升级、减肥健体提质增效，还增加了高质量的发展、培育具有全球竞争力的世界一流企业等新要求、新挑战，重组后融合的复杂性、艰巨性更大大提升。

兼并重组后，如何实现“车同辙，书同文”，达到步调一致，这种融合比有形资产的叠加、优化要难得多。央企重组不是为了减户数，而是更加关注重组的内涵和实效；不是仅仅停留在物理变化上，而是追求发生化学反应。因此，重组不是目的，重组后的央企还将面临包括进一步的整合问题，如在战略、组织、业务、管理制度、人力资源以及企业文化等诸多方面的整合。双方在多个业务领域有交叉，但管理风格存在差异，所以在整合上是否能平稳过渡也将面临挑战。双方均面临进一步深化国有企业改革的任务，再加上重组工作，改革的推进将更复杂，如何在改革中圆满完成重组，在改革中提升企业竞争力，更需要企业领导人的智慧。

三、最佳实践

我们依据收并购全周期以下五步介绍世界一流企业最佳实践：

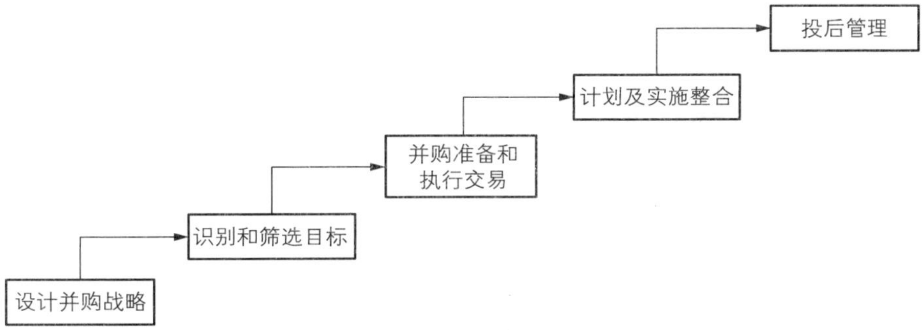

图 5-9-2 并购管理步骤

资料来源：同图 5-9-1。

（一）设计并购战略

在企业并购活动中，制定明确的并购战略是并购过程的第一步也是最关键的一步。并购战略不明确是由于企业未能正确识别自身的优势资源和核心能力，过高估计了协同效应，因而使制定的并购战略不切合实际，导致并购失败。

1. 了解公司层面整体目标。

在考虑并购是不是使股权增值以及提高公司在中国乃至全球的业绩表现

和竞争力的最恰当方式时，企业首先应该审视其企业战略。一个集团是否整体的业务组合价值是否大于各个业务单元价值之和，是否设定组织发展方向和目标清晰，制订了业务组合计划、资源分配计划以及增长计划。

一个企业的战略审核对其成功至关重要，然而，高管们常常迫于短期业绩目标。导致并购失败的原因之一通常就是缺乏对企业核心竞争力、能力局限以及市场变化的洞察。

对目标公司战略审核有助于公司了解其内部优势和在当地以及中国未来几年的外部市场机会。这种分析有助于形成一些优先的选择，如收购或者剥离，以达到公司的目标。

通常来说并购目标可包括：

（1）有机增长——通过收入、市场占有率和毛利的增加，或者改进资产利用率来增加企业的收益。

（2）技能强化——吸引人才保持竞争力。

（3）投资组织者——管理业务组合最大化现有的和不断发展的能力，降低风险，或者对业务进行重新定位。

（4）防卫行为——避免潜在的被收购，或者纠正已存在的业务/运营问题。

（5）机会主义——投资于独特的市场/竞争机会或者正在发展的商业模式。

（6）全球化——扩张市场份额，增加国际范围的销售。

基于公司的战略，并购可以作为一个快速达到战略和财务目标的办法。总体来说，制定公司层面并购战略主要有以下途径：

（1）并购企业核心能力的分析。识别现有的核心能力是并购企业选择并购战略的第一步。强调对企业核心能力的识别，首先是因为在一定时期内，某些能力会由于市场信息失灵等原因判断不准当企业拥有的核心能力与目标行业所需的关键资源要素相互重叠时，企业就能赢得竞争优势。

同时，企业在选择并购战略时，首先应该从自身的核心能力出发，寻找与企业核心能力相关联或重叠的经营领域。其次，企业也只有明确自身已有的能力状况才可能确立核心能力培育的方向，并通过选择正确的并购战略实现核心能力的扩展。企业可以通过实行横向并购，使原有核心能力在同行业中得以扩展和渗透，为并购行为的成功提供内在保证；同时也可以从并购行为中获得相应的互补性资源，弥补核心能力的不足。而当企业在现有行业中很难建立起可为企业带来持续竞争优势的核心能力或现处行业前景不佳时，企业可以选择逐步退出现有行业和通过混合并购逐步进入能够与企业现有核心能力产生协同效应的新行业。

再者，通过识别企业核心能力，企业也可能从资源互补和协同的角度选择并购的对象，通过并购获取目标企业独特的知识、资源和技能，甚至核心能力，从而获取构筑和培育能力所需的战略性资源，为企业培育持续竞争优势创造条件。如果企业在没有确立核心能力培育方向的状态下盲目选择并购战略和目标企业，将显著加大其持续经营的风险。

（2）并购企业战略资源的分析。核心能力的本质是企业独特的、专用性的知识和资源，但表现形式可以呈现出知识、专长、信息、资源、价值观等不同形态存在于人、组织、环境、资产、设备等不同的载体之中。因此，在选择并购战略时，我们还需要对与企业核心能力相关的战略资源进行识别、利用和获取。根据企业现有的战略资源选择并购战略，更容易培育企业的核心能力并获得并购的成功。此外，企业还需要明确并购成功所需的哪些资源是企业目前不具备的，以及这些资源与企业核心能力的相关性。

通常来说，企业在对目标行业结构特性进行分析后，就可以大致确定在目标行业中进行成功并购所需要的关键资源要素。然后将这些关键资源要素与企业现有的核心能力进行比较，就可以确定企业实施并购尚不具备的能力。当这些尚不具备的资源要素不能完全依靠企业内部化积累来获取时，企业就必须借助外部化手段来获取。通常借助的外部途径是通过与目标企业的知识、资源和技能的有效整合来获取的。

（3）并购企业产业环境的分析。在分析了企业的核心能力和资源特性之后，企业还需要对现处的行业和目标行业的结构特性进行分析。在分析现处的行业结构特性时，企业要对该行业的技术特点、生命周期以及企业所处的竞争地位和未来趋势进行全面的分析。如果该行业的技术结构呈现高度专业化，则该行业的资源专用性程度就比较高，资源在不同行业之间的转移成本会很高，企业核心能力的价值通常会被锁定在相关行业内，则企业应当优先考虑选择专业化并购战略；同样，如果该行业正处于快速发展的时期，企业的核心能力相对于竞争对手而言正处于增强期，则横向并购和纵向并购将会是企业的首要选择；如果该行业正处于衰退时期，混合并购战略就会成为企业的首要选择。

2. 制定并购战略。

并购或剥离一项业务被视为企业战略的一部分。同理，并购战略应当与企业和业务单元的战略计划紧密相连。当制定一项并购战略时，公司可能希望考虑以下方面：

（1）资产管理匹配程度。

（2）自建还是收购的考虑。

（3）监管难题。

（4）竞争格局。

（5）资本充足程度。

（6）准入门槛。

（7）文化障碍。

为了解决这些问题，在并购任何新业务之前，我们都必须识别所有可用资源，并了解他们的限制。从财务角度来说，公司应当通过现金流预测来评估公司的运营资金和资本投资要求，这将有助于判断公司是否有执行收购战略的财力。并且，公司同样需要评估如人力资源等其他关键资源的充足程度和可用程度，以估量公司整合以及未来业务运作的支持水平。

国企如何成功解决国际化过程中最需要支持的战略、资金、风险识别和控制、人才和管控体系等问题。为大家介绍如下几个案例。①

案例一　某央企海外投资和国际化经营战略规划项目

基于过去盲目或冲动投资得到的教训，“制定清晰的长期战略”是超过六成的国企表示在新一阶段的国际化过程中最需要做出的改变之一。首先，海外投资和经营是企业集团整体经营活动的一部分，其战略规划也必服务于集团总体战略，是集体总体战略的一部分。其次，海外投资战略需要分解到

① 德勤．借力“一带一路”国企国际化迈进新时代，2015

各个业务板块在国际化过程中的定位、战略目标、执行举措、定量指标、有风险管控措施和其他保障才可能有效执行。

项目挑战

某全球规模领先的央企，近年来大规模进行境外投资，然而在投资过程中，没有明确的投资指引，集团看项目、找项目比较随机，没有重点，网撒的很大但效果不理想。2014 年跟踪和考察的投资项目 76 个，涵盖了 20 多个国家及地区和六大业务领域，但最终没有任何斩获；项目投资决策未能形成科学机制，大部分时候“人缘好、声音大”作为最终评估依据；而境外企业的绩效表现也与预期差异较大，现有投资企业中超过 50%未能达到项目可研目标，有 15%投资项目甚至处于亏损状态。客户的境外扩张面临着以下挑战。

（1）如何打造国际化布局：在项目投资决策的过程中，选择与企业长期发展方向相一致的项目机会，并融合本企业的管理积累和投资项目所在地的属地化优势，有目标地打造国际化运营平台；

（2）如何选择合适的投资项目：需要甄别投资机会的真实性、可行性和营利性，进行充分的可研并达成最终投资；

（3）如何有效监管投资项目：在外派人员不充足且人员能力各异的情况下，企业绩效差异性较大，需要通过搭建一套有效的法人治理和管控机制确保经营绩效目标的实现，并支持未来的扩张发展。

解决方案

在投资战略方面，该央企在详细评估自身现有优势和不足的基础上，将国际化投资战略与“一带一路”倡议相结合，制定境外企业投资规划蓝图，根据企业发展方向，明确投资的重点地域和细分行业等项目选择标准，明确国际化运营目标；在具体投资活动进行中，基于远期的战略布局进行项目选择，“有所为，有所不为”。在投后，“人员、资金、资产”采取属地化运营战略，充分发挥投资项目所在地的特色优势，打造整体产业链协同效用最大化。同时，建立投后评价机制，定期回顾投资企业绩效表现，确保投资满足集团整体战略需求。

案例二　巴基斯坦燃煤火电项目融资案例

国企参与“一带一路”倡议需要资金支持，国家已经成了亚洲基础设施投资银行（以下简称亚投行）和丝路基金来提供融资支持。但是即使资金全部到位后，亚投行仅有1000亿美元、丝路基金也仅400亿美元，还需要撬动更多银行和社会资金参与。国际商界通行的做法之一是绿地投资，在东道国成立合资企业，即让东道国政府、企业和/或第三方的企业和金融机构参与，这样不仅能让走出国门的国企拿到融资，还能让东道国/第三方和中国企业利益捆绑，减小项目风险。

项目挑战

中方企业参与某列入《中巴经济走廊能源项目合作的协议》的框架内的火力发电项目投资、建设和运营。中巴合资的项目公司计划通过一份期限约25~30年的购电协议，将其所有发电容量及发电量出售给巴基斯坦国家电网公司。巴方政府将通过执行协议进一步对项目所涉及的部分政治及巴方支付风险予以担保支持。中方企业需要向多家银行、基金融资来解决项目建设的资金需求。在融资过程中，金融机构和担保机构要求中方企业提供融资增信措施，配合潜在贷款人的尽职调查，出具一系列风险分析和规避方案，商务/税务架构方案等。这些都极耗时间，且需要很丰富的专业经验来筹划以保证中方利益，是很高的融资成本。在和潜在相关方谈判过程中，商务条件的细小变化都将带来某些不确定风险。中方企业如何识别和减少风险，在保护自身的利益的同时顺利完成融资，也是一个巨大挑战。

解决方案

中方企业在专业机构帮助下，利用类似企业积累的经验与教训和国际财务、法律、税务等专业资源网络，在短时间内完成了各种专业方案设计，方案中最大限度地规避了中方企业的风险，并得到了融资担保机构的高度认可。在谈判中，通过担保期限和赔付率上的安排，再次有效降低了中方企业的融资成本，最终打消了各贷款人的疑虑，并使其相互配合，在项目进行的不同阶段安排了利率优惠的国家政策性贷款、国内外银行参与的银团贷款和相关项目中长期贷款，以及对应做出了对冲汇率风险的外汇远期合同、利率汇率互换等避险工具安排。

案例三 俄罗斯LNG工厂及附属港口股权收购过程中的风险识别和控制

国企在国际化过程中，尤其在回应“一带一路”倡议过程中，会遭遇各种各样的风险，包括政治风险、法律及合规风险、运营风险、财务风险等。风险评估能力、防范能力和应对能力将是国企在国际化过程中，尤其是“一带一路”倡议中，国企需要打造的核心能力之一。

项目挑战

俄罗斯政府计划加快发展LNG业务，批准液化天然气大规模生产计划，以确保其重要天然气出口国地位。某个位于俄罗斯的综合上游液化天然气项目，将主要投资建造一座年产可达上亿吨的LNG工厂以及附属港口营地等设施，其总投资超过百亿美元。在这种大型海外的收购项目中，中国企业不仅需要充分识别和控制收购过程中的潜在风险，还需要深入的理解关于行业产业链的相关风险。

相关的投资风险分析及对策

表5-9-1 投资风险分析及对策

潜在的主要风险	建议的解决方案
LNG价值链的相关风险	
资源储量不足风险	· 实际可用量有可能低于储量报告水平，投资人应对报告中的储量、地质和技术数据进行技术层面的分析 · 预期天然气产量或低于实际水平，投资者需了解该LNG工厂的生产发展计划及目前的生产能力，并对预期生产水平进行合理预估
液化天然气（LNG）价格下降风险	由于市场油价的不利变化及LNG国际市场的竞争加剧，导致LNG价格存在下降风险 · 分析价格下降对企业定价机制和销售预期的影响 · 对企业未来盈利能力和生成现金的能力进行合理评估 · 设计能源商品价格、外汇及利率风险对冲策略
进入市场风险	不利气候变化对运力的负面影响或签署合约下有关市场准入的相关条款将增加项目的市场进入风险 · 对气候变化导致的北方海运航线运力影响程度进行情景分析 · 对合约中的相关限制条款进行分析

续表

潜在的主要风险	建议的解决方案
成本超支风险	· 投资者应对在建项目的成本类型进行分析，重点关注资本化成本的确认标准和计量方法及完成设施建设所需的时间和成本 · 对在建项目进行计划-现状分析，查找主要成本偏差原因 · 许可协议可能会对资本性支出额有直接要求，投资者需对其进行审阅分析 · 分析融资可行性，以满足当前和未来的资本性支出
环境和社会责任	· 可委托专业公司进行项目的环保和社会调查 · 投资者需对目标公司的预提成本进行尽调，确保其能够完全覆盖未来可能因社会及环境责任而产生的费用
项目融资相关问题	
国家政治风险	海外投资者在俄罗斯可能面临政治不稳定因素，存在政府违约风险及政治不可抗力风险 · 投资人应考虑选择中信保或其他多边机构，覆盖政治风险包括：战争及政治暴乱、汇兑限制、征收及国有化、政府违约 · 中信保可提供股权保险和债权保险
项目完工风险	LNG项目链复杂，包括开发、建设运营气田、管道、液化工厂、储存罐、港口、船只及装运，其各组成部分互相关联，项目完工风险较大 · 与信用和资质良好的EPC总承包商合作 · 贷款方将仔细审阅EPC合同的条款，并要求具有清晰的违约赔偿条款。投资者应从银行的融资角度，对EPC合同中的条款进行审阅 · 潜在贷款行可能要求股东提供完工担保
LNG购买方的支付违约风险	· 对购买方的过往记录及信用水平进行审阅，评估购买方的支付能力和可提供的增信措施 · 投资者仔细审阅购买与供给合同（SPA）的条款，并要求具有清晰的不同违约情形下的违约赔偿条款
不可抗力风险	在建设及运营期间，项目链中任何一个组成部分因不可抗力因素影响都将可能导致LNG供应的延期或中断。如不可抗力事件发生，LNG购买方可能会终止LNG供应与购买协议（SPA）。 · 从融资角度，对项目合同和融资合同项下的商业保险条款进行审阅 · 建议聘用保险顾问对项目每个供应链环节的保险安排进行审阅
长期融资	· 设计对中方电力公司可追索程度最小的融资结构 · 若为项目融资，贷款行对风险控制有严格的要求，因此商务结构及融资安排需考虑潜在贷款行的要求 · 项目融资财务顾问具有很强的专业性，须对相关融资、行业及目标投资国有一定的经验。非项目融资领域的财务顾问无法真正协助实现项目融资成功

续表

潜在的主要风险	建议的解决方案
会计处理及尽调相关问题	
依赖于母公司或关联方	目标公司涉及与关联方的交易（如建设协议、管理服务合同等），或将影响目标公司的财务业绩 · 对与母公司及关联方的交易进行分析，包括交易的定价安排及其他与交易相关的条款条件 · 对关联方交易风险制定风险规避方案
欧美对俄罗斯石油天然气行业企业的制裁	· 了解是否存在因美欧制裁而导致的计划主要资本性支出无法实现 · 就其制裁造成的财务负担进行评估 · 设计避免或降低制裁影响的方案
俄罗斯卢布贬值	目标公司大部分资本性支出以及融资是以外币标价，受汇率变化影响极大 · 对目标公司受卢布贬值的影响进行分析 · 投资人应考虑在货币不匹配的情况下使用美元与利率的汇率掉期
承诺和或有负债	· 目标公司可能包含重要承诺以及或有负债，投资者应识别并理解可能影响交易评估或应该在 SPA 中看作担保或赔偿的重点承诺及或有负债

资料来源：德勤，借力“一带一路”国企国际化迈进新时代。

（二）识别和筛选目标

不同并购战略下目标企业的选择

1. 横向并购战略下目标企业选择。

横向并购是以扩大某一市场或细分市场的份额为目标的产业整合型并购，并购的双方在并购前生产相同或相似的产品。横向并购的战略着眼点主要有两个：第一是获得规模效益，降低成本；第二是获得互补市场份额，迅速扩大占有率。实施横向并购对目标企业的选择要考虑的因素主要有以下几点：

（1）目标企业的规模。规模经济理论告诉我们，一方面可通过并购来扩大企业规模，以获得规模经济；另一方面，企业的规模要适当，不能过大，过大导致规模不经济而适得其反。选择目标企业时，要考虑目标企业对规模经济的影响，规模的增加要限制在规模经济的范围内。同时，考虑到并购交易的实际，目标企业的规模又不能太小，因为并购是一项耗费巨大的交易，并购规模过小，并购所获得的收益将无法弥补并购成本，导致并购的失败。因此，目标企业的规模要限制在并购收益大于并购成本之上而限制在规模经济的范围之内。

（2）双方的企业文化。横向并购后主并方对目标企业一般实施的是紧密的组织管理模式，主并方与目标企业接触频繁。如果双方企业文化不相融，会对并购后的整合管理产生一系列不利影响。并购实践中也不乏因企业文化不相融而导致并购失败的案例。同时，企业文化对企业经营绩效存在显著影响，因此，在选择目标企业时，应尽量选择与自身企业文化相融或能被自身企业文化相融的目标企业，以提高并购成功的概率及对企业业绩产生的有利影响。

2. 纵向并购战略下目标企业选择。

纵向并购是以整合产业链为目标的产业扩展型并购。企业为实现成本领先或者差异化的目标，可能采取产业扩展型并购战略。核心是通过产业扩展来提高公司控制成本、强化销售、提供一站式服务的能力。纵向并购战略下目标企业的选择主要考虑如下几方面。

（1）并购材料成本比重大的供货商。当企业产品成本构成中，某一项成本项目所占比重较大，供应市场又不稳定，价格有较强的上升趋势时，企业可通过并购方式把相应的供货商纳入门下。一方面保证足量及时供货，保障生产的顺利开展；另一方面，控制了产品的生产成本，可实施低成本竞争。

（2）并购主要销售商。在当今买方市场条件下，销售商通常具有强大的讨价还价能力，他们一方面凭借大批量进货压低价格，瓜分生产商的利润；另一方面通过广泛的营销网络决定产品可否及如何到达最终消费者，从而决定企业产品的销售量。对此，企业要么是对销售商让利，要么是建立自己的销售渠道直接销售产品。价值链理论告诉我们，当企业所在产业产品销售环节利润率高或重新投资建立销售渠道成本高、时间长时，就可通过并购主要销售商来获取该环节的高额利润，同时保障企业产品及时、畅通无阻地到达最终消费者手里。

（3）并购与自身经营规模相匹配的上下游企业。并购前，上游企业为企业提供材料的同时还是其他企业的供货商，下游企业为企业销售产品的同时也给其他企业销售产品；并购后，上游企业或下游企业成为企业“内部的成员”。如果并购双方的供产不平衡，则会带来严重的浪费，这一浪费甚至有可能大到完全抵销并购所可能带来的收益增加的地步。因此，在进行纵向一体化并购时，并购双方的生产是否平衡是一个必须认真考虑的问题。一般来说，主并方要能接纳供货商大部分甚至全部产品，或能向销售商提供足额的销售产品，以保证销售商有足够的动力推销企业的产品。所以，纵向并购以并购双方的生产能力相平衡为前提，切忌“大小配”。

3. 混合并购战略下目标企业选择。

混合并购是以获得核心技术并由此发展新的产品或者相关产业为目标的新产业构建型并购。新产品或者新产业的构建可以采取内部投资的方式来进行，但由于时机、新产品开发的高失败率以及资本市场对成长性的要求，并购在许多情况下都是一个更好的选择，前提是并购所获得的核心技术或者资源是企业在新产业中建立竞争优势所必须具备的根本内容。

选择要进入的行业要注意以下几点：

（1）选择吸引力大的行业。无关多元化也好，相关多元化也好，混合并购战略的第一步就是要确定进入的行业。要确定进入的行业就必须进行行业吸引力分析。行业吸引力是一个综合性指标，它反映行业的各个方面的综合情况。评判行业吸引力的主要经济变量有市场规模、市场增长、盈利水平、行业生命周期、规模经济程度及进入/退出障碍、竞争者数目及消费者数目等。

（2）选择与自身业务相关的行业。理论与实践的经验表明，核心能力和竞争优势在相关行业的运用效果明显地好于非相关行业。实证结果也表明，进行相关多元化的并购的失败率只有30%，而进行不相关多元化的并购其失败率高达80%。企业可以向新的领域扩展（通过买进别的企业或者内部多样化），但必须紧紧围绕自己的基本业务，因为这是优势所在。

（3）相关差异化原则。即选择与自身行业相关但与竞争对手不同的行业。企业在市场上的竞争是与竞争对手之间的竞争，取胜的关键是与竞争对手的差别，因为与竞争对手的差别影响了满足特定产品/顾客组合的相对能力。因此，行业的选择应根据企业的能力差异来决定。

（三）并购准备和执行交易

如表 5-9-2 所示，并购准备和执行交易主要包括以下过程。

表 5-9-2 并购准备和执行交易的过程

研究选择方案	估值	实施	签约与预算
了解目标公司 · 分析公司的历史和业绩 · 分析市场认知度 · 掌握公司动态 确定机会 · 筛选和确定合适的收购对象 · 上市公司及相关业务 · 分析持股情况 · 基础管理层成员 · 市场情报 了解并购的不同手段 · 友好方式 · 拍卖 分析潜在竞争对手	估值与定价 · 分析股票价格走势 · 分析同类公司的市场估值 · 了解以前的交易情况 · 按现值计算的现金流分析 · LBO 分析 · 预测分析 · 资产/负债估值 · 对市场的总体认识、判断、经验 为业务的尽职调查提供帮助 · 帮助和领导调查小组 · 调查和指导各小组（财务、技术、法律等） · 认真分析业务、财务、会计、法律、环境和管理方面的问题	结构 · 常规或非传统式结构 · 融资 · 结构 · 配售 · 税务问题 战术 · 联系方式 · 确定抢先下手的时机 · 出售过程的变化 · 银行家对银行家的渠道 谈判 · 中间人的作用 · 对价格和其他条件加以综合考虑 · 结构 · 合同	· 签约和结算 · 完成文件汇编 · 取得审批 · 沟通

资料来源：同图 5-9-1。

结合中国的国情，举例如下。

案例一　某央企国际化过程中领导风格和外派员工的挑战和解决方案

国企的各种转型升级的成功归根结底要靠人才。这里的人才不仅指中国的熟悉当地法律文化的管理人才，也包含聘用和培养当地的管理人才和员工。“一带一路”的六“通”，除了“政策通、交通通、贸易通、货币通、网络通”之外，更重要的还有“民心通”。“一带一路”倡议的成功必须得到当地民众的理解和支持。已有外方政府换届，不想继续履约，而中国企业由于当地民众和员工的支持，逼政府继续完成项目的案例。许多“一带一路”倡议必须聘用当地员工，在与国内政治、经济、文化差异显著的市场里，如何与当地各方沟通交流，输出企业文化，建立企业形象是在规模和实力等"硬"指标之外，对国企的"软能力"的又一大考验。

项目挑战

中国企业随着海外业务的不断深入，人力资源方面又面临着新一轮的挑战。

· 领导风格的挑战："领跑型或指令型"的领导在中国企业收购国外企业后，对推动业绩提升是有帮助的。但随着业务步入正轨，需要真正融合于当地文化时，"亲和型、辅导型"的领导会更受当地员工的欢迎。事实上，这样的领导不管是否在国外，都是高绩效企业推崇的领导风格的。

· 外派员工定位的挑战：中国企业走出去时，外派员工基本承担三种职责，即"管理、监督、学习"。前两种职责，一般是外派资深的高管，直接负责海外公司或海外公司的某职能条线，确保承接国内总部对海外公司的要求；后一种职责是外派较年轻的员工，去一线锻炼，为日后的国际化人才奠定基础。但若要将三种职责积聚于同个外派员工，那结果一定是令人不会满意的。

解决方案

通过人才培训，开阔国际政治经济的视野，提高包括领导力在内的全面能力。另外，清晰的定位外派员工职责对中国企业走出去也至关重要。不要急于求成，不然会变得"愿望很丰满，但现实很骨感"。

案例二　某国企的全球分支机构通过财务共享中心建设实现集约化管理项目

企业国际化的目标之一就是在统一的清晰的发展战略引领下，实现全球范围的高效运营。高效运营需要建立明确权责，风险可控的管控体系、综合绩效管理体系、应用共享模式实现集约化、管理标准化以便在全球范围内快速移植。优秀跨国公司的领先实践证明，构建财务（继而其他业务）共享服务中心是实现集约化管理，专注于高质量财务服务，推动业务财务一体化的必经之路。

项目挑战

某国企在全球有160多家分支机构，都是独立的法律实体，有自己的财务、IT、人力资源等系统和流程。各地的流程和信息系统支离破碎、相互独立；财务人员能力缺乏专业分工，未形成专精领域；信息沟通不顺畅，缺乏共享，无法支持集团在全球的业务发展。具体表现在：财务信息质量差，无法全球钻取；对外披露迟缓，差错率无法忍受；财务分析报告无价值，时间滞后且无法满足管理层决策支持。

解决方案

通过财务共享中心建设，形成了全球共享的财务信息系统、全球整合的财务管理组织、全球统一的财务管理流程、全球标准的岗位职责，专业分工明确。财务业务信息可全球监控、全球钻取；全球各分支机构的流程和信息系统高度集成，并有专业化分工；可以形成有价值的管理信息；信息存盘严格便于追踪查询。通过财务、IT、人力资源等共享中心建设，在全球范围内优化了成本管理，提升了运营灵活性和资产避税水平，增加了透明度和相关分析，使管理层的注意力能进一步集中于核心竞争力。

案例三　海外工程项目税收争议及解决方案项目

随着中国企业近些年“走出去”及参与“一带一路”沿线国家的项目规模不断加大、在海外开展的通常是当地的重点项目或大型项目，因此当地各级政府部门和税务部门对中国企业的管理和税务申报合规常给予较多的关注，税务机关通常会将中国企业在当地的业务或工程项目作为重点关注和税务管理的对象，甚至会对中国企业进行定期或不定期的税务检查或稽查，企业在走出去的过程中与当地税务机关的税务争议甚至涉税诉讼也不断出现。

项目挑战

以某央企在巴基斯坦承接的EPC工程承包项目为例，该项目对中巴双方来说原本均是双赢的好事，但是，项目进行中作为总承包商的中国企业却意外地收到了巴基斯坦主管税务机关金额高达上千万美元的税款缴纳通知。

解决方案

由于事发突然，企业只能在专业法律和税务顾问的支持下结合当地相关所得税规定重新梳理该项目的商务合同及业务安排，将其项目相关收入应该享受当地免税待遇的法规依据逐条详细列举，并且充分分析了企业的业务各环节及商业安排完全可以享受当地的免税待遇，与此同时企业还搜集了两个其他中国企业的类似项目在当地得以免税的案例，通过对比几个项目在商业合同和业务流程角度几乎完全相同的安排，充分证明企业就其项目收入不应该被税局征收巨额税款。

通过企业的努力以及与税务机关的再三谈判，税务机关承认对该中国企业的商业安排及合同架构缺乏充分了解情况下出具的评税通知过于激进，税务机关同意撤销对企业千万美元的评税通知并且将在税务顾问和企业协助下重新了解分析该项目的相关合同条款和商业安排。与此同时企业可以只缴纳少量税款作为押金，待税务机关有进一步判断结果后，如果企业就其相关收入确实不应缴税，税务机关将退回该部分押金，从而避免了企业千万美元的税款损失。同时，企业也从这个事件中吸取教训，在此后的每个项目签约过程中都提前咨询专业顾问的意见，以在事前能够尽量降低因合同架构及相关条款带来的潜在税务风险。

（四）计划及实施整合

协同价值的区别：尽职调查 vs 投后管理

协同领域及协同价值的识别并非在这个阶段才开始关注，它往往是构成整个并购交易的初衷。因此，在并购初期，运营尽职调查时，这个话题就是交易的重点，它直接反映了目标公司是否有充分吸引力，价值的领域何在、规模多大、实现程度等因素都构成交易发生与否、估值谈判的考虑因素。

但是，在并购初期阶段所提到的协同领域，由于时间和数据等方面的限制，其得出的结果较为粗放，且高阶资料的估计主要服务于估值，并不对并购后整合具有直接的指导性，不具备落地的基础。

本章节所讨论的协同价值是指在并购正式宣布后，在过渡期及中长期整合时，对双方公司的运营职能能够产生协同的领域进行识别、验证、量化、计划和实施的过程。此处的协同价值，将前期尽职调查时识别的领域细化、落实，并分配至相关负责人，真正将协同效应由概念转化成实实在在的财务收益。

值得注意的是，前期的尽职调查并不一定能够作为协同价值落地的基础。因为，过往的交易实践表明，前期所开展的尽职调查可能由于多种限制的原因，导致协同领域的发现不够充分、基于错误的假设、过高或过低的估计等，还有与此同时外部市场环境可能已发生变化。

	在尽职调查时	在尽职调查之后
目标	• 为交易谈判进行估值	• 捕获交易价值 • 将交易的潜在收益传达给员工和市场 • 提供整合项目的关注重点
方法	• 由于数据权限有限，采用自上而下的方法 • 由外而内部分的由内而外相结合	• 由于时间范围更长和数据不再受限，采用自上而下和自下而上相结合的方法 • 主要是由内而外
挑战	• 时间和数据权限有限	• 获得管理层对流程和目标的支持
特点	• 更保守	• 更激进
	我们应该获得多少?	我们能够获得多少?

图 5-9-3　协同价值的区别：　尽职调查 vs 投后管理

资料来源：同图 5-9-1。

协同价值实现的方法具体包含四个关键步骤：

· 步骤一：建立合并后的成本基线；

· 步骤二：自上而下地制定目标；

· 步骤三：自下而上地设定举措；

· 步骤四：跟踪协同效应实施。

表 5-9-3　常见挑战及应对措施

	合并后常见挑战	建议的应对措施
巩固现状	· 合并后获得协同效应的同时，也常导致对基础业务的侵蚀 · 若不考虑并购因素，收购方业务的实际自然增长率常低于同业	· 抵制诱惑，保持一贯的业务经营准则，专注于短期的成本节约 · 通过清晰的讨论和适当的激励，关注客户和核心人才保留 · 订立确保本年度业绩目标完成的问责制度， · 由新组织负责协同效应目标的达成

续表

	合并后常见挑战	建议的应对措施
合并优势	· 高估或者过度节约成本往往会导致业绩不佳 · 忽略收入协同效应 · 过度信任前期尽职调查 · 低估充分获取协同效应所需的时间与投入	· 考虑全部协同效应，同时将最能实现企业整体发展目标的举措优先排序 · 不仅仅考虑成本带来的协同效应 · 仔细分析协同效应实现的时间表，以及相应的前期资源投入需求
创新发展	· 没有考虑突破性的创新机遇 · 制定平庸的目标，无法激励价值创造最大化 · 在合并后缺乏高管层的参与，缺乏问责制	· 管理层设定并购后的价值目标，以获得最大化的价值创造 · 对于双方公司，除了在规模上与业务上的协同效应之外，还应考虑更广泛领域的协同潜能 · 考虑因为突破性举措而可能产生的对常规业务的风险

资料来源：同图 5-9-1。

（五）投后管理

有效实现并购价值的关键是具备完善的投后管理体系。投后整合根据行业类型、整合规模、整合深度等因素，时间长短不一。投后管理的实施阶段从并购首日的新公司正式运作开始，到并购百日，再到完成协同增值实施，通常需要 2~3 年的时间。

投后管理可简要分为两大阶段：百日计划阶段和中长期投后计划阶段。百日的目标是保持稳定过渡，但是百日计划可以覆盖首日计划无法及时执行的相关事宜。中长期计划沿袭百日计划的轨迹，注重从更深层次、更长远的角度，计划整合任务。

1. 百日计划。

百日计划的工作重点

制订百日计划时，首先根据举措的重要性和依赖关系进行优先级排序，然后建立任务列表，再匹配相应的责任人，以确保工作得到具体落实。在百日计划开展时，需要持续进行进度监督，并对识别的问题及时处理，促进整合的逐步、稳健推进。

百日计划与首日计划类似，需要考虑所有涉及的职能部门。不同企业的计划任务有一定的相似性，但更多的是从企业具体情况出发，相应制订。在此，表5-9-4和以沟通工作小组为例，显示百日计划与首日计划的工作重点的不同。

表5-9-4　沟通全队的百日计划工作重点（对比首日计划工作重点）

整合领域	首日计划工作重点	百日计划工作重点
战略	· 企业形象	· 沟通战略计划 · 实施文化融合战略 · 主要的关键绩效指标
组织	· 将工作移交给新公司的管理人员 · 与"一定要保留"的员工做一对一访谈 · 文化融合战略 · 新的会议召开频次	· 团队内和团队间的决策权 · 证实所有人员已转移到新的法律实体中 · 任命其他人员
沟通	· 与所有的员工沟通，传达公司简介、主要董事、汇报关系和未来展望的相关信息 · 向确认的各方发布公关消息 · 向相关方发送信息备忘录 · 完善所有利益相关者的信息资料和问答 · 分派现有标志、名称等的使用指南 · 推出新公司的电子广告 · 企业标志	· 按计划开展举措
行动	· 举措的过渡计划 · 开始实施关键高价值的举措	· 开始实施所有举措
制度/流程	· 逐级沟通和传达会议（信息共享）详细时间表 · 派发新的信头纸和名片给关键人员 · 向所有员工派发欢迎礼包 · 制作演示文稿的新模板 · 确保所有的沟通都使用同一个语音政策	· 评估并对广告和营销公司进行重新招标 · 评估谣言和国内政策以快速反应
系统	· 建立员工沟通中心以处理管理层/员工的询问（预计通信量会显著增加） · 更新网站，公布业务的下一步行动 · 统一电话应答协议	· 按计划开展举措

资料来源：同图5-9-1。

2. 中长期投后计划。

中长期投后计划着眼于每个职能领域的深入需求，将本企业的持续改善和双方协同价值获取两个方面的力量融合，以并购为契机，实现企业整体价值的不断提升。并购首日、百日计划着眼于现有职能的稳定过渡，因此在不同的企业之间具有一定的相似性和参考性。与之不同，中长期投后计划是个性化、定制化的，需要根据公司的战略方向、整合规划、具体业务现状开展。

作为中长期计划，为保证在一个较长的跨度上落实相关安排，而核心工具将在下文为大家介绍——360°运营诊断工具。360°运营诊断工具可以在运营职能（包括销售与市场、采购、生产、物流、研发等）方面做出业绩回顾，识别表现不佳的投资项目，需要深入分析根本原因，并识别改善举措。360°运营诊断结合了定量指标和定性成熟度，评估企业供应链表现。

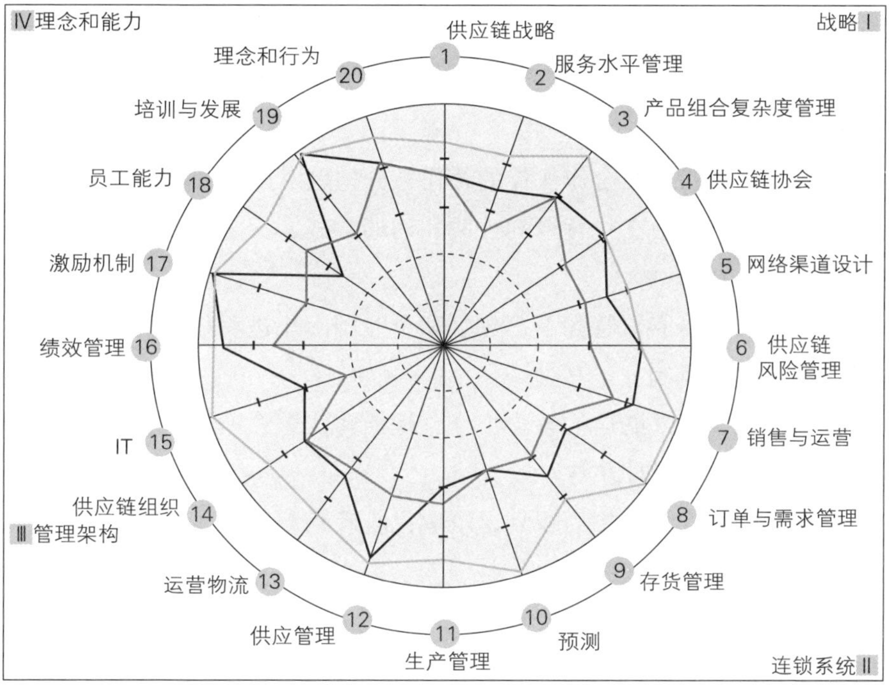

图 5-9-4 定性成熟度工具

资料来源：同图 5-9-1。

从定性成熟度方面，通过战略、运营体系、管理架构、理念与能力 4 个维度，评估运营中 20 个领域的成熟度。通过访谈或自我评估的形式，识别现状及标杆对比，从而促进运营职能从“救火型”到领先实践的飞跃。

从定性和定量方面识别差距之后，将差距提升带来的利润影响进行量化，从而促进在组织内资源的合理分配，并激励举措落实。制定具体举措时，需要对所有待提升的领域进行优先级排序，规划实施路线图，分配责任人，稳步推进实施。

企业在投资上面临新的机会，也承受着转型升级的压力。企业要从盲目的扩大投资规模，转变为更加注重项目效益。对此，我们有如下建议：

（1）投资前做好充分全面有针对性的尽职调查，尽量事前识别各类风险，搞清监管合规要求，做好应对预案；

（2）通盘考虑投资布局，借助科技手段，建立投资优选模型，管理投资组合；

（3）根据项目属地情况，建立包容性和多元化的管控模式，投资布局和长期运营并举；

（4）加强和政府及合作伙伴的合作，分担融资风险，降低税务成本；

（5）以符合社会文化背景的公关和沟通方式，为企业长期发展创造好的外部环境；

（6）选聘和培养双管齐下，建立和企业国际化进程相匹配的国际化人才“选用育留”机制 ；

（7）重视投资并购后的整合工作，提前落实整合所需资源，预测可能面临的困难，准备应对方案；

（8）要做好产业与招商规划，争取税收等经营优惠。

四、对标体系

以下德勤提供一套过程性指标体系，用来具体衡量企业开展并购活动的落地表现。

领域	对标指标	指标定义
运营	· 基本的个人 IT 环境 · 目标完成率 · 成本中心的透明度 · 意向调查 · 生产地点整合比例	· 解决基本个人 IT 环境配备的员工比例 · 有明确目标的员工百分比 · 已沟通运营成本预算的成本中心的比例 · 每月沟通和整合意向调查趋势汇报 · 生产战略里程碑的完成数量 VS 计划数量
研发	· 研发中心整合 · 研发高成本/低成本率 · 降低产品质量	· 研发中心数量 VS 计划数量 · 将高成本研究设施向低成本研究设施迁移 · 处于产品生命周期某阶段的产品数量
流程	· 整合准备就绪 · ERP 部署完成比例	· 开展整合前，已合规的国家/地区数量 · 按照预设的流程和系统处理的销售订单比例
信息技术	· 工作站迁移率 · 语音迁移率 · 信息和日历迁移率 · 用户服务迁移率	· 工作站迁移率百分比 · 语音迁移率百分比 · 信息和日历迁移率百分比 · 用户服务迁移率百分比
产地房	· 办公地点整合比例 · 减少人均办公面积 · 服务中心整合比例 · 新公司的空间整合比例 · 现代化办公实施率 · 交叉办公情况	·（租赁或自有）办公地点的数量/计划的数量 ·（办公区域和研发中心）人均办公面积 · 服务中心数量/目标数量 · 新公司总面积 · 现代化办公完成情况 · 员工交叉办公的数量/目标数量
项目进展	· 整合措施完成比例 · 排序优先的整合措施进展情况	· 整合措施完成比例/目标比例 · 整合措施进展情况/目标状态
法务	· 行为准则培训的实施 · 法律团队配备完成率	· 行为准则培训完成比例/目标完成比例 · 法律团队配备完成/将法律团队外包
人力资源	· 员工自然流失率 · 关键人才流失率 · 工作评分完成率	· 自然流失员工数占全部与员工人数的比例 · 关键人才流失比例/全部员工人数 · 需要遵循新公司工作评分制度的员工比例
销售与市场	· 交叉销售概览 · 订单覆盖率	· 每个销售端交叉销售机会产生的营业利润 · 当季订单接收/新公司预计该季度目标
财务	· 财务控制部署完成比例	· 财务控制方案覆盖的销售额的百分比

成功案例　通用电气

美国通用电气公司是世界上最大的提供技术和服务业务的跨国公司，也是道琼斯工业指数自 1896 年创立以来唯一至今榜上有名的企业，集团业务包括飞机发动机、动力系统、油气、金融服务、家用电器、运输系统等。通用电气百年的发展之路正好印证了美国著名经济学家斯蒂格勒的名言："没有一个美国大公司不是通过某种程度、某种方式的兼并而成长起来的。几乎没有一家大公司主要是靠内部扩张成长起来的。"随着其不断通过兼并与收购实现能力的快速获取与业务条线的动态调整，通用电气在近百年的并购史中积累了一套完善并购管理范式，对其他企业进行"外延式"业务发展有着良好借鉴意义。

投前：明确并购标准，制定长远协同战略

通用电气对并购目标的遴选有着清晰的标准和思路。具体标准可归纳为以下两条：被收购企业要不能通过转售为通用电气带来"短平快"的财务收益；或者其业务能力与目前通用电气自身战略方向高度吻合，且在整合后能达到业内"数一数二"的目标规模。以通用电气收购美国无线电公司（RAC）为例。完成并购后，时任CEO杰克·韦尔奇对RAC的业务进行了大规模的调整，将其中唱片、地毯、保险等与通用电气主体战略业务线条立即打包出售，在一年内从63亿美元支付价款中回收了13亿美元。同时，对于NBC与通用电气主体业务战略强相关的部门，韦尔奇主导将其与通用电气相关部门与团队进行改组合并，通过业务与能力的充分融合最大化凸显规模协同效应。

投中：动态打造并购管理组织，"合并经理"助力项目成功落地

在通用电气，并购活动的核心决策与执行单元不是独立的组织或部门，而是根据项目行业、类型跨部门临时组建的"攻坚团队"。该团队一般由负责相关业务的执行副总裁牵头，主要负责并购前中期的尽职调研、并购谈判与执行决策。在人员结构上，并购部门通常由财务、税务、业务发展、人力资源和技术部门的人来组成，尽可能兼顾横向之职能部门的全局视野与纵向业务线条的专业视角。在并购团中通常还会有一个特殊的角色，即"合并经理"。合并经理不一定是并购团队的领导者，其核心职责是全程参与并购活动后继续留在目标公司中，作为新任管理层推动并购项目的落地实施。这个角色缘起于通用收购Gelco公司的实践中。当时仅仅出于一个偶然的机会，拉里·图尔（一个曾参与了并购考察的高级人力资源主管）被要求继续留下来帮助这个新近被收购的公司组建队伍。图尔当时充当了新公司管理团队的协调人角色，他通过召集通用电气公司和Gelco

公司两方面的员工来共同制订行动计划，使新队伍快速适应通用电气的标准于要求；同时，他还给予自身经验给 Gelco 公司的高级经理们提出各种建议，告诉他们如何在通用公司中快速取得成功。最终，由于 Gelco 并购案的出色运营，使得“合并经理”这个角色也在之后被固化了下来。

在执行上，有两类人通常会被通用电气任命为“合并经理”，一类是极富潜质的人，另一类是富有并购经验的人。非常有潜力的管理者通常欠缺经验，他们才华横溢，被视为未来的业务主管。这种类型的人会在一些规模较小并且较为简单的公司整合活动中发挥积极作用，在一些组织严密的整合工作中也会有他们的用武之地。而对于更复杂的收购或是并购多元化企业的工作，一个富有经验的人——很了解通用电气同时也已经证明了自己管理能力的人——通常会被任命承担相应的职责。

投后：创新投后管理“四步法”，助力实现文化融合

如何让一群来自不同企业文化背景、甚至是曾为竞争对手的人为一个共同的目标高效协作是不少企业在投后管理阶段所面对的核心问题。通用电气公司创新投后管理“四步法”，旨在有着明显差异的两家公司间快速搭建沟通桥梁、稳步推行融合实施。

· 第一步：会面、致意并计划

当并购结束，通用电气公司的业务领导会在合并经理的帮助下召开会议。会议要求双方代表各抒已见，共同完善与敲定被收购公司的管理团队、融合计划与政策制度等核心事项。同时，会议上还会为收购后续制定“百日计划”，充分制造紧张感与兴奋感，让初期磨合充满能量。

· 第二步：制订交流计划

在公司融合中，为了最大限度弥合并购公司与被并购公司之间的文化分歧与制度分歧，通用电气要求并购后的两个组织的高级经理间建立常态化的交流与沟通机制。交流活动的参与者不限于公司管理层，最好能普及到被收购公司的全体员工、供货商、客户与小区媒体。实践证明，信息透明度越高，人们对变革的接受周期就越短。

· 第三步：正面提出公司文化问题

为了更好地解决跨国并购中的文化冲突，不将潜在矛盾在埋藏在融合早期。通用电气构建了一个跨文化分析的系统工作程序。一方面，通用电气利用信息技术从成本、技术、品牌和客户四个维度建立了被收购公司的文化评价模型；此外，在融合100天后，通用电气将召开为期3天的“文化分歧解决方案”会议，基于评价模型给出相应的解决方案。

· 第四步：由点到面，逐步推进

在长期融合过程中，“合并经理”将会有意识的派遣并购公司和被并购公司双方人员共同参与短期项目，在业务中不断磨合。同时，通用电气还一直实验一些其他方法来帮助员工解决身处异国文化中如何开展工作的问题。举个例子，一个被派往印度分公司担任要职的美国人需要单独接受公司外部顾问的培训。这个顾问熟悉当地文化，可以帮助要调职的经理事先了解到文化间细小但却十分重要的差异，从而保证他下达的指令有的放矢而不会过于空泛。

第十节　数字化

具有全球竞争力的世界一流企业要素十：合理部署恰当的数字化能力，将运营与数字化合二为一，同时实现洞察导向和敏捷反应。能够改变自身的运作模式，变得对技术本身有更高的敏感度与更快的接受速度，更加迅速地把新技术转化为企业自身的生产力。

一、一流特征

企业的数字化转型浪潮正在全球范围内席卷而来。随着信息技术的不断成熟与应用范畴的不断延展，越来越多的企业开始数字化转型。互联网企业正在利用自身的平台型业态特征“跨界打劫”，对传统企业的业务领域进行着快速精准的蚕食。与此同时，越来越多的传统企业也在通过自研或合作等多种方式吸纳数字化能力，以期借此优化降低内部协同成本、提升外部获客效率。

企业数字化转型始于数字化，进而打开组合和自动化的大门，而最终将作用于人类自身的增强。

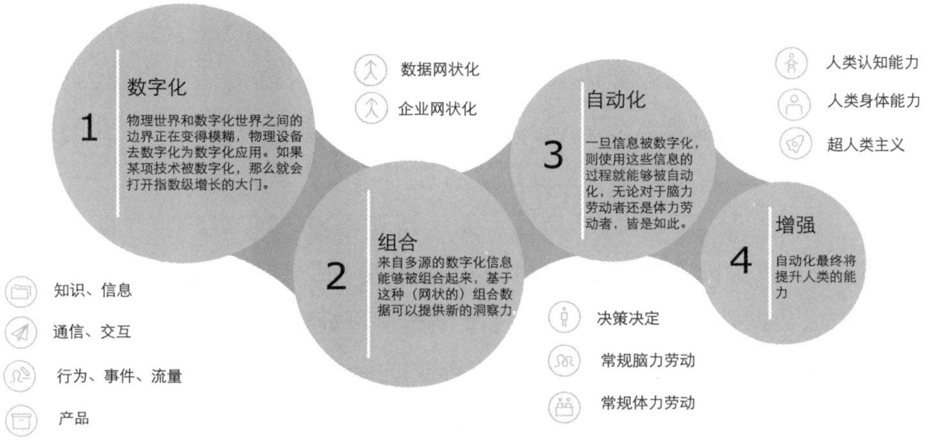

图 5-10-1　数字化转型历程

资料来源：德勤．数字化生活服务市场生态展望，2018 年．

数字化：物理世界和数字世界之间的边界正在变得模糊，物理设备去物质化为数字化应用，如果某项技术被数字化，那么就会打开指数级增长的大门。在这一阶段，企业通过数字化进行知识和信息进行通信和交互，从而分析客户的行为和客户流量，最终带来产品转型。

组合：来自多源的数字化信息能够被组合起来，基于这种（网状的）组合数据可以提供新的洞察力。这一阶段的特点是数据网状化和企业网状化。

自动化：一旦信息被数字化，使用信息的过程就能被自动化。无论对于脑力劳动者还是体力劳动者，皆是如此。在这一阶段，例如自动化营销等新型业态层出不穷，提供更加贴近人性的服务。

增强：最终，数字化技术将会超越和增强人的能力。

为了给投入数字化转型大潮的我国大型企业以更有针对性的指导，**我们归纳了世界一流企业开展数字化转型中的几点核心特征：**

1. 合理部署恰当的数字化能力，将运营与数字化合二为一；

2. 实现洞察导向和敏捷反应；

3. 能够改变自身的运作模式，变得对技术本身有更高的敏感度与更快的接受速度；

4. 能够迅速地把新技术转化为企业自身的生产力。

在模式上，企业数字化可以分为三个主要部分，从生产后端到市场前端依次是制造智能化、管理信息化与营销在线化。随着大规模机器学习、智联网、5G、人机自然交互等多项核心技术迎来集中式爆发，企业的后端基础层、终端运营层与前端交互层都将迎来新的变革：

· 机器智慧、人机自然交互、无人驾驶、VR/AR 等科技在前端的应用和普及，将为前端带来交互方式的创新和更加智慧化的体验；

· 大数据处理、云计算、大规模机器学习等科技在中端的应用，将进一步推动全产业链的智能化升级，使得数据赋能逐步实现；

· 而与整体科技发展协同进步的底层基础技术如硬件技术（如 AI 芯片等）、通信技术（如 5G 等）的发展反向赋能上层科技应用，与上层技术应用共同形成新的技术体系，启动多样的应用场景。

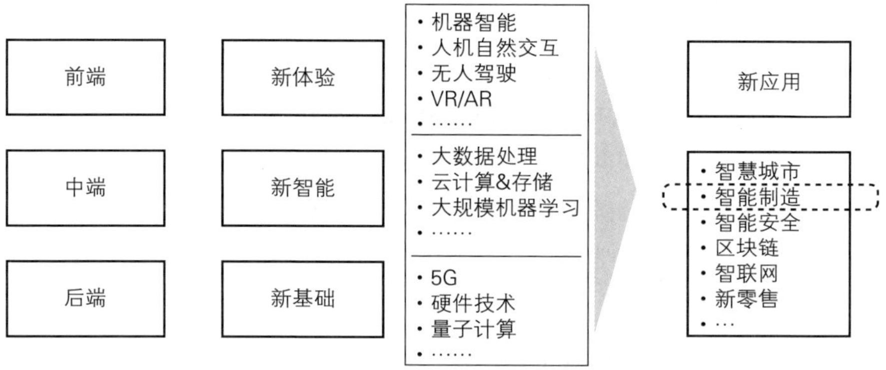

图 5-10-2　数字化与新应用

资料来源：德勤．数字化生活服务市场生态展望，2018 年．

而从数字化演进的路径上看，企业数字化转型的整体脉络呈现出由市场前端到生产后端的逐级“倒逼”态势。营销的在线化转型直接为企业带来新的销售渠道与商业模式。随着而来驱动整体业务管理与流程设计开展信息化转型，以更好的降低协同成本、适应新业态的效率需求。最终，企业从产品/服务的核心竞争力出发，欲构建规模化、柔性化、自我调整的生产能力，依赖的则是在生产环节开展全面的数字化、与智慧化改造，在机器换人的基础上，最大限度提升人与人、人与机器、机器与机器间的协同效率。

对于我国国有企业而言，目前有近 1/3 的资产集中在装备制造行业。因此，探索后端“智能制造”环节是央企在现阶段（尤其是流程化制造业企业）提高发展质量、构建供给侧核心能力的关键重点所在；也将是未来中长期实现制造业与互联网融合以及面向全球市场全面提升制造业竞争力的重要抓手。下文我们也将聚焦智能制造，立足国际视野，梳理企业开展数字化转型的能力积累、最佳实践与参考对标体系。

企业成功应用智能制造，需要通过灵活运营与变革管理（“精益思维”），利用生态圈提供卓越的客户体验，并全面致力于实现洞察导向的业务决策。国际一流企业所打造的智能制造体系需具备的主要特征：互联、优化、透明、前瞻和敏捷。这些特征均有助于进行明智的决策，并协助企业改进生产流程。值得注意的是，世界上没有两个一模一样的智能工厂，制造企业可依据其特定需求，重点发展智慧工厂的不同领域和特征。

互联：工厂须确保基本流程与物料的互联互通，以生成实时决策所需的各项数据。通过整合来自运营系统、业务系统、以及供货商和客户的数据，可全面掌控供应链上下游流程，从而提高供应网络的整体效率。

优化：经过优化的智能制造可实现高度可靠的运转，最大程度上降低人工干预，有效提高产量、运行时间以及质量，并降低成本、避免浪费。

透明：智能工厂获取的资料公开透明。通过实时数据可视化，将从流程与成品或半成品获取的数据进行处理，并转变为切实可行的洞见，从而协助人工以及自动化决策流程。

前瞻：在智能化工厂中，制造企业可通过创建数字孪生等流程，实现数字化运营，并在自动化与整合的基础上，进一步培养预测能力，使得员工与系统可预见即将出现的问题或挑战，并提前予以应对，而非静待问题发生再作响应。

敏捷：智能制造体系可根据正在生产的产品以及进度变更，自动配置设备与物料流程，进而最大程度上降低调整幅度，从而提高运行时间与产量，并确保灵活的进度安排。

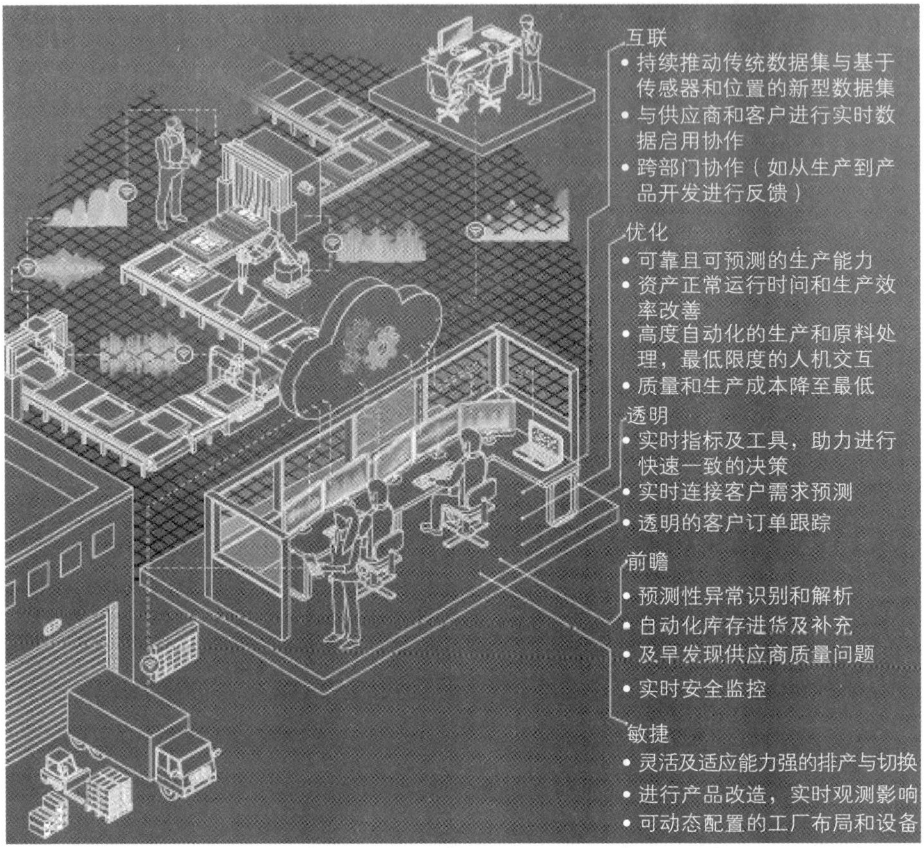

图 5-10-3　智慧工厂 5 大特征

资料来源：德勤．智慧工厂，2018 年．

通过实施智能制造，企业可解决资产效率、质量、成本、安全以及可持续性等广泛问题。这些问题的解决将带来诸多益处，最终将加快市场响应速度，扩大市场份额，提高利润率与产品质量，并稳定人才队伍。

二、国企现状

《中国制造 2025》实施以来，在国家制造强国建设领导小组的统筹领导下，在国家制造强国建设战略家咨询委员会指导下，工信部与相关成员单位、地方政府加强沟通协调，扎实推进智能制造各项重点任务。经过两年多的实践，探索形成了国家统筹引导、地方和行业主动对接、多方联动的协同推进体系。

当前，我国实施智慧化改造意愿强烈，内生动力不断增强。无论是制造业企业还是服务业企业，对智慧化改造的潜在需求都很大，企业在总体上对智慧化表现出积极欢迎和热切期待，许多企业都将智能制造纳入了企业战略或规划中。大多数企业聚焦在机器换人、智慧化生产及仓储物流、在线检测及智慧化装配等局部环节，旨在降低成本、提升质量和效率。部分行业领先企业一方面主动制定智能制造发展规划，实施系统性的智能化改造，以引领行业转型升级和发展方向；另一方面充分利用自身在信息化、自动化、数字化改造等方面积累的成功经验和优势资源，纷纷将智能制造作为企业新的业务增长点，整合优势资源为行业提供智慧化改造服务，抢占行业发展领先地位。

（一）现状与趋势

德勤《中国智造行稳致远——2018 中国智能制造报告》调研主要结论为：

1. 我国智能制造发展取得了明显成效，进入高速成长期。中国智能制造进入成长期主要体现在三方面：首先，中国工业企业数字化能力素质提升，为未来制造系统的分析预测和自适应奠定基础。第二、财务效益方面，智能制造对企业的利润贡献率明显提升。第三、典型应用方面，中国已成为工业机器人第一消费大国，需求增长强劲。

2. 中国工业企业智能制造五大部署重点依次为：数字化工厂（63%）、设备及用户价值深挖（62%）、工业物联网（48%）、重构商业模式（36%）以及人工智能（21%）。

3. 智能制造是以制造环节的智能化为核心，以端到端数据流为基础，以数字作为核心驱动力，因此数字化工厂被企业列为智能制造部署的首要任务。目前企业数字化工厂部署以打通生产到执行的数据流为主要任务，而产品数据流和供应链数据流提升空间大。

4. 制造型企业面临愈发激烈的市场竞争和日益透明的产品定价，不得不寻找新的价值来源。德勤智能制造调研结果显示，设备和用户价值深度挖掘是企业智能制造部署第二重点领域。62%的受访企业正积极部署设备和用户价值深度挖掘，其中41%的企业侧重设备价值挖掘，21%的企业侧重用户价值挖掘。

5. 中国制造企业云部署积极性不高。53%的受访制造企业尚未部署工业云，47%的企业正在进行工业云部署，其中27%的企业部署私有云，14%部署公有云，6%部署混合云。

6. 智能制造不仅能够说明制造型企业实现降本增效，也赋予企业重新思考价值定位和重构商业模式的契机。德勤调研结果显示，30%的受访企业未来商业模式以平台为核心，26%的企业走规模化定制模式，24%以“产品+服务”为核心向解决方案商转型，12%以知识产权为核心。

7. 人工智能对制造业的影响主要来自两方面：一是在制造和管理流程中运用人工智能提高质量和效率；二是对现有产品与服务的彻底颠覆。德勤智能制造调研发现，51%的受访企业在制造和管理流程中运用人工智能，46%的受访企业在产品和服务领域已经或计划部署人工智能。

8. 重构商业模式是一项复杂艰巨的任务，商业模式优化、创新管理以及云部署为企业能力建设三大关键任务。

（二）存在的问题

相对工业发达国家，我国推动国企开展智能制造转型主要面临以下六大问题：

1. 目前我国制造业尚处于机械化、电气化、自动化、数字化并存，不同地区、不同行业、不同企业发展不平衡的阶段。

2. 发展智能制造面临关键共性技术和核心装备受制于人，智能制造标准/软件/网络/信息安全基础薄弱。

3. 智能制造新模式成熟度不高，系统整体解决方案供给能力不足。

4. 缺乏国际性的行业巨头企业和跨界融合的智能制造人才。

5. 国企往往关乎国民经济基础，且历史悠久。在客户资源、数据资源、系统资源存量丰富而巨大，开展数字化转型的市场动机不足。

6. 国企的主要职责之一是国有资产的保值增值，使国有企业对于新兴模式、新兴技术在风险层面有更深的戒备。

面对更加复杂的环境与更加艰巨的任务，我们必须抓住全球制造业分工调整和我国智能制造快速发展的战略机遇期，引导企业在智能制造方面走出一条具有中国特色的发展道路。

三、最佳实践

（一）企业数字化转型

在中国，以 2010 年 3G 商用为里程碑，传统企业亟需开展数字化转型已经成为广泛共识。我国国企作为重要的经济支柱也正积极响应“互联网+”“数字中国”“中国制造 2025”等国家战略，积极开展数字化转型，累计投入已不下万亿元。

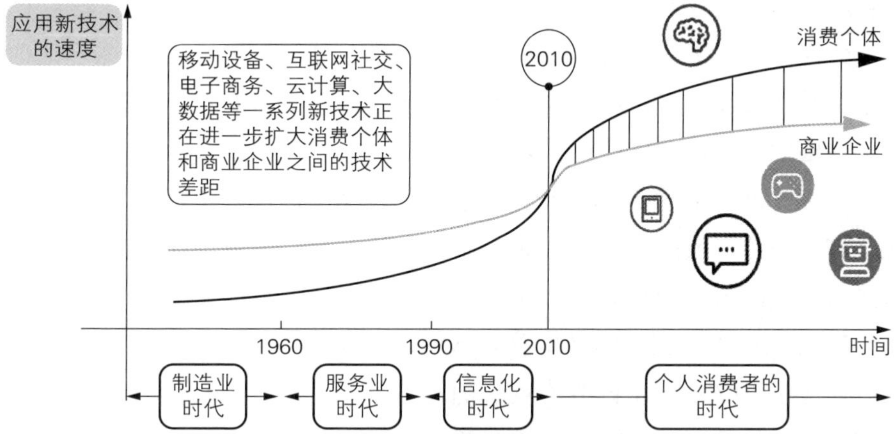

图 5-10-4　我国数字化里程碑

资料来源：德勤．数字化生活服务市场生态展望，2018 年．

整体上看，中国的数字化转型浪潮在市场层面受以下四大动力的推动：

· 移动为王：在中国，用移动终端上网的数量有 9 亿。中国网民每月花费106小时上网，相比与美国的54小时高出近一倍。以此为依托，中国在个性化需求激发方面有很大的客户基础，多种多样的数字化业态也因移动终端的兴起与勃发。

· 物流与电商相互促进：相对较低的人力成本为打造大规模、高效率物流体系创造条件，例如京东提供1日内免费配送，而亚马逊是5天配送。这大大激发了在线线下融合的新零售的方式。

· 跨界联盟：互联网企业借助自身广泛的用户触点"跨界"竞争的商业模式已日渐成熟。具备客户基础的互联网企业通过与有具备拓客需求及实体生产/服务能力的企业组成跨界联盟，利用O2O商业模式在各垂直市场跑马圈地，也激发了实体产业进行数字能力内化的相关需求。

· BAT（中国互联网公司百度公司Baidu、阿里巴巴集团Alibaba、腾讯公司Tencent三大巨头首字母缩写）引领行业发展：以BAT为首，中国在数字化服务领域已形成了几大商业巨头。这些领军企业在近些年以内部孵化与外部并购相结合的方式快速构建业务生态，随之也不断放大着其基础创新能力与模式创新成果向全行业的溢出效应。

作为中国经济战略基础的国企在经历信息化、互联网+意犹未尽之时，数字化时代已经到来，从众说不一的概念理解，到达成广泛共识的转型方向。我国国企的数字化进程有以下五大特点：

1. 资源丰富：央企和国有骨干企业往往关乎国民经济基础，且历史悠久。客户资源、数据资源、系统资源丰富而巨大。一旦盘活资源，可迅速形成新的生产力，创造新的市场。

2. 体量巨大：国企的平均单体体量是民企平均单体体量的6倍（占中国企业数量10%的国企创造了40%的GDP），国企数字化进程复杂而艰难，已有的市场规模可以帮助成功模式迅速形成规模效益，并构成行业平台。

3. 机会均等：数字时代，所有企业都面临着同样的诸多的不确定性，源于国外的数字化创新理念往往在中国得以验证并实现。国企的资源集中优势将助力数字化技术创新。

4. 政策推动：数字中国国家战略推动国企开展数字化工作。

5. 慎重缓行：国企的主要职责之一是国有资产的保值增值，使不少国有企业对不确定事物的兴趣缺失。资源/公共服务类国企和有限竞争的国企在数字化发展中动力不足。

目前，绝大多数的企业已经把数字化的范畴从技术层面提升到运营模式层面，甚至是企业的战略层面。下图“数字化转型框架”系统罗列了企业在战略层面开展数字化转型所需关注的核心要点。

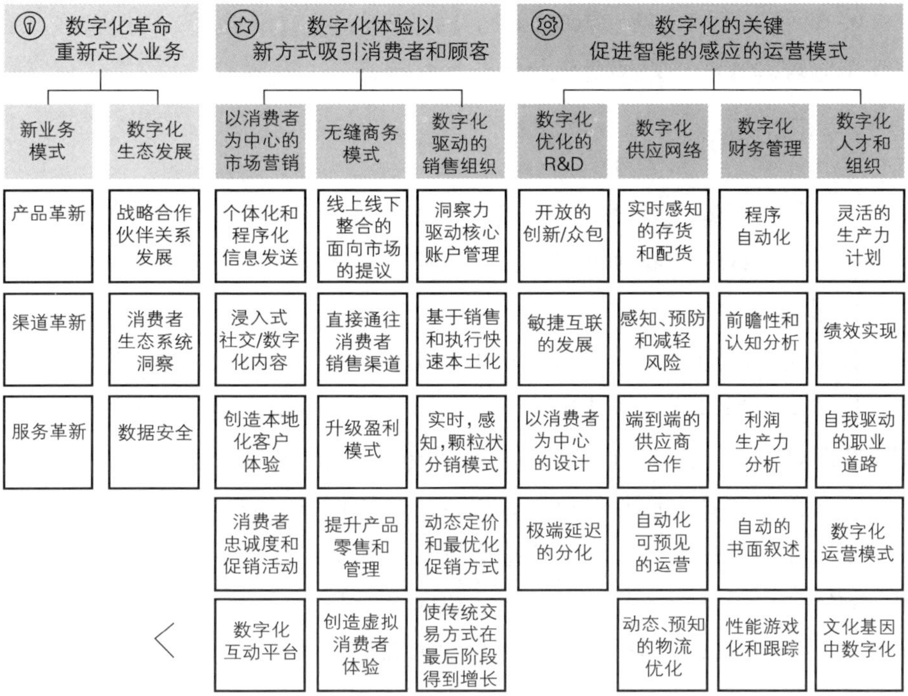

图 5-10-5 数字化转型框架

资料来源：德勤．数字化生活服务市场生态展望，2018 年．

基于数字化转型框架，我们针对我国国有企业特点，归纳了国企实现数字化转型的六大关键成功要素：

1. 数字化转型首先是个战略问题，需要结合数字化思维加以解决；

2. 数字化转型的出发点一定是基于现有问题和可预见业务的机遇挑战，必须结合行业特性和生态圈；

3. 出色的战略是以客户为导向的，针对不同目标细分客户，采用不同的接洽和互动模式；

4. 数字化转型企业中会产生各式各样的创新型想法，这些想法需要使用数字化战略框架进行筛选，形成互相关联的数字化投资主体，并对未来的各种发展情景都充分考虑；

5. 在明确了数字化战略后，企业需要有能力如创业公司一般针对创新的最小化可行产品（MVP）开展试错实验，以快速识别可行机会，确保投资的稳健性；

6. 数字化转型不是一蹴而就的，需要在公司内部打造数字化DNA，运用变革管理的方法，以实现全员的数字化提升。

（二）智能制造

国际惯例普遍从建设数字化工厂、深度挖掘设备和用户价值、搭建工业物联网、重构未来商业模式、前沿布局人工智能五大维度开展工作：

1. 建设数字化工厂。

数字化工厂通过新一代信息技术，实现从设计、生产、物流和服务等各个环节的数据串连，加速决策，提高准确性。只有打通数据流才能实现基于实时数据变化，对生产过程进行分析和优化处理，进而实现业务流程、工艺流程和资金流程的协同，以及生产资源（材料、能源等）在企业内部及企业之间的动态配置。打通数据流也是工厂建立“数字孪生”的前提，数字孪生不仅指产品的数字化，也包含工厂本身和工艺流程及设备的数字化，从而实现全面追溯、物理与虚拟双向共享和交互信息。打通数据流主要包括三类数据的连通，即生产流程数据、产品数据以及供应链数据：

· 生产流程数据：打通生产流程数据除了从生产计划到执行的数据流，如ERP到MES，还包括MES与控制设备和监视设备之间的数据流，现场设备与控制设备之间的数据流，以及MES与现场设备之间的数据流等。

· 产品数据流：打通产品数据流主要体现在产品全生命周期数字一体化和产品全生命周期可追溯。产品全生命周期数字一体化以缩短研发周期为核心，主要应用基于模型定义（MBD）技术进行产品研发、建设产品全生命周期管理系统（PLM）等。

· 供应链数据流：打通供应链数据流主要体现在供应链上下游协同优

化，实现网络协同制造。主要应用是建设跨企业制造资源协同平台，实现企业间研发、管理和服务系统的集成和对接，为接入企业提供研发设计、运营管理、数据分析、知识管理、信息安全等服务，开展制造服务和资源的动态分析和柔性配置。

2. 深度挖掘设备和用户价值。

制造型企业面临愈发激烈的市场竞争和日益透明的产品定价，不得不寻找新的价值来源。德勤智能制造调研结果显示，设备和用户价值深度挖掘是企业智能制造部署第二重点领域。62%的受访企业正积极部署设备和用户价值深度挖掘，其41%的企业侧重设备价值挖掘，21%的企业侧重用户价值挖掘。

围绕设备进行价值挖掘可以说是制造型企业的天性。如在研发设计时间，嵌入新技术，生产更智慧或更多样化的产品；在销售阶段，提供设备相关金融服务；在售后阶段，对出厂设备和产品进行实时数据采集和监控，并进行性能分析、预测性维护等，既提升安全性，也为企业创造更多服务机会。

虽然起步较晚，制造型企业也在探索和尝试对用户价值进行深度挖掘，其中以 C2M（customer-to-manufactory），客户到制造最受瞩目。C2M 体现了定制化生产的特性，使制造商直接面对用户，以满足用户个性化需求；同时通过减少中间环节降低成本、提升效率。红领集团通过打造 C2M 电商平台、柔性供应能力和大数据能力实现了大规模定制化。顾客可以在其 C2M 电商平台选择款式、工艺、材料并下单。平台快速收集顾客分散、个性化需求数据的同时，大数据和云计算技术按客户需求匹配产品数据模型，其款式数据和工艺数据能满足超过百万万亿种设计组合，覆盖 99.9% 的个性化设计需求。当版型确定后，系统自动生成工艺数据，工艺数据发送至工厂，工厂进行生产交付。整个流程从下订单到产品出厂仅需 7 个工作日，并做到按需生产、零库存、一人一版、一衣一款。

3. 搭建工业物联网。

智能制造要求制造系统具备感知、分析、决策和执行的能力，而这些能力的核心均涉及物联网相关技术，如面向感知的物联技术（传感器、RFID、芯片）、面向分析的工业大数据分析和面向决策及服务的应用平台。

德勤调研结果显示，目前中国制造企业物联网应用以感知为重点，普遍建立系统以传感器采集动态数据，但数据分析和平台应用相对滞后。未来，分析和服务交融将是工业物联网的建设重点。

在具体举措上，搭建工业云平台是国际一流企业共享分析能力、推进资料与服务交融的核心抓手。工业云平台不仅能够实现企业通过平台完成产品的设计、工艺、制造、采购、营销等环节，还将改变传统生产方式和制造生态，创造新的收入来源和商业模式。企业在实施公有云与私有云之间进行选择时应因地制宜。如果企业只是聚焦自己的生产制造，降本增效，应该已选择私有云为主，最大化防控信息风险；如果企业聚焦商业模式创新和大中小企业融通发展，则应倾向于选择公有云或混合云，因为往往涉及服务平台，需要做到一定程度上的兼容和融合。目前，我国企业整体对工业云，尤其是公有云的使用热情不高，主要担心一旦将诸如工厂生产过程、资产性能管理的数据放到云平台上之后，信息安全、知识产权问题会接踵而至。除此之外，很多企业尚未明确工业云在企业层面的商业应用和相关能力欠缺也是导致企业云部署积极性不高的原因。

4. 重构未来商业模式。

智能制造不仅能够说明制造型企业实现降本增效，也赋予企业重新思考价值定位和重构商业模式的契机。同时，新进入者也在不断挑战传统市场参与者的地位，众多技术型企业加入战场推动工业企业探索商业模式上的创新。德勤认为，企业对未来商业模式的规划大致呈四类以平台为核心、规模化定制模式、“产品+服务”为核心向解决方案商转型、以及以知识产权为核心。平台型商业模式定位以提供多种软件服务和搭建生态系统为核心，未来可能不会出现类似 BAT 这样的行业巨头，但不乏垂直行业领军企业或平台。规模化定制模式，如 C2M 已经不局限于服装制造，而延伸到汽车和装备制造等行业。“产品+服务”为核心旨在围绕客户需求提供解决方案是目前很多企业在做的。以知识产权为核心的企业往往通过专利战略，形成技术壁垒占领市场。

不同商业模式的价值定位和价值创造方式不同，所面临的挑战也不尽相同。企业需要持续审视自己的商业模式，通过评估自身运营情况进行适当地改善并定期评估其他商业模式是否具有可行性。

商业模式定位	特点及趋势	挑战
平台型	· 多种软件服务+生态系统 · 竞争力体现在平台上的软件服务能力，而非平台本身 · 大部分企业会选择扩展性更强的公有云平台搭建基础设施 · 未来不会出现类似 BAT 的巨头，而是垂直行业的领军企业或平台 · 典型企业：GE Predix、三一重工、树根互联	· 工业企业更擅长实物产品创新而非软件服务创新 · 软件平台需要支持多种软件服务方案，包括那些尚未开发的服务 · 数据所有权问题 · 可能需要进行一系列软件企业收购 · 平台业务搭建培育期较长，领导层、股东能否接受较长回报期的压力 · 平台业务很难与现有业务竞争人力资源和财务资源，企业可能需要重组业务单元 P&L，改变会计实务
规模化定制	· 直接面向用户、多维交叉分析、了解用户行为、建立数据模型 · 多采用模块化设计方法 · 数据链条贯通用户、制造商和供应商 · 业务流程符合柔性制造特点 · 很多行业都可能走向规模化定制，如服装、消费电子、汽车、装备制造 · 典型企业：红领集团、海尔、长安汽车	· 客户交互、数据仓库、数据分析等技术投入预算将大幅增加 · 为应对个性化定制生产，供应链也需要数字化转型 · 尽管生产环节复杂程度提高，必须保持成本水平和成本结构可控
“产品+服务”为核心	· 提供由产品和服务两大模块组成的整体解决方案 · 服务是产品战略的重要组成部分和利润来源 · 服务创新与产品双轨进行 · 典型企业：罗罗、徐工	· 从围绕现有产品提升客户体验到围绕客户需求提供解决方案 · 系统集成能力有待提高 · 创新投入大幅增加而收益却不尽人意 · 收入模式改变
知识产权为核心	· 企业往往通过专利战略，形成技术壁垒占领市场 · 收入来源：1）专利授权许可收费，2）专利、产品和解决方案组合，3）技术转让 · 技术许可常与标准化战略相结合 · 典型企业：高通、华为、朗科	· 技术研发投入大 · 技术成果产业化时间的不确定性 · 专利授权之前主要收入来源的不确定性 · 投入大量资源进行专利维权

图 5-10-6　不同商业模式及挑战

资料来源：德勤．中国制造，行稳致远——2018 年中国智能制造报告，2018 年．

5. 前瞻布局人工智能。

人工智能对制造业的影响主要来自两方面：一是在制造和管理流程中运用人工智能提高产品质量和生产效率；二是对现有产品与服务的彻底颠

覆。随着国内制造业自动化程度提高，机器人在制造过程和管理流程中的应用日益广泛，而人工智能更进一步赋予机器人自我学习能力。结合数据管理，导入自动化设备及相关设备的联网，机器人通过机器学习分析，可以实现生产线的精准配合，并更准确地预测和实时检测生产问题。人工智能在制造业产品和服务领域的应用则更具有颠覆性。产品本身就是人工智能的载体，硬件与各类软件结合具备感知、判断的能力并实时与用户、环境互动。而产品的功能和服务，也将颠覆原有生态系统。以汽车产业为例，传统汽车行业的竞争格局是金字塔型——整车厂于顶端，各级别供货商跟随其后。但是在智慧汽车时代，整车厂的主导地位将受到严峻挑战，零部件厂商、互联网巨头、算法公司、芯片制造商、传感器供货商等企业无不加快对无人驾驶技术的研发和商业化步伐，并期望通过占据技术制高点打破汽车产业的生态平衡。

实施层面，制造和管理流程中人工智能的运用更偏向系统自动化和制造精益化，目的是提高生产效率和产品质量，同时人也被解放出来，可以去思考更复杂的问题。主要应用场景包括使用机器人实现流程自动化、柔性制造、定制化生产、质量检测等。在产品和服务领域人工智能的运用更侧重产品和服务与使用者的互动，典型应用包括研发和新品测试、用户行为分析、自动驾驶等当然人工智能仍处在其发展早期，技术突破及商业论证需要更长时间。另外，人工智能应用环境和基础设施的完善程度，信息和安全法规、企业自身的能力都成为企业面临的主要挑战。我们发现，对于尚未部署人工智能的制造企业来说，缺乏投资人工智能的商业论证、尚不具备建立和支持人工智能的系统能力、尚不明确部署人工智能的前提为主要挑战。

企业建设智能制造体系该从何处起步？

重构商业模式是一项复杂艰巨的任务，在德勤 2018 年调研中分析中可看出，企业涉足智能制造体系的 10 大起步任务。其中，商业模式优化、创新管理以及云部署为企业能力建设的关键环节。

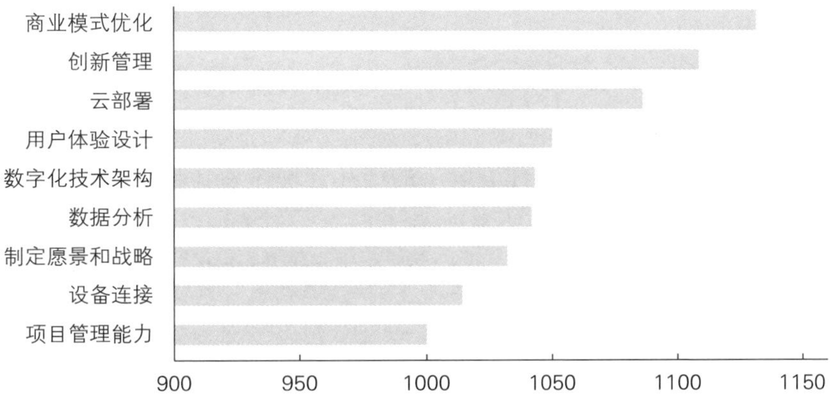

图 5-10-7　2018 年智能制造调查中能力的鸿沟是什么

资料来源：德勤．智慧工厂，2018 年．

1．商业模式优化。

优化商业模式可能仅需要改变或改进目前模式中部分元素，也可能涉及改变整体运营模式的重大转型。在过去的 15 年里，由于技术、通信、物流和交通等方面的迅速进步，整体运营模式的重大转型已更为常见。企业需要运用行之有效的方法和工具，从以下工作流程各环节入手优化商业模式：

· 企业转型整编：优化现有商业模式，包括从原材料采购到产品销售过程所涉及的一切环节，挖掘可以整体改动或局部改进的待优化环节，以支持新的商业模式。

· 重新配置信息技术系统：企业需要探索、设计与实施基础设施及信息技术系统的改进。

· 重新调配人员：人尽其用是企业转型可持续性的关键之一。重新调配人员侧重于设计和实施人员调度，以支持新商业模式，并实现从原有模式到新模式的顺利过渡。该环节还包括制定新的关键绩效指标及汇报关系以支持新商业模式。

· 重组法律、财务及税务架构：商业模式优化方案的设计和实施通常涉及许多复杂的法律实体及税务架构上的改变。企业管理团队需要分析不同方式的利与弊。如新商业模式下所得税和转让定价事项有何变化，增值税和关税对新商业模式可能产生的影响。

2. 创新管理。

创新管理的目标包括优化创新产品管理、优化生命周期成本、优化资本使用效率和优化风险管理。

· 优化创新产品管理：建立统一的产品管理体系（包括有形的产品和服务），优化决策流程，提高决策效率。

· 优化生命周期成本：通过产品生命周期的最优化运作，优化产品投资成本和运营成本。

· 优化资本使用效率：通过监控、评估和 KPI 管理，优化产品管理、提升资本使用效率。

· 优化风险管理：有效管理创新过程中的市场风险和数据安全风险等诸多风险值得注意的是，单纯的产品创新管理并不能令企业长久保持竞争优势。

如今，几乎所有产品类别都处于激烈的竞争之中，任何新产品的任何独特优势都会被快速吞噬。组合多种创新类型可以说明公司拥有更好的财务回报。虽然不能把这些公司的绩效全部归功于创新，但创新有助于提升一家公司的机制，包括投资者对它未来的预期。

3. 云部署。

仅仅把数据和应用转移到云上是远远不够的，大多数情况，上云会牵涉多个业务功能，影响企业的供货商、财务报表和客户，企业需要长远规划，分步执行。企业还需要充分考虑人力资源和数字化程度如何与云部署配合。

· 规划：审视企业现有商业模式并探讨是否有其他可行的商业模式，根据商业模式制定云部署战略，进行商业论证和自身能力评估。

· 执行：运行时间可以分四步走，第一步是 SaaS 部署，包括 ERP，CRM，人力资源转型和其他软件部署；第二步是个性化部署，包括应用开发、架构搭建和平台部署；第三步为云迁移，其间可能需要对应用软件进行更新和调整；第四步为引入大资料分析平台。

今天的市场变得越来越多样化，消费者的需求在不断变化。同时，产品、生产、流程和服务的数字化、智慧化已是大势所趋，受此趋势影响，工业企业正在加快智能制造部署，并不断审视商业模式，并制定有效策略，以期从运营和战略层面推动实际价值的创造。

四、参考对标体系

参考数字化业务框架，企业可对标以下要点。

主要方面	对标要点
数字化革命重新定义业务	· 新业务模式：产品创新、渠道革新、服务革新 · 数字化生态发展：战略合作伙伴关系发展、消费者生态系统洞察、数据安全
数字化体验以新方式吸引消费者和顾客	· 以消费者为中心的市场营销：个体化和程序化信息发送、浸入式社交/数字化内容、创造本地化客户体验、消费者忠诚度和促销活动以及数字化互动平台 · 无缝商务模式：线上线下整合的面向市场的提议、直接通往消费者销售渠道、升级盈利模式、提升产品零售和管理以及创造虚拟消费者体验 · 数字化驱动的销售组织：洞察力驱动核心账户管理、基于销售和执行快速本地化、实时，感知，颗粒状分销模式、动态定价和最优化促销方式以及使传统交易方式在最后阶段得到增长
数字化的关键促进智能的感应的运营模式	· 数字化优化的 R&D：开放的创新/众包、敏捷互联的发展、以消费者为中心的设计以及极端延迟的分化 · 数字化供应网络：实时感知的存货和配货、感知，预防和减轻风险、端到端的供应商合作、自动化可预见的运营以及动态和预知的物流优化 · 数字化财务管理：程序自动化、前瞻性和认知分析、利润生产力分析、自动的书面叙述以及性能游戏化和跟踪 · 数字化人才和组织：灵活的生产力计划、绩效实现、自我驱动的职业道路、数字化运营模式以及文化基因中数字化

成功案例　西门子的数字化转型之路

企业概况及其组织结构

西门子股份公司是全球领先的技术企业，1847 年由维尔纳・冯・西门子建立，现在的西门子业务遍及全球 200 多个国家，专注于电气化、自动化和数字化领域。170 多年来，西门子不断致力于卓越的工程技术、创新、品质、可靠和国际化发展。为了充分挖掘领域内外的市场潜力，西门子将业务整合为 8 大业务集团：楼宇科技集团、数字化工厂集团、能源管理集团、金融服务集团、交通集团、发电与天然气集团、发电服务集团、过程工业与驱动集团以及 2 个独立运营业务集团：医疗集团和风力发电集团。

2018 年 8 月西门子德国向全世界公布了新的组织架构，在未来的企业组织架构中将会更加聚焦关注电气化、自动化和数字化。西门子 2018 财年（2018 年 10 月 1 日至 2019 年 9 月 30 日）开始生效的新组织结构将会分为三大“运营公司”：天然气与电力、智能基础设施和数字化工业以及 3 个“战略公司”：西门子医疗、西门子歌美飒和筹备中的西门子阿尔斯通。同时西门子收购 Mendix 公司，以期继续扩展数字化业务，并开拓新的增长领域“物联网（IoT）集成业务”。其中数字化工业集团重新整合了过去的数字化工厂集团和过程工业与驱动集团中的几大业务单元，未来将会更加聚焦数字化和信息化，并帮助企业进行数字化和信息化改造，从而迎接未来工业 4.0 的机遇和挑战。

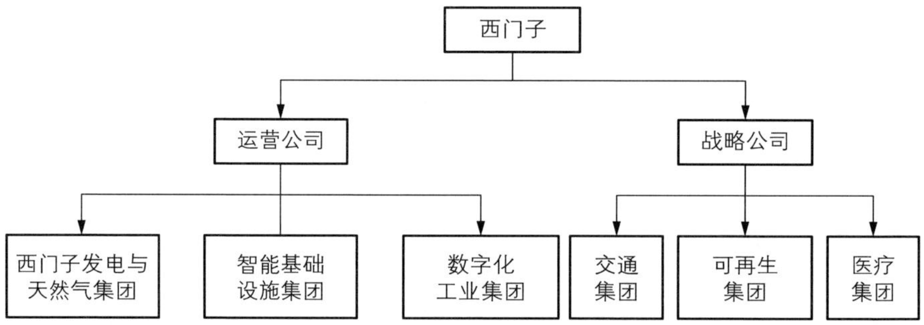

图 5-10-8　西门子新组织架构（2018 年 10 月 1 日生效）

资料来源：西门子官方网站。

西门子的数字化进程

“西门子通过不断提升工业数字化技术，为我们在中国的客户和社会持续创造了新的价值。”西门子大中华区 CEO 赫尔曼在 2015 财年总结时表示，“西门子将加大对创新和人才的投入，面向中国市场开发新的业务和解决方案，帮助本地客户在‘新常态’下制胜。”

中国智能制造市场在近几年中取得了比较明显的成效，进入了高速成长期，中国工业企业数字化能力素质提升明显，这无外乎在于市场的教育效果明显，数字化和信息化的概念深入人心。企业进行数字化建设中，理念的推广是最为重要的，西门子对于概念的推广进程是从内而外的，而其在落地的过程中，整合内外部资源，对内将数字化和信息化理念深入部门同时在组织结构和产品布局上加以改革，对外将市场教育放在首位，以潜在的业务机会作为契机，从业务的流程及模式上加以配合，协助数字化进行落地。

西门子从进入中国市场之后几次的组织结构调整正是为了从产品供应商一步一步转成解决方案提供商，在这次的数字化革命中西门子更是作为行业的领军人物为行业建立了概念体系，并在智能制造和数字化工厂的道路上创建标准，同时与中国政府（工信部）建立和紧密的合作关系，协助中国企业实现数字化和智能信息化。

产品组合布局的配合

从产品结构来看，无论是作为数字化决绝方案的提供方或是应用方，纵向价值链数字化是企业实现数字化的重要条件。以前，西门子作为世界一流的硬件产品供应商，专注于硬件产品的研发和制，过去的十几年，尤其在 2011 年提出工业 4.0 并成为德国国家战略之后，西门子不断地用行动证明了自己数字化布局的决心，自 2000 年以来，西门子收购了许多全球优秀的软件公司。现阶段西门子软件可以服务涵盖全产品生产周期的所有业务流程，是全球唯一一家能够在客户整个生产流程中为其提供集成化软件和硬件解决方案的公司。西门子提出的数字化双胞胎理念，应用 NX 和 Team Center 软件，从研发设计阶段就可以介入生产企业，并帮助企业缩短新产品的上市时间，提高生产效率，提高产品质量，减少流程中的消耗及成本。与此同时西门子多年倡导的 TIA（Total Integrated Automation）和 TIP（Total Integrated Power）理念在数字化的影响之下也逐渐深入。值得指出的是，2016 年西门子重磅推出了基于云的开放式物联网操作系统，MindSphere 便是西门子将云计算技术放入了工业领域之中的应用。MindSphere 是 PaaS 层的产品，可以作为整个数字化体系的中间桥梁，向下连接现场设备，向上提供多种应用程序 MindApp，从而形成基于“云”的开放式物联网（IoT）的生态系统。

组织结构的配合

数字化理念的落地，内部资源的整合也极为重要。西门子以组织结构调整作为整合的必要手段，以促进配合数字化落地的实施。西门子一直以来以产品部门即 BU（Business Unit）进行单位划分，不同的 BU 分管不同的产品，而由于数字化的概念，各产品部门不仅在组织内部建立数字化部门（Digitalization Section），各产品部门之间更是跨产品线进行合作，这种合作是“纵向的集成”的，即从产品的生命周期管理（PLM），研发设计（NX 和 Team Center），MindSphere 工业云到现场级 TIA 产品（SIMATICS 家族等产品）全覆盖式、一站式地给客户提供数字化解决方案。

人才培养的配合

除此之外，数字化的落地，人才培养尤为重要，无论是从数字化理念的认知到实施的推广，还是企业内部数字化落地时各部门之间的配合，人才是重中之重。西门子在人才培养过程中，不同的人员采取不同的培养策略。例如，销售团队的培养更注重数字化概念的落地实施，数字化理念的推广及其推广的技巧，而技术团队人员，更注重的是技术支持，尤其是德国先进技术及理念的培训，而对于 BU 内部战略人员和数字化团队人员来说，更主要的是数字化理念，全产品线整合的实施培训。

同时，对于企业客户的人才辅助培养，也是深化数字化落地的重要手段之一。例如定期为客户举行的路演培训和参与大型的展会都可以为客户提供近距离接触数字化的机会，同时也是推广企业品牌的主要路径。

全业务生命周期辅助实施

销售团队的组建和背后技术团队以及项目实施团队的全方位支持，给数字化项目在中国落地实施提供了可能。

1. 项目识别及推广

西门子除战略部门可以提供西门子和中国企业之间的数字化项目战略合作以外，西门子现阶段在整个西门子中国层面建立了数字化 BD（Business Development）部门，作为帮助西门子销售团队识别并推动数字化项目的支持部门，在销售人员发现数字化项目需求之初便可以为客户提供从理念到技术上的业务推广。

西门子同时在 5 大业务区域中各设立落地式 BD 部门，帮助区域内销售近距离识别数字化项目机会，并帮助协调各大产品BU业务在项目中的通力合作。与此同时，各产品BU重点的数字化业务部门也会深入区域，针对各自的数字化产品对区域中的销售进行培训并推广数字化“理念”。

2. 数字化咨询及专业设计

西门子在传统的数字化工厂集团业务之外，同时还有CDC集团（Corporation Development Consult）进行项目辅助。其中的SCM（Supply Chain Management）部门从制造型企业的生产运营环节助力数字化项目的进行：数字化工厂布局设计咨询，精益生产制造咨询，供应链管理咨询和业务模式创新和项目管理咨询等。集团中都是工作10年以上的资深专家，为中国企业专门提供数字化咨询和制造运营技术指导。

3. 项目实施支持

西门子软件由于较为复杂并需要极为专业的团队实施，西门子自己的全资工程公司SIAS（Siemens Industrial Automation Ltd. Shanghai）作为工业数字化软件的强大实施团队为项目软件实施落地提供强大的技术和工程师团队，保证数字化项目的落地。同时，现场层级的硬件项目及创新性实验项目也都由这个工程公司实施。

有些情况下，在SCM项目咨询结束后，需要进行项目落地的项目将会转回西门子数字化工厂集团进行数字化项目落地，此时还有一个非常强大的团队，他们隶属于数字化工厂集团，承接西门子区域销售带来的数字化软件项目，同时西门子的数字化中心展示项目也隶属于这个团队，他们承担了数字化概念推广的重要工作。

数字化实施落地的几点关键总结

智能制造数字化应用的落地实施是需要体系性多方位配合的。在企业中数字化理念的推广是最为重要的，企业的战略布局，组织结构调整，都是为了给企业内外部一个坚定的信号，为数字化的推广实施起到基础的作用。理念的推广是需要时间的，从上至下，从内至外地进行理念推广，同时教育市场，教育企业上下游供应链，价值链也是助企业实现数字化的重要手段。

组织结构的调整与变革是为了实现数字化落地的辅助手段，人员的调度，组织间的配合，资源的整合都是为了内部及外部实现数字化落地的手段。可以是从产品设计到物流运输的“横向的集成”，也可以是从订单的管理到现场设备控制的“横向的集成”，组织结构的调整和人员配备都是为了使得集成细化到部门，到人员，从而辅助数字化落地。

同时，数字化人员的培养，是数字化落地的重中之重。一方面是可以确保数字化项目，企业数字化转型的成功实施，另一方面也可以帮助企业，尤其是制造型企业人才布局，转型的重要手段。

第六章

结　语

21 世纪的第二个 10 年已接近尾声，中国作为世界第二大经济体的地位已逐渐稳定。在过去的 5 年中，中国企业经历快速成长，出现了一批非常优秀的大企业。这些企业规模大、实力强，也开始越来越密切地参与到国际市场的角逐中，其经营水平与管理模式也在与国际一流企业的不断合作与切磋中取得了举世瞩目的进步与成长。

中国企业做大，做快，做强后如何做优？我们总结典型的挑战有十个：第一，很多中国企业都是有战略，但是缺乏战略管理；第二，越来越多的企业开始进行国际化业务，但是国际化业务不代表全球化企业；第三，并购，海外并购中重要的不是并购，而是并购之后的整合；第四，缺乏持续的发展眼光，很多企业为了增长，环保、社会责任方面会出现跑冒滴漏；第五，创新，国内企业家经常谈创业创新，但从产品创新到机制和文化的创新，还有很长的路；第六，效率，过于强调规模和速度，而忽视从战略、运营、生产、经营方面的体系效率提升；第七，技术方面，目前国内很多技术实现商业价值都是利用人口红利实现的，而不是真正以技术驱动的商业模式；第八，品牌和市场，现在品牌和市场很多时候仅限于在产品本身，客户体验刚刚起步还远不如国外；第九，资金资本，很多企业在产品、产业成功之后不懂如何利用资本管理方式实现价值增值，不懂如何通过规划实现可持续的现金流增长；第十，领导力，这是强化团队协作、激活拼搏动力的中流砥柱；企业的领导队伍若在规模上、结构上、知识能力上与业务发展不匹配，则将严重制约其长期可持续发展能力。

此外，在我国企业普遍做大做强的同时，越来越多的企业开始把眼光放得更远，关注如何实现“可持续的”增长和“可持续的”盈利。当你看今天的业务的时候，你可能是关注怎么巩固现有的业务，寻找的机会贴近现有业务，一般从财务指标来看较有吸引力；但是如果当你看明天的业务的时候，要看到怎么创新，怎么颠覆现有的业务，虽寻找的机会较为遥远和模糊，但对于长期增长至关重要。希望更多中国企业成长为“行业领先、全球思维、长期战略、创新发展、以人为本”的卓越管理公司，成为长期业绩可靠、稳健发展的“千里马”。

作为本书的结尾我们想说，德勤很荣幸见证了中国大型企业用全球视野、本地思维把握企业发展方向，通过创建学习型企业，不断探讨新的管理方法，缩小与世界一流企业的差距，打造企业的全面竞争力。如果中国企业全员都参与到这一伟大的行动中，去思考、执行、创造、贡献，“世界一流”这个目标即将在不久的将来实现。

威廉福克纳说过“别只追求胜过同辈或前辈。要设法胜过你自己”。

参考资料

1. 国务院新闻办新闻发布会.

2. 中国企业改革发展论坛.

3. 德勤. 重构，2018.

4. 十八届三中全会. 中共中央关于全面深化改革若干重大问题的决定.

5. 德勤. 新一轮国企改革的思考与操作实务，2018.

6. 国务院. 中共中央、国务院关于深化国有企业改革的指导意见，2015.

7. 国务院. 关于国有控股混合所有制企业开展员工持股试点的意见，2015.

8. 中共中央政治局，《中央管理企业负责人薪酬制度改革方案，2014.

9. 德勤. 2018 共建："一带一路"生态系统：驾驭风险把握机遇，2018.

10. 中国"一带一路"网.

11. 刘晓明. 推进中英"一带一路"合作，促进人类共同繁荣发展，2018

12. 商务部网站.

13. 曲风杰. 中央企业国际化之路，2017.

14. 德勤. 智慧工厂，2017.

15. 德勤. 中国智造行稳致远——2018 中国智能制造报告，2018.

16. 德勤. 智能制造企业调研，2018.

17. 德勤. 打造"产、融、投一体化"商业模式，破解综合性控股集团金融和投资业务发展的战略难题，2017.

18. 德勤. 投资与并购生命周期管理，2015.

19. http：//www. gsi – alliance. org/members – resources/trends – report – 2016/.

20. https：//www. unpri. org/pri.

21. 德勤. 可持续发展与消费业务公司，2016.

22. 国资委．关于中央企业履行社会责任的指导意见，2008.

23. 国务院国资委综合局，中国社科院企业社会责任研究中心．中央企业社会责任蓝皮书（2017），2018.

24. 德勤．企业责任与可持续发展的风险职能之路，2008.

25. 全球报告倡议组织．GRI 可持续性报告标准，2016.

26. 胡晓明．公司治理与内部控制，2017.

27. 国务院．关于进一步完善国有企业法人治理结构的指导意见，2017.

28. OECD 公司治理原则．

29. 德勤中国企业风险管理服务部．风险智能，2015.

30. 德勤中国企业风险管理服务部．董事会运作的天龙八“不”，2011.

31. 德勤．人力资本季刊传统组织向网络组织演进相关项目实践分享，2017.

32. 德勤．2017 全球人力资本趋势报告，2017.

33. 德勤．财资管理组织面临的挑战，2017.

34. 德勤．风险智能，2015.

35. 经济参考报．下半年国企“防风险”五路并进，2018.

36. COSO. 企业风险管理框架，2017.

37. 中华人民共和国网络安全法．

38. 中国银行业网络风险报告．

39. 国务院．关于深化“互联网+先进制造业”发展工业互联网的指导意见，2017.

40. 城市轨道交通运营管理规定．

41. 迈克尔· 波特· 竞争策略［M］. 郭武军、刘亮等译，华夏出版社，2016.

42. 德勤．中国在北美和欧洲地区海外 M&A 项目，2017.

43. 曲凤杰．中央企业国际化之路，2017.

44. 李伟杰．中国企业如何通过有效的海外资产管控提升并购价值，2014.

45. 国务院．关于深化国有企业改革的指导意见，2015.

46. 关于加快发展人力资源服务业的意见．

47. 人社部 . 人力资源社会保障部关于加快推进人力资源市场整合的意见，2013.
48. 科技部、国资委 . 关于进一步推进中央企业创新发展的意见，2018.
49. 国家统计局 . 自主创新推动中国专利不断发展，2018.
50. 德勤 . 创新十型，2011.
51. 德勤，施能自 . 突破创新窘境，互联网时代的金融创新策略，2014.
52. 德勤 . 在中固提供卓越的客户体验建立客户忠诚度的必要因素，2014.
53. 德勤 . 品牌弹性，2017.
54. 德勤 . 投资与并购生命周期管理，2015.
55. 国资委 . 2018 中国国企国资改革发展报告，2018.
56. 德勤 . 数字化生活服务市场生态展望，2018.
57. 德勤 . 中国制造，行稳致远——2018 年中国智能制造报告，2018.
58. 德勤 . 智慧工厂，2018.
59. 德勤 . 中国制造，行稳致远——2018 年中国智能制造报告，2018.
60. 西门子官方网站。
61. 工信部财政部 . 智能制造发展规划（2016—2020）.
62. 德勤 . 2018 全球人力资本趋势报告，2018.
63. 德勤 . 借力“一带一路”国企国际化迈进新时代，2015.
64. 鲁桐 . G20/OECD 公司治理原则（2013）修订内容及其影响，2015.